KB152209

유라시아와 한반도의 비전

평화·통일·통합

유라시아와 한반도의 비전

평화·통일·통합

발행일   2024년 7월 15일 초판1쇄
엮은이   김해순
저 자   이승주, 김해순, 신만섭, 유경석, 오종문, 정무형·김해순
특별기고논문   진윤일
펴낸곳   지혜사랑

등 록   2023년 1월 31일(제2023-000009호)
주 소   08776 서울특별시 관악구 관천로 38, 푸리마타운 701호
전 화   010-7779-3333, 010-3708-1161
이메일   kimhs1205@gmail.com

ISBN 979-11-988221-1-6 (93030)   값 25,000원

유라시아평화통합연구원 총서 ❶

유라시아와 한반도의 비전

평화·통일·통합

엮은이 **김해순**

저자 이승주 김해순 신만섭 유경석 오종문 정무형·김해순

특별기고논문 **진윤일**

지혜사랑

1. 한반도 평화 확립과 남북한 관계 개선을 위한 평화 통합의 필요성

한반도는 한국전쟁(1950-1953) 이후 평화를 정착시키지 못했다. 오늘날 대한민국(남한)과 조선민주주의인민공화국(북한)의 관계는 고조된 갈등과 대치 상태에 놓여 있다. 전쟁 기운마저 감돌고 있다. 제2차 세계대전 이후를 뒤돌아보면 남북한 관계에 많은 굴곡이 있었고 정부가 바뀌어도 민족 통일에 대한 기조는 유지되었다. 그러나 지난 2023년 7월부터 북한은 '한국'을 그동안 사용했던 '남조선' 대신 정식으로 '대한민국'으로 칭하고 있다. 여기에는 한국을 다른 나라로 보겠다는 의미가 내재해 있다.

한반도가 항시 이러한 갈등상태에 놓여 있었던 것은 아니었다. 갈등 당사자인 남북한 정부가 어려운 관계를 개선하고 공통의 해결책을 찾아 평화공존의 기반을 마련하기도 했다. 1972년 '7.4 남북공동성명'을 시작으로 1990년 노태우 정부의 북방 정책 전개와 더불어 '남북기본합의서'를 채택하고 1991년 '한반도비핵화공동선언'을 통하여 평화통일을 위한 본격적인 행보가 시작되었다. 진보 성향의 김대중 정부와 노무현 정부는 남북한 관계를 대화, 교류 및 협력을 통해 개선하였다. 보수 성향의 이명박 정부와 박근혜 정부는 폐쇄적 대북정책을 강행하였다. 박근혜 정부는 평화통일을 위한 교두보 역할을 할 수 있는 개성공단을 폐쇄하였다. 2018년에는 문재인 정부가 동계올림픽에 북한의 참석을 주선했다. 또한 문재인 대통령과 김정은 국무위원장의 남북 회담에서 한반도의 평화와 번영, 통일을 위한 판문점 선언이 진행되기도 했다. 이에 따라 관계 개선이 이루어졌으나 오래가지 못했다. 남북한 관계와 갈등에는 외부 영향, 즉 국제 정치도 크게 한몫을 한다. 미국과 북한이 2018년과 2019년에 싱가포르와 하노이에서 북핵 문제에 대한 합의에 실패하면서, 북·미관계는 파열되었고 남북한 관계도 악화되었다. 그 후 미국의 대북 핵무기 통제정책이 가해지면서 북한은 군사력을 확대하기 시작했다. 2022년에 윤석열 정부가 출현하면서 남북한 관계는 치명적인 적대 관계로 변했다. 그는 북한이 도발할 경우 핵무기 사용까지 고려한다고 피력하면서 비핵화 대가로 북한에 경제지원을 제안했다. 북한은 2023년까지 남한과의 모든 경제협정을 취소하고 남한을 주적으로 보고 전술핵무기를 추구하기에 이른다. 평화는 갈등을 비폭력적이고 건설적으로 관리하고, 비폭력적 방법을 적용할 때 가능한 것이다.

현재 한반도에서 평화와 평화통일을 달성하는 것은 어렵다. 이를 위해 평화적인 통합을 촉구해야 한다. 통일은 국가, 사회, 문화, 제도 등의 낱개가 하나로 완성된 상태이다. 이와는 달리 통합은 이것들이 하나가 되도록 지향하는 과정을 뜻한다. 따라서 통합은 통일 전에, 그리고 후에는 특히 사회적·문화적 갈등이 있으면 통합의 토대인 결속 과정이 필요하다. 통일된 독일을 돌이켜볼 때, 통일은 동서독의 당사자 간 합의가 아니라 갑자기 찾아왔다. 통일 후 독일은 오랫동안 사회·경제 등의 모든 분야에서 하나로 거듭나는 데 큰 부침을 겪었고, 아직도 부분적으로나마 진통을 겪고 있다. 이를 반면교사로 삼아 우리는 평화와 안보를 토대로 공생하는 통합을 통일 전에 추진해야 한다. 이는 경제·문화·교육 및 과학기술

등의 교류 등을 통해서 남북한 상호 의존 관계를 형성하면 가능하다고 본다. 이 길을 우리는 스스로 만들어 가야 한다.

평화·통일·통합의 가장 큰 변수는 국내·국제를 막론하고 힘의 관계이다. 그러나 힘의 차이보다 대화와 협상을 통해서 스스로 이루어낸 통합은 평화적 공생을 가능하게 한다. 이를 유럽연합(EU)이 방증한다. 유럽 국가들은 역사적으로 상호 간 자주 전쟁을 치렀고, 특히 제2차 세계대전에서는 역사적으로 가장 많은 인명과 재산 피해를 입었다. 이에 그들은 피폐한 삶을 한동안 살아야 했다. 이러한 문제에 직면하여 유럽 지성인들은 다시 전쟁을 일으켜서는 안 되고, 상호 간 안보를 구축하여 경제 발전을 촉구하고 갈등과 전쟁에 기인한 증오와 반목 관계를 극복하는 데 뜻을 같이했다. 이러한 의식에 기반하여 서유럽 국가들은 화해를 시작했고 이를 토대로 경제통합을 이루어 가면서 안보를 확보하고 어느 때보다 빛나는 경제 발전을 이루었다. 나아가 체제와 이념이 다른 동유럽 국가들이 유럽연합에 결속되면서 평화적 통합의 길을 가고 있다. 이 점 우리 남북한 관계에 시사하는 바 크다. 이 평화 통합이 유럽인에게 밝은 미래를 비추고 있다. 오늘날 유럽연합은 평화적 지역통합의 모범적인 사례로 회자되고 있다. 하지만 완성된 작품은 아니다. 아직 다양성 속에서 하나로의 결속은 진행 중이다. 평화·통일·통합의 길은 역사의 무게까지 끌어안고 앞으로 나아가야 하므로 단순한 희망적 사고(wishful thinking)로 바라볼 수 없다. 유럽 지성인들은 유럽인들 스스로 자신을 위해 평화·통일·통합의 길을 만들어 가는 책임을 안고 있다고 강조한다.

이를 프랑스 대통령 미테랑이 1995년 1월 17일에 유럽의회에서 했던 고별인사에서도 볼 수 있다. 그는 유럽인끼리 위협과 협박으로 겪었던 상처, 고통, 슬픔, 죽음으로 맺힌 증오가 아니라 화해와 기회를 유럽인에게 주어야 함을 피력했다. 위협과 협박 전쟁의 불행한 역사를 극복하지 못하면 유럽은 민족주의(nationalism)에 젖게 되며, 이는 곧 전쟁이라고 강조했다. 그는 전쟁은 단지 과

거의 일이 아니라, 우리(유럽인, 필자)의 미래가 될 수 있음을 환기시키면서 '우리의 평화, 우리의 안보, 미래의 수호자는 바로 유럽의원, 여러분'이라고 강조했다. 그는 유럽의 미래를 위해 유럽인 자신들이 화해와 기회를 스스로 만들어가야 함을 강조한 것이다.

그러면 우리는 어떻게 평화의 길을 찾아야 할까? 남북한이 교류를 통하여 찾아가야 하지만, 그렇지 못한 상황에서 하나의 방법은 유라시아 교류를 통하여 대륙세력과 해양세력이 평화적 관계를 형성하는 것이다. 여기에 남북한 모두 참여하는 것이다. 한반도는 역사적으로 대륙세력과의 교류가 대부분이었다. 그러나 남한은 1945년 분단 이후 국제관계 역학으로 사실상 해양세력권에 들어가 있다. 이를 만회하려는 시도가 노태우 정부의 북방정책에서 시작되어 김대중 정부의 '철의 실크 로드', 이명박 정부의 '신 실크 로드 구상', 박근혜 정부의 '유라시아 이니셔티브', 문재인 정부의 '신북방정책'으로 이어져 왔다. 그러나 미국의 패권주의 정책 등을 극복하지 못하고, 평화와 통일의 한 발 앞에서 좌초되고 말았다. 그러나 여기서 실망하지 말고 유럽과 아시아의 중간에 위치한 전략적 지역인 중앙아시아를 관통하여 과거의 실크로드를 연결하는 것이다. 단군을 숭배하는 등 우리와 문화적 뿌리가 같다고 보는 카자흐스탄과 그 주위의 나라 및 몽골 등과 교류하여 과거에 논의되다 중단되다시피 한 남한·북한·몽골의 대통합을 실현하는 계기를 만들고 부산, 블라디보스토크, 모스크바, 파리행 유라시아 철도를 추진하여 평화 증진, 에너지 수급, 동북아경제 문화공동체를 수립해야 할 것이다. 이러한 상황을 어느 누구도 우리를 위해 마련해주지 않는다. 우리의 평화적 미래를 위해 이러한 교류를 우리 스스로 추진해야 할 것이다. 이는 장기적으로 미·중의 세계 패권전략에 대응하는 하나의 정책이 될 수 있다고 본다.

이러한 문제에 직면하여 우리가 앞으로 지켜야 할 일이 있다. 우리는 대외적으로 미·중 패권전략에 휩쓸리지 않고 '7.4 남북공동성명'의 정신으로 돌아가 우리 스스로 한반도의 평화를 개척해야 한다. 여기에 역사적·시대적 책임을 통감하며 '유라시아평화통합연구원'은 겸허한 자세로 의미 있는 기여를 하고자 한다.

2. 평화·통일·통합을 토대로 한 다학제 간 학술 활동과 연구 결과

본 공동 저서는 여섯 학자의 논문과 한 학자의 특별 기고논문으로 구성된다. 저자들의 글은 유라시아평화통합연구원이 지향하는 정치적 방향 및 내용과 부분적으로 다를 수 있다. 그래서 연구에 대한 책임은 본 연구원이 아니라 저자들 자신이 갖는다. 평화와 통일·통합에 대해 다양하고 유익한 논문이 많지만 제한된 분량 관계로 우선 유라시아평화통합연구원 연구자들이 그동안 발표했던 논문을 취합해서 신기로 했다.

본 공동 저서 발간에 참여하는 유라시아평화통합연구원 연구자들은 다학제적 차원에서 평화·통일·통합이라는 대주제에 주목하여 학술 활동과 연구를 해오면서 한반도 분단이 지속되고 평화와 안보가 정착되지 못한 원인을 분석하고, 갈등을 극복하고 남북한 평화와 상호 공존할 수 있는 대안을 모색하는 데 힘을 보태고자 한다.

우선 평화와 통일·통합에 대한 이론적 이해를 조명한다. 다음은 평화와 통일·통합을 어렵게 한 역사적 문제를 '샌프란시스코 강화조약'에서 찾고, 한반도 분단과 평화로의 길을 어렵게 하는 미국의 정책에 천착한다. 그 후 평화 통합을 가능하게 하는 남북한 경제 교류를 제시하며, 지역 평화 통합의 성공적인 사례로 회자되는 유럽연합의 통합과 독일 정치 지도자들의 통일 정책을 논하며, 이를 통해서 한반도에의 시사점을 유추하고자 한다.

제1부는 "평화와 통일·통합에 대한 이론적 이해"를 논의한다.

제1장에서는 평화학을 연구하는 이승주 선생이 "오리엔탈리즘과 탈식민평화: 탈식민주의 관점에서 본 평화 연구의 한계와 대안"이라는 주제로 평화에 대한 이론적 논의를 전개한다. 그는 우리에게 잘 알려진 갈퉁(Johan Galtung)을 비롯한 서구 배경 학자들에 의한 평화 연구를 소개하기보다는 비서구 배경 학자들이 탈식민주의 관점을 통해 고찰한 평화 연구를 중심으로 살펴보고 있다. 탈식민주의 이론을 통한 연구들은 평화 연구에 내재한 오리엔탈리즘 혹은 유럽중심주의를 분석하며 그것이 어떻게 제국주의와 깊은 관계를 맺고 있는지 밝혀 낸다. 또한 대안으로서 탈식민평화 개념을 소개한다. 국내 평화 연구 영역에서 비서구 배경의 탈식민주의 관점이 부족한 점을 감안할 때, 한반도 맥락에서 논의되는 평화 이론 및 연구가 한계점을 가질 수 있다는 것을 의미한다. 저자는 본 연구를 통해 탈식민평화에 대한 한국적 맥락의 연구 당위가 잘 전달되기를 희망하고 있다.

제2장에서는 정치사회학자인 김해순 교수가 "통일에 대한 이해와 통합의 이론적 논의"에 천착했다. 통일은 분리된 것들이 일원화를 달성한 상태라면 통합은 일원화를 향하는 과정으로 정리했다. 통일에 대한 이해와 통합에 대해서는 고전적인 논의를 간단하게 다루었다. 그동안 통일에 대한 정책 입안이 주로 경제 성장에만 초점을 맞추는 경향이었다면, 1990년대 이후에는 통합에 대한 연구가 그 의미, 방법, 형태, 주제 등을 위주로 확장되었다. 통합 연구는 우리나라에서도 김대중 정부의 화해와 협력을 통한 평화적 남북한 정책에 힘입어 증가했다. 통합의 주제 중에 결속력(응집력)은 주목을 받고 있다. 이는 통합의 토대이기 때문이다. 결속력의 정도를 알기 위한 분석 도구가 갖추어야 할 점과 이를 측정하기 위한 다양한 연구자들의 결속 지표를 조명했다. 통합의 목적은 평화적 공존에 있고, 이를 위해 사회 구성원들이 상호 의존적 공통의 기반을 만들어 가는 과정이다. 이는 실생활에 맞춰서, 즉 자신에 맞는 모델을 개발해야 한다는 점을 저자는 강조하고 있다.

제2부는 "한반도 분단과 갈등: 샌프란시스코 강화조약, 미국의 한반도 정책"을 연구했다.

제1장에서 신만섭 박사는 '1951년 샌프란시스코 강화조약'에 대해 국내 학계에서 늘 문제제기한 2조 2항(a)의 '독도 누락'보다, 같은 조항의 '일본의 한국 독립 인정'을 논쟁점으로 부각시켜 논거와 함께 조약의 부당성을 지적하였다. 1965년 한일기본조약 2조의 '한반도 식민지배 유무효' 여부도 이를 근거로 함과 동시에, 당시 국제법을 동원하여 '식민지배 무효화' 입증을 시도하였다. 또한, 일본의 한반도 강점으로 야기된 손해배상—특히 조선인 징용과 위안부 배상—에 대해서도 기존 해법과 다른 시각에서 해결책을 모색하고 있다.

제2장은 "정전 70년: 미국의 패권정책과 뒤틀린 한반도 평화"라는 주제로 유경석 교수가 한반도 분단과 관계된 미국 정책을 살폈다. 남북한은 대결 구도에서도 미·중 간 화해 등 국제적인 정세변화 속에서 1972년 '7.4 남북공동성명', 1990년 노태우 정부의 '남북기본합의서 체결'과 '한반도비핵화공동선언'을 논했다. 김대중-김정일 간 최초의 정상회담(2000.6.15)에서 평화통일에 대한 기본적인 원칙들에 대한 합의점을 논하였다. 이후 대북 강경파인 미국 부시 정권 등의 남북한 정책과 이명박, 박근혜 등 보수 정부 출현 이후 남북관계의 후퇴도 조명했다. 2019년 김정은 위원장과 트럼프 미국 대통령의 하노이 회담이 실패하면서 북·미 관계뿐 아니라 평창올림픽과 더불어 급물살을 탄 '한반도 평화프로세스' 등 남북관계도 급속하게 냉각된 과정을 살펴보았다. 나아가 윤석열 정부의 대북강경책과 더불어 남북 간 '강 대 강 정책' 그리고 2022년 발발한 러시아 — 우크라이나 전쟁 이후 한반도를 둘러싼 동북아 정세의 변화도 밝혔다. 이 논문도 한반도 평화의 길을 찾기 위한 시도로 이루어졌다.

제3부는 "평화·통일·통합을 위한 정책"이다.

제1장은 오종문 박사의 "한반도의 봄을 위한 경제적 상호의존의 증대와 평화

구축"이라는 주제의 연구로 '한반도의 사계절은 어디에 속할까'라는 질문으로 시작한다. 그는 남북관계를 돌아보면 단절과 협력의 시대를 오가며 봄, 여름, 가을, 겨울을 거쳐 왔다고 지적한다. 여름처럼 뜨거웠던 남북한 관계는 옛 기억으로 회상되고 있고, 한반도는 교역을 통한 이익을 나누며 번영의 시대로 나아가려 하다가 교역의 중단으로 겨울을 맞고 있다고 강조했다. 한반도에 겨울이 지나 봄이 오게 하는 방법을 북한의 경제적 상호의존과 군사분쟁의 상호인과성을 통해 알아보려고 했다. 연구 결과는 북한이 군사분쟁을 발생시키면 경제적 상호의존이 감소할 가능성이 커지며, 경제적 상호의존이 증가하면 군사분쟁이 발생할 확률은 감소하는 것이다. 북한의 경제적 상호의존과 군사분쟁은 상호인과성을 보이고 있다. 이러한 결과는 경제적 상호의존의 증대를 가져오고, 평화를 촉진시킨다는 자유주의의 주장을 뒷받침하며, 북한과의 대화와 협력을 복원하여 한반도를 평화와 번영의 공동체로 발전시킬 수 있음을 보여준다. 남북관계는 순환하는 사계절같이 변화해 왔다. 한반도는 냉혹한 겨울을 보내고 있지만, 평화를 위한 봄이 올 것이며, 이 길을 지금부터 예비해서 번영의 가을 길을 만들어 가야 함을 강조했다.

제2장은 정무형·김해순 교수가 제2차 세계대전 후 독일의 패배와 승전국의 점령을 벗어나 통일된 국가를 이루어온 통일 과정과 유럽연합의 통합 과정을 구체적으로 기술·분석했다. 남북한처럼 분단국이었던 동서독이 통일에 이르기까지 서독에는 모두 여섯 분의 총리가 존재했다. 그들 중에 독일 통일과 동서방 국가들과의 통합 정책에 결정적인 역할을 했던 네 분의 주역을 꼽을 수 있다. 아데나워(Konrad Adenauer), 브란트(Willy Brandt), 슈미트(Helmut Schmidt) 그리고 콜(Helmut Kohl) 총리를 선정하였다. 이들이 연맹국이나 강대국에 자신의 운명을 맡기지 않고 국제 정치 무대에서 자율성을 키우면서 국가의 운명을 개척한 지도자들로서 통일로의 과정을 단계적으로 쌓아간 분들이라는 데 이의가 없을 것이다. 그들의 업적을 역사적인 맥락에서 해석하고 깊이 있게 고찰하였다. 특히 그들

은 국내외 정치적 활동에서 자주성, 주체성, 공존과 평화의 가치관, 정책의 연속성 등을 확보하며 어떻게 구현하여 나갔는지를 분석 평가하였다. 서독 총리들이 독일 통일과 동서방 국가들과의 통합 정책에서 보여준 소중한 교훈들을 도출하여 우리에게 던지는 시사점으로 제시한 글이다.

특별 기고논문

특별 기고논문은 진윤일 박사(현 지휘자)의 논문으로 엮었다.

진윤일 박사의 연구는 기업 성장의 새로운 패러다임으로 자리 잡고 있는 ESG 경영을 어떤 방식으로 문화예술단체에 적용해 지속 가능한 발전을 이루게 하는가를 기술·분석한 논문이다. 나아가 예술을 통한 사회적 가치실현의 하나인 사회 통합을 어떻게 이룰 것인가라는 문제를 고찰하였다. 특히 국내외 예술단체를 통한 사회 통합의 사례를 구체적으로 소개하는 매우 획기적인 내용이다. 결론으로는 문화예술단체의 ESG경영이 일반 기업과 기관들의 ESG경영과 사회 통합에 어떤 기여를 할 수 있는가의 대안도 제시하였다.

3. 고마움을 전하며

우선 본 저서를 출간할 수 있게 논문을 제출해 주신 저자분들께 감사를 드린다. 본 공동 저서를 엮으며 조율하는 과정에서 여러 어려움이 있었다. 그러함에도 포기하지 않고 논문을 다듬어 완성해 주신 분들과 논문 완성을 위해 귀한 의견을 내주신 분들께 고마움을 전한다. 특히 물심양면으로 큰 힘이 되어주신 유경석 이사장님께 깊은 감사를 드린다. 특별기고 논문으로 그리고 재정적으로까지 도와주신 진윤일 박사님께도 역시 감사의 마음을 전한다. 나아가 전상직 교수님(한국주민

자치학회 회장)도 본 연구원의 저서를 발행하는 데 재정적 지원을 아끼지 않으셨고 저서의 전파를 위해 추천사까지 흔쾌히 써 주셨다. 이 자리를 빌려 전상직 교수님께 깊은 고마움을 표하고 싶다.

본 저서는 유라시아평화통합연구원의 첫 작품이다. 평화와 평화통일을 위해 통합이 전제되어야 함을 밝히지만, 통합에 대한 완전한 대안을 제시하지 않는다. 이는 본 연구원이 앞으로도 평화 통합에 대한 논의를 지속하면서 갈등을 극복하는 유익한 통일·통합 대안을 만들어 가고자 함이다.

2024년 7월 15일

김해순 교수 (유라시아평화통합연구원 원장)
유경석 교수 (유라시아평화통합연구원 이사장)
신만섭 박사 (유라시아평화통합연구원 학술편집 위원장)

목차

제2부 한반도 분단과 갈등: 샌프란시스코 강화조약, 미국의 한반도 정책

제3부 평화·통일·통합을 위한 정책

05 한반도의 봄을 위한 경제적 상호의존의 증대와 평화 구축　　　　오종문

특별 기고논문

07 사회 통합을 위한 문화예술단체 ESG경영의 필요성 　　　　　　　　　진윤일

제1부

평화·통일·통합의 이론적 이해

오리엔탈리즘과 탈식민평화:
탈식민주의 관점에서 본 평화 연구의 한계와 대안

이승주

Ⅰ. 들어가는 말

본 논문에서 평화에 관한 오리엔탈리즘 문제를 다루는 데는 크게 세 가지 이유가 있다. 첫 번째는 여전히 타자화된 이른바 나머지 세계, 주변부로 취급되는 사회에 대한 나 자신과 한국 사회의 오리엔탈리즘[1]을 성찰하고 극복하기 위함이다. 두 번째 이유는 서구의 정치적·문화적·사회적 배경에서 발전해 온 평화 연구를 인종주의에 기반한 담론, 즉 오리엔탈리즘 연구의 측면에서 고려하지 않고 단순히 그 동향을 소개하는 데 그칠 경우에, 오리엔탈리즘의 내면화 또는 타자화를 도리어 강화할 위험이 있기 때문이다. 마지막으로, 한국의 평화 교육은 서구적 관점을 지나치게 반영하는 경향이 있는데 이는 한국에서 논의되는 평화 연구가 제시하는 대안적 한계를 의미할 수 있다.[2] 후기식민사회가 당면

---

1) 이옥순. (2002). *우리 안의 오리엔탈리즘*. 서울: 푸른역사.

2) 한국의 평화교육에 서구의 관점이 과도하게 반영되어 있음을 지적한 연구가 있다. 이에 따라, 평화와 분쟁에 관한 서양의 관점과 분석이 표준으로 간주되어 아프리카, 라틴 아메리카 및 다른 아시아 문명권의 관점을 배제하는 결과를 낳는다고 지적한다(Kester, Kevin, Michalinos Zembylas, Loughlin

한 문제와 그 대안을 중심으로 연구된 탈식민주의 이론이 후기식민사회로서 한반도의 상황에 좀 더 적합한 대안과 시사점을 제공할 수 있을 것이다.

본 논문의 범위를 탈식민주의 관점으로 검토한 최근 평화 연구만으로 좁힌 것은 제한된 분량 때문이기도 하지만 탈식민주의 이론의 실천적 성찰이라는 점 때문이기도 하다. 관련하여 평화 이론의 창립자로 부르는 갈퉁(Johan Galtung)[3]의 연구를 심도 있게 다루지 않은 것은 분명한 한계점일 것이다. 그럼에도 사이드(Edward Said)의 말을 빌리자면, "오리엔탈리즘은 결국, 저술과 저자를 인용하는 시스템"이라는 그의 관찰을 반영하여 가능하면 비서구 배경을 가진 학자들이 탈식민주의 관점으로 바라본 평화 이론 연구에 초점을 두었다.[4]

본 연구가 유럽 배경 학자의 관점을 포함하지 않아 객관적이지 않거나 불균형적이라는 평가가 있다면, 그러한 평가의 취지를 충분히 이해한다. 그러나 본 논문에서 소개할 탈식민주의 이론 관점으로 연구된 평화 연구조차도 유럽의 언어인 영어로 쓰였다는 점을 고려해야 할 것이다. 근본적인 문제는 이 짧은 논문 밖의 세계가 얼마나 '균형' 잡혀 있느냐는 하는 것이다. 본 논문의 목적은 그 불균형의 균형을 맞추는 데 기여하는 것임을 분명하게 밝힌다. 따라서 본 연구는 갈퉁의 평화 연구를 논의 중심에 놓기보다는 평화 연구를 검토한 여러 이론 가운데 하나로서 논할 것이다.

Sweeney, et al., [2021]. Reflections on decolonizing peace education in Korea: a critique and some decolonial pedagogic strategies. In: *Teaching in Higher Education*, Vol. 26 (2). pp. 145-164(https://doi.org/10.1080/13562517.2019. 1644618, 검색: 2024.03.05.).

3) Galtung, Johan. (1996). *Peace by peaceful means: Peace and conflict, development and civilization*. Thousand Oaks: SAGE.

4) Said, Edward. (1978). *Orientalism*. New York: Vintage Books. 박홍규 역. 증보판. (2015). *오리엔탈리즘*. 서울: 교보문고. 55쪽.

II. 제국주의의 유산과 탈식민주의

1. 제국주의의 유산: 어제와 오늘

"유럽은 정원입니다. 우리는 정원을 만들었습니다. … 나머지 세계는 대부분 정글이고 정글이 정원을 침범할 수 있습니다. … 정원사는 정글에 가야 합니다. … 그렇지 않으면 나머지 세계는 다른 방법과 수단으로 우리를 침략할 것입니다. 정원을 지키고, 좋은 정원사가 되십시오. 그러나 당신의 임무는 정원사로서 정원만을 돌보는 것이 아니라 정원 밖의 정글을 돌보는 것입니다. … 유럽 경험의 아름다움은 과거의 유산을 극복하고 평화로운 공존, 협력, 통합, 발전의 비결을 전 세계에 제공하는 '너와 나'입니다."[5]

위에서 인용한 글은 19세기 후반에 로즈(Cecil Rhodes), 비스마르크(Otto von Bismarck), 레오폴드 2세(Leopold II) 등이 아프리카 분단과 식민지 정책을 주도하는 과정에 동원했던 전형적인 유럽 제국주의자들의 수사가 아니다. 이 글은 2022년 10월 13일에 유럽연합 외교 정책 최고 책임자인 보렐(Josep Borrell)이 벨기에 브뤼셀에서 열린 유럽외교아카데미 개원식에 참석하여 외교관 지망생들을 대상으로 한 발언이다. 평화, 공존, 협력, 발전 등의 수사를 동원하며 드러내는 인종주의, 혹은 '명백한 오리엔탈리즘'은 1960년대 초에 탈식민운동 여파로 망명 생활을 하고 서구에서 교육받은 비서구 배경의 학자들에 의해 본격적으로 도전받기 시작한 바 있다.[6]

---

5) European Diplomatic Academy: Opening remarks by High Representative Josep Borrell at the inauguration of the pilot programme(https://www.eeas.europa.eu/eeas/european-diplomatic-academy-opening-remarks-high-representative-josep-borrell-inauguration-pilot_en, 검색: 2024.01.08.).

6) Hübinette, Tobias. (2003). Orientalism past and present: An introduction to a postcolonial

1960년대부터 후기식민주의 이론이 꾸준히 연구되어 왔지만, 유럽연합뿐만 아니라 미국 고위정책 관계자가 오늘날에도 이러한 인식을 공개석상에서 과감히 말할 수 있다는 현실은 식민주의에 대한 좀 더 심도 있고 지속적인 연구를 요구한다.[7] 이 글의 목적은 보렐의 담화에서 드러난 노골적인 인종주의 그 자체를 다루려는 것은 아니다. 그와 같은 세계관을 지속적으로 재생산하는 서구 오리엔탈리즘의 정교하고 복잡한 교리 체계와 경향이 평화 연구에 어떻게 드러나는지를 탈식민주의 이론을 통해 재검토하려는 데에 있다. 본 연구를 통해서 보렐과 같은 발언이 결코 평화 연구와 전혀 상관이 없지 않음을, 그리고 오히려 평화 연구가 현대 정치의 문화와 정서에 들어맞게 이론을 제공하는 것은 아닌지 그 연결 지점을 밝혀내 보고자 한다.

2. 오리엔탈리즘과 탈식민주의

1) 담론으로서 오리엔탈리즘과 문화적 헤게모니

결론부터 말하자면 후기식민주의, 혹은 탈식민주의 이론의 관점에서, 평화 연구는 서구중심주의적이다. 연구 영역에서 평화학(Peace Studies), 또는 평화갈등학(Peace and Conflict Studies)의 학문적 환경이 서구의 역사, 문화, 지정학적 맥락에서 발전되었다는 점을 고려한다면 그리 놀라운 일은 아닐 것이다.[8] 또한, 어떠

---

critique. In: *The Stockholm Journal of East Asian Studies*, Vol. 13. pp. 73-80(https:// www. diva- portal.org/smash/record.jsf?pid=diva2%3A177974&dswid=3043, 검색: 2024.03.05.).

7) 그는 그가 글을 쓸 당시 1990년대 중반 '서구 외교 정책 수립가들과 지성인들의 태도가 콘라드의 견해에서 거의 벗어나지 못하고 있다'고 지적한다(Said, Edward. [1994]. *Culture and imperialism*. Knopf Doubleday Publishing Group. 김성곤, 정정호 역. 증보판. [2001]. *문화와 제국주의*. 서울: 도서출판 창, 31쪽.).

8) Te Maihāroa, Kelli, Michael Ligaliga and Heather Devere, (eds.). (2022). *Decolonising peace and conflict studies through indigenous research*. London: Palgrave Macmillan.

한 한 학문이 그 학문이 속한 문명의 관점을 중심으로 기술된다고 해서 그것이 어떤 특별한 예외적인 현상이라고 생각하지는 않는다. 그럼에도 평화에 대한 주제를 기술하는 데 서구중심주의와 깊은 관계를 맺고 있는 오리엔탈리즘을 고려하지 않을 수 없는 이유는 서구 권력[9]이 비서구 국가의 정치·사회·문화, 나아가 정신에까지 미치는 영향력이 여전히 지대하기 때문이다.[10] 그렇다면 오리엔탈리즘이란 무엇이며 오리엔탈리즘이 어떻게 강력한 내구성을 지니며 지속적으로 재생산될 수 있는 생명력을 가지고 있는 것일까?

푸코(Michel Foucault)의 권력과 담론 관계에 대한 연구를 서구 문학과 제국주의 관계에 접목하여 연구한 사이드의 오리엔탈리즘은 본 연구에서 평화 연구와 권력의 관계를 살펴보려는 목적에 잘 들어맞는다.[11] 사이드가 주목한 담론으로서 오리엔탈리즘을 살펴보자. 사이드는 오리엔탈리즘의 제국주의정책 정당화를 위한 실용적 측면뿐 아니라 오리엔탈리즘의 내구성을 설명하기 위해 그람시(Antonio Gramsci)의 문화적 헤게모니 개념에 주목한다. 그에 따르면 문화적 헤게모니, 담론으로서 오리엔탈리즘은 물리적 강제나 강요가 아닌 동의와 합의를 통해 재생산되기 때문에 오래간 지속되었다.[12] 특히 동양의 후진성과 유럽의 우월성을 되풀이

---

9) 미국과 서양은 종전 후에도 우리나라의 김구를 포함하여 반식민지, 민족주의 성향의 비서구 지도자들을 지속적으로 탄압해 왔다. 윌리엄 블룸의 연구에 따르면 종전 후의 그 사례가 전 세계적으로 30여 건에 이른다(Blum, William. [2003]. *Killing hope: US military and CIA interventions since World War II*. London: Zed Books).

10) 이와 관련해서는 사이드의 오리엔탈리즘뿐만 아니라, 1986년 케냐 출신 작가 씨옹오의 '정신의 탈식민화', '문화적 냉전'도 참조 바란다. 문화적 냉전은 종전 후부터 이른바 '좌파학자'들의 미국을 향한 비판적 논조를 중화시키려 시도한 미국중앙정보국의 사례를 다루고 있다. 미국중앙정보국이 접근한 대상에는 한나 아렌트, 조지 오웰 등의 학자들도 포함한다(Wa Thiong'o, Ngũgĩ. [1986]. *Decolonising the mind: the politics of language in African literature*. Nairobi: Heinemann Kenya. 이석호 역. [2013]. 정신의 탈식민화. 서울: 아프리카; Saunders, Frances. S. [2013]. *The Cultural Cold War: the CIA and the World of Arts and Letters*. New York: New PR.).

11) Said, Edward. (1978). 박홍규 역. 증보판. (2015). 위의 저서.

12) Said, Edward. (1978). 박홍규 역. 증보판. (2015). 위의 저서. 25-25쪽.

하고 대안적 견해의 가능성을 배제함으로써 서양은 동양과의 모든 관계에서 항상 우위를 유지할 수 있었다는 것이다.[13]

이렇게 지속된 오리엔탈리즘과 일반화의 결과 그는 "서구가 비서구에 베풀어 준 은덕에 호소"하게 되고, "곧 그 관대한 손을 무는, 고마워할 줄 모르는 비서구인들을 원망"하게 된다고 진단한다.[14] 사이드의 이 대목은 보렐의 '정글과 정원'의 비유를 떠올린다. 철학자이자 소설가, 극작가로서 20세기 실존주의의 대표주자로 알려진 사르트르(Jean-Paul Sartre)는 파농(Franz Fanon)의 '*The Wretched of the Earth*(대지의 저주받은 사람들)' 서문에서 유럽식민주의와 유럽인의 태도를 다음과 같이 비판한다.

> "우리 모두는 예외 없이 식민지 착취를 통해 이익을 얻었기 때문에 인간이 된다는 것은 식민주의의 공범이 되는 것이다. 이 뚱뚱하고 창백한 대륙은 파농이 나르시시즘이라고 부르는 것에 빠지는 것으로 끝난다. … 자유, 평등, 박애, 사랑, 명예, 애국심, … 이 모든 것이 우리가 더러운 흑인, 더러운 유대인, 더러운 아랍인에 대한 반인종적 발언을 하는 것을 막지는 못했다. 자유주의자이든 온화한 사람이든 … 그런 모순에 충격을 받았다고 항변하지만, 유럽인들은 노예와 괴물을 조작해 내야만 우리 스스로 인간이 될 수 있었기 때문에 우리에게 인종주의적 휴머니즘보다 더 일관된 것은 없었다. 따라서 우리는 착각을 한 것이거나 그렇지 않다면 스스로에게 정직하지 못한 것이다."[15]

사르트르의 비판과 같은 맥락에서 사이드는 유럽의 우월성에 대한 확고한 신념

---

13) Said, Edward. (1978). 박홍규 역. 증보판. (2015). 위의 저서. 26쪽.
14) Said, Edward. (1994). 김성곤, 정정호 역. 증보판. (2001). 위의 저서. 74쪽.
15) Fanon, Frantz. (1963). *The Wretched of the Earth*. New York: Grove Press. pp. 25-26.

과 공식이 식민주의로부터 수세기 동안 즉결처분, 끝없는 경제적 착취, 사회적 억압으로 고통받은 사람들의 모든 불행을 잊고 무시한다고 지적한다.[16] 또한 식민주의가 인종주의에 미친 영향을 다학제적 관점에서 분석한《검은 피부, 하얀 가면 (Black Skin, White Masks)》을 통해 파농은 우월주의의 기원을 찾는다.[17] 그는 7년간의 임상 진료와 관찰을 통해 열등감을 가진 흑인과 우월감을 가진 백인 모두 신경증을 앓고 있다고 진단한다. 그는 백인 식민주의는 아들러(Alfred Adler)의 용어로 '과잉 보상', 백인 자신의 불만을 끝내고자 하는 욕구에서 비롯된다고 진단한다.

즉, 유럽의 우월주의 또는 식민주의는 궁극적으로 우월감보다는 열등감과 불만이라는 모순된 감정의 결과물이라는 것이다. 사이드, 사르트르, 파농의 분석을 요약해 보자면, 오리엔탈리즘은 제국주의 침략의 무대를 마련하고 정복 후 도덕적 정당성을 부여하기 위해 동원되었으며, 이를 실천한 개인에게 동의와 합의를 통해 도덕적 우월감을 제공하고 경제적·직업적 보상을 통해 장기적으로 이를 지속시켰다고 할 수 있다. 평화 연구라는 것도 결국 도덕적 가치뿐만 아니라 경제적·직업적 보상을 동시에 바라는 학계 혹은 지식인들의 무덤이자 정원이 아닐까? 사이드가 오리엔탈리즘이 식민지 지배를 실행하기에 앞서서 정당화한다는 차원을 강조한 그의 관찰을 고려하면, 서구 중심의 평화 이론과 평화 담론은 도리어 서구 주도의 군사개입과 전쟁을 정당화할 수 있다는 의미가 된다.

탈식민주의 이론은 평화 연구뿐만 아니라 국제관계, 정치학 등에 내재한 유럽중심주의 시각의 한계와 문제점을 인식하고 학자와 실무자들이 분쟁을 이해하고 해

---

16) Said, Edward. (1978). 박홍규 역. 증보판 (2015). 위의 저서. 74쪽.

17) Fanon, Frantz. (1995). *Peau noire, masques blancs*. Paris: Editions du Seuil. 이석호 역. 전면개정판. (2013). *검은 피부, 하얀 가면*. 서울: 인간사랑.

결하기 위한 틀을 재고하도록 촉구하는 패러다임의 전환을 제시한다.[18] 후기식민
주의 혹은 탈식민주의 이론의 관점에서 평화를 논한 연구를 살피기 전에 먼저 후기
식민주의와 탈식민주의란 무엇인지 살펴보자. 후기식민주의와 탈식민주의의 존재
론적 이해의 차이가 탈식민화와 평화의 성격을 결정하기 때문이다.

2) 후기식민주의와 탈식민주의

후기식민주의에서 '후기'라는 단어가 가진 함의로 인해 이를 정의하는 데 논쟁이
있다.[19] 'Postcolonial Critical Discourse Analysis: Theory and Method (후기
식민주의 비판적 담론 분석: 이론과 방법)'에서 사비도(Ruth Sanz Sabido)는 '후
기식민주의'라는 용어에 대한 명확한 정의를 내리기 어려운 이유는 실제로 후기식
민사회가 존재하는지에 대한 이견에서 비롯된다고 본다. 특히나 '후기식민지'라는
용어는 식민주의가 종식된 이후의 시기를 의미하지만, 그에 따르면 하퍼(Graeme
Harper)와 간디(Leela Gandhi)와 같은 학자들은 공식적인 식민 통치가 끝난 후
에도 식민지 지배가 다양한 형태로 지속된다고 보기 때문이다.[20]

이에 대해, 프라카시(Gyan Prakash)는 제국주의와 식민지 유산의 관계, 그리
고 그 지속성을 강조하면서 식민지 이후의 문제는 식민지가 이제 지배로부터 완
전히 자유로워졌는지 여부가 아니라 식민주의가 생산한 범주와 사상의 지배로부
터 기존의 식민지 이후의 관계(식민지 시대에서 물려받은 관계)가 "흔들릴 수 있는
지" 여부라고 강조한다.[21] 같은 맥락에서, 룸바(Ania Loomba)는 식민 통치의 불

18) Cárdenas, Maria. (2023). Decolonizing perspectives in peace research. In: *Handbuch Friedenspsychologie*, Vol. 5(https://doi.org/10.17192/es2022.0022, 검색: 2024.01.10.).

19) Sanz Sabido, Ruth. (2019). *Postcolonial Critical Discourse Analysis: Theory and Method. The Israeli-Palestinian Conflict in the British Press*. London: Palgrave Macmillan. p. 20.

20) Sanz Sabido, Ruth. (2019). op. cit.

21) Prakash, Gyan. (Ed.). (1994). *After colonialism: Imperial histories and postcolonial displacements*. Princeton: Princeton University Press. p. 5.

평등이 지워지지 않는 한 식민주의의 종말을 선언하는 것은 시기상조일 수 있다고 지적한다.[22] 영(Robert Young)은 이러한 후기식민주의 이론화로 발생하는 많은 문제는 식민주의와 제국주의에 뒤따라오는 것 즉, "패권적 경제력의 세계체제라는 의미에서는 여전히 제국주의 안에 위치하는 것"으로 정의함으로써 해결될 수 있다고 본다.[23]

파농의 《검은 피부 하얀 가면》, 응구기 와 씨옹오(Wa Thiong'o, N)의 《정신의 탈식민화》 등 20여 권이 넘는 아프리카 작가와 사상가들의 저서를 우리말로 번역해 온 이석호 카이스트 교수는 탈식민주의와 후기식민주의는 각각 동양과 서양의 식민주의를 대하는 태도를 반영한다고 본다. 영어로 후기식민주의를 의미하는 'postcolonialism'과 탈식민주의를 의미하는 'decolonialism'에서 각각의 접두사 '후기(post-)'와 '탈(de-)'은 식민주의를 바라보는 존재론적이고 인식론적인 태도를 반영한다.[24] 이석호 교수는 다음과 같이 말한다.

> "아프리카를 비롯한 비서구에서 '포스트콜로니얼'이 의미하는 바는 명백하다. 과거 식민 세력으로부터의 존재론적이고 인식론적인 해방, 그것이다. 다시 말해, '탈식민화'가 '포스트콜로니얼'의 유일무이한 의미이자 존재 이유인 것이다." … 그러나 "비서구의 '포스트 콜로니얼'이라는 용어가 담론사적 차원이 보다 강화되는 서구의 '포스트콜로니얼리즘'으로 둔갑하면서 그 용어는 전통적으로 견지해 왔던 실천적이면서 전투적인 가치를 상당 부분 상실하게 되었다."[25]

---

22) Loomba, Ania. (2002). *Colonialism/postcolonialism*. London: Routledge. p. 7.

23) Young, Robert. J. (2016). *Postcolonialism: An historical introduction*. New York: John Wiley & Sons. p. 57.

24) 이석호. (2023). *아프리카 탈식민주의 문학론과 근대성*. 서울: 아프리카.

25) 이석호. (2023). 위의 저서. 8-9쪽.

　그러나 또 다른 최근의 연구는 이제 탈식민화라는 용어조차도 그 기능을 상실한 것으로 본다. 턱(Eve Tuck)과 양(Wayne Yang)의 연구에 따르면 탈식민화의 가장 중요한 목표이자 내용은 원주민의 땅과 삶을 되찾는 것이지, 사회와 학교를 개선하기 위해 하고자 하는 다른 일들에 대한 은유가 아님을 지적한다.[26] 예컨대, "학교를 탈식민화하자", "탈식민화 방법을 사용하자", "학생의 사고를 탈식민화하자"는 요구가 사회 정의 문제에서 중요하더라도 본래의 탈식민화 목표와 비교할 수 없다고 본다.[27] 특히 탈식민화가 은유적 표현으로 쓰이는 현상이 정착민의 원죄와 범행에서 죄책감을 덜거나 회피하도록 하여 식민주의를 더욱 지속 및 심화시킬 수 있다고 지적한다.[28]

　이번 장에서 후기식민주의와 탈식민주의를 둘러싸고 현재 진행 중인 논쟁을 면밀히 살펴보았다. 용어의 의미와 함의를 둘러싼 논쟁은 식민지 유산을 이해하고 해결하는 데 내재한 관점의 차이를 반영한다는 것을 알 수 있었다. 후기식민주의와 탈식민주의의 정의를 두고 나타나는 서구와 비서구의 존재론적, 그리고 인식론적 차이가 평화 연구에서는 어떠한 양상으로 나타나고 있을까? 다시 말하여, 평화에 대한 인식과 평화를 이해하는 방식에 대한 서구와 비서구의 차이가 식민주의의 지배와 피지배라는 틀에서 얼마나 탈피하여 연구되고 있을까? 다음 장에서, 서구의 역사적·정치적 맥락에서 진행되어 온 평화 연구가 왜 비서구에 폭력적일 수 있는지 검토하고, 유럽 중심의 평화 담론을 대체하는 대안으로서 탈식민평화를 소개할 것이다.

---

26) Tuck, Eve, and K. Wayne Yang. (2012). Decolonization is not a metaphor. Decolonization: Indigeneity. In: *Education & Society*, Vol. 1 (1). pp. 1-40(https://jps.library.utoronto.ca/index.php/des/article/view/18630, 검색: 2024.03.05.).

27) Tuck, Eve, and K. Wayne Yang. (2012). op. cit. p. 2.

28) Tuck, Eve, and K. Wayne Yang. (2012). op. cit. p. 1.

Ⅲ. 자유주의평화와 탈식민평화

1. 신식민주의의 산물: 자유주의평화

《원주민 연구를 통한 평화갈등학의 탈식민화》(2022) 연구[29]에 따르면, 평화 연구는 제2차 세계대전의 참혹함과 같은 일이 반복되어서는 안 된다는 서구의 정치적·역사적 맥락에 따라 발전했다. 그러나 브라이트(Jonathan Bright)와 글레드힐(John Gledhill)에 따르면, 평화 연구가 그 이름과 애초의 목적에 걸맞게 평화를 구축하기 위한 연구인 것인지, 반대로 전쟁을 정당화하거나 오히려 전쟁을 발발하게 하는 데 쓰이는 도구로 전락하고 만 것인지에 대한 논쟁이 있다.[30] "탈식민주의적 명령: 다원적 인권 교육"(2020)에 관한 윌리엄스(Hakim Mohandas Amani Williams)와 베르메오(Maria Jose Bermeo)의 연구는 현재 국제 개발, 경제 신자유주의, 세계 안보라는 식민지 근대주의적 장치에 의해 강제되는 보편화된 평화 모델은 평화 교육을 잠재적으로 신식민주의적 사업으로 전환한다고 본다.[31]

이글레시아스(Ana Isabel Rodriguez Iglesias)에 따르면, 그러한 논의의 중심에 서방 헤게모니의 산물로서 이른바 자유주의평화(Liberal Peace) 혹은 민주적 평화(Democratic Peace)가 있다.[32] 그에 따르면 최근 자유주의 평화에 대한 영향

29) Te Maihāroa, Kelli, Michael Ligaliga and Heather Devere, (eds.). (2022). op. cit.

30) Bright, Jonathan and John Gledhill. (2018). A divided discipline? Mapping peace and conflict studies. In: *International Studies Perspectives*, Vol. 19 (2). pp. 128-147(https://doi.org/10.1093/isp/ekx009, 검색: 2024.01.05.).

31) Williams, Hakim, Amani Mohandas and Maria Jose Bermeo. (2020). A decolonial imperative: Pluriversal rights education. In: *International Journal of Human Rights Education*, Vol. 4 (1), pp. 1-33(https://repository.usfca.edu/ijhre/Vol4/iss1/1, 검색: 2024.04.05).

32) Iglesias, Ana Isabel Rodriguez. (2019). A decolonial critique of the liberal peace: Insights from peace practices of ethnic people in Colombia. In: *Revista de Paz y Conflictos*, Vol. 12 (2), pp. 199-223(https://doi.org/10.30827/revpaz.v12i2.9379, 검색: 2024.04.05.).

은 분쟁과 관련된 구조적·문화적·물리적 폭력을 해결하는 평화로 소개한 적극적 평화 개념에서 찾을 수 있다고 본다.[33] 갈퉁의 연구에 따르면, 전쟁이나 분쟁 이후 시장 민주주의, 즉 자유민주주의 정치와 시장 지향 경제가 평화 구축과 지속 가능성을 위한 최선의 지원 방법이라는 생각에 따라 유엔과 다자 기구에서 적극적 평화의 개념을 채택하고 명료화하게 된다. 그러나 본 연구에 따르면, 자유주의평화가 가진 접근법의 문제는 분쟁의 원인 분석에서 권력과 지식의 관계에서 나타나는 식민성의 문제를 간과한다. 그 결과, 서방 국가는 그들이 '주변부', '야만적 문명', '열등한 문명', '실패한 국가'로 조작한 제3세계에 이 모델을 평화 연구를 통해 홍보하고 수출한다는 것이다. 따라서, 서구 중심의 자유주의 평화 이론과 담론은 자본주의, 시장주의, 국가안보에 기반한 것으로 이는 근대 서구의 세계화전략의 산물로 분석한다.[34]

남베르거, 비슈나트, 초이나키(Fabian Namberger, Gerdis Wischnath, and Sven Chojnacki)는 사이드가 "우리는 푸코가, 인간은 자신의 역사를 만든다고 말하고, 인간이 인식할 수 있는 것은 스스로 만든 것뿐이라고 말한 놀라운 관찰을 진지하게 받아들여 그것을 지리에까지 확장해 볼 필요가 있다."[35]는 요구를 다시 상기시킨다.[36] 본 연구에 따르면, 평화갈등 연구에서 사용되는 분쟁 지표와 지도의 사용은 복잡하고 논쟁의 여지가 있는 분쟁 현실을 이해할 때 분쟁 원인을 지구적 남반구에 두는 헤게모니적 경향을 지적한다. 예컨대 취약한 국가지표지도(fragile state index map), 성폭력 발생률(prevalence of sexual violence) 등의 지도와

33) Iglesias, Ana Isabel Rodriguez. (2019). op. cit. p. 205.
34) Iglesias, Ana Isabel Rodriguez. (2019). op. cit. p. 217.
35) Said, Edward. (1978). 박홍규 역. 증보판. (2015). 위의 저서. 21쪽.
36) Fabian Namberger, Gerdis Wischnath and Seven Chojnacki. (2019). Geo-graphing Violence: Postcolonial Perspectives, Space, and the Cartographic Imaginaries of Peace and Conflict Studies. In: *Geopolitics*. Vol. 26(4), pp. 1196-1223(https://doi.org/10.1080/14650045.2019. 1676237, 검색: 2024.04.08.).

함께 활용되는 지표들은 '지구적 북반구 대 지구적 남반구', '강대국 대 실패한 국가'라는 헤게모니적 해석의 틀을 제공하는 유럽중심주의의 공간으로서 활용된다는 것이다.[37]

스웨덴 룬드대학교에서 2024년에 발간된 탈식민주의와 여성주의 관점의 평화 관련 연구는 평화와 분쟁에 관한 이론과 담론에서 헤게모니적 관점이 여전히 지배적이라고 한다.[38] 이 연구에 따르면, 평화구축(peace building) 모델이 여전히 경제 성장, 자원 추출, 신자유주의 정책에 기반한다. 이와 같은 접근 방식에 따라 서방 국가와 금융 기관은 개발 원조를 무기화하고 민주주의, 좋은 거버넌스 및 인권 시스템의 구현을 조건으로 삼는다는 것이다.[39] 근대성과 진보에 대한 이 같은 관념은 유럽중심적 세계관이 '개발'을 위해 필연적인 과정이라는 데 뿌리를 두고 있다.[40] 대안으로써 그는 지구적 남반부의 해방에 초점을 맞춘 평화 실천을 요구한다. 예컨대 지구적·생태적 한계에 부합하고 구조적 폭력을 더 이상 조장하지 않는 평화를 구축하려면 인간의 삶보다 성장과 축적을 우선시하는 추출주의적 개발 모델과 단절해야 한다는 것이다. 특히 기후 및 환경 변화와 저개발과 관련된 다양한 유형의 폭력은 서로 연결돼 있을 뿐만 아니라 수탈주의, 착취, 식민지화라는 더 깊은 구조적 시스템에 뿌리를 두고 있기 때문이다.[41]

요약하자면, 1990년대에 《문명의 충돌》, 《역사의 종말》을 출간한 헌팅턴(P.

---

37) Fabian Namberger, Gerdis Wischnath and Seven Chojnacki. (2019). op. cit.

38) Magalhaes Teixeira, B. (2024). Room to Grow and the Right to Say No: Theorizing the Liberatory Power of Peace in the Global South. In: *Geopolitics*, pp. 1-33(https://doi.org/10.1080/14650045.2023.2286287, 검색: 2024.04.05.).

39) 본 논문의 한계는 서방이 실제로 민주주의나 인권 증진의 목적과 의도를 가지고 개발 원조를 하였는가에 대해서는 질문을 던지지 않고 있다는 것이다. 이 같은 서방의 '선한 의도'가 전제된 담론은 제국주의 담론에서 특히 주의해야 한다(Magalhaes Teixeira, B. [2024]. op. cit.). p. 4.

40) Magalhaes Teixeira, B. (2024). op. cit. p. 4.

41) Magalhaes Teixeira, B. (2024). op. cit. p. 25.

Huntington)이나 후쿠야마(Francis Fukuyama) 같은 이른바 자유주의 학자들의 담론이 자유주의평화라는 담론에서 반복하고 있는 것으로 보인다. 다시 말해, 서구의 정치 체제, 나아가 서구가 주도하는 세계 질서는 지배나 정복이 아니라 마땅히 따라야 할 운명론 같은 것이다. '탈냉전' 세계에서 벌어지는 갈등의 주요 원인은 문화나 종교 차이에서 오는 것이기 때문에 결국 서구 정책 결정자들이 맡은 과제는 서구를 계속 강하게 만들고 특히 이슬람과 같은 타 문명을 밀어내야 한다는 것이다.[42] 그러나 미국의 대내외 정책에 관해 비판적 견지를 가지며 논해왔던 촘스키(Noam Chomsky)가 보기에 충돌의 원인으로서 문화나 종교의 차이는 부차적인 요소이다.[43] 그는 다음과 같이 말한다.

> "이 구세계 질서의 가장 중요한 특징은 정복자와 피정복자 간의 충돌이 전 세계적으로 나타났다는 점이다. 충돌의 형태가 다양한 만큼 명칭도 여러 가지다. 제국주의, 신식민주의, 남북 갈등, 중심부 대 주변부, 선진 7개국(G7)과 그 위성국 대 나머지 국가들 등 하지만 보다 간단하게 표현하자면 바로 '유럽의 세계 정복'이라고 할 수 있다. … '유럽'이란 유럽인이 정착했던 식민지와 현재 세계를 이끌고 있는 선진국들까지 모두 포함한 개념이다."[44]

지금까지 오리엔탈리즘이 평화 연구에 미묘하지만 널리 퍼져 있는 성격과 한계에 대해 검토해 보았다. 다음 장에서 평화 연구 전반에 드러나는 오리엔탈리즘의 문제점을 극복하기 위해 대안으로서 연구되어 온 탈식민평화에 대해 살펴볼 것이다.

---

42) Huntington, Samuel. P. (2020). *The clash of civilizations?*. New York: Simon & Schuster.
43) Chomsky, Noam. (2015). *Year 501: The conquest continues*. Chicago: Haymarket Books. 오애리 역. 개정판. (2010). *정복은 계속된다*. 서울: 이후.
44) Chomsky, Noam. (2015). 오애리 역. 개정판. (2010). 앞의 저서. 8쪽.

2. 탈식민평화와 그 대안

탈식민평화 개념은 평화 연구 내 오리엔탈리즘의 내재된 한계에 대한 강력한 대응책으로 등장한다. 퀴하노(Aníbal Quijano), 미뇰로(Walter Mignolo)와 같은 탈식민주의 학자들의 연구에 뿌리를 둔 이 대안적 패러다임은 전통적 평화 이론의 유럽 중심적 토대에 대한 도전에 큰 영향을 미친다.[45] 카르데나스(María Cárdenas)의 연구에 따르면, 탈식민주의 관점(Decolonial Perspective)의 평화 연구는 평화를 개념화하고 추구하는 방식에 대한 근본적인 재평가를 요구해야 한다고 한다. 또한 서구 중심의 틀에서 벗어날 것을 촉구한다. 탈식민지 평화는 단순한 이론적 구성이 아니라 기존 평화 담론에 내재한 위계와 권력 불균형을 해체하고자 하는 변혁적 패러다임이라는 것이다.[46] 그에 따르면 평화 연구에서 지난 30년 동안 탈식민주의 관점은 인문학, 사회정치학, 지리학, 법학, 국제관계학 등 거의 모든 학문에 스며들었다. 심지어 생물학 같은 일부 자연과학 분야에서도 식민지 시대의 흔적을 재고(再考)하기 시작했다.[47]

그에 따르면, 최근 몇 년 동안 탈식민주의 관점 연구들은 인식적 폭력이 지속되는 현장인 지식 생산에 초점을 두고 있다. 탈식민주의 관점을 학제 간 주목을 끌고 지식 생산의 중심으로 끌고 오는 데 특히 중요한 역할을 한 학자로 위에서 언급한 페루의 사회학자 퀴자노(1992)와 그의 '권력의 식민성'이라는 개념을 소개한다.[48] 퀴자노가 관찰하고 용어로 만든 '권력의 식민성'은 곧 탈식민주의 관점을 연구하는 전 세계 학파를 하나로 묶게 된다.[49] 퀴자노는 '권력의 식민성'이라는 개념

---

45) Cárdenas, Maria. (2023). op. cit. pp. 7-8.
46) Cárdenas, Maria. (2023). op. cit. p. 5.
47) Cárdenas, Maria. (2023). op. cit. p. 6.
48) Cárdenas, Maria. (2023). op. cit. p. 7.
49) Cárdenas, Maria. (2023). op. cit. p. 7.

을 통해 식민지 구조의 지속성을 설명한다.[50] 그에 따르면 식민지의 공식적 종식 이후에도 식민지 구조가 지구적 남반구 영토와 피지배자에 대한 지속적 착취를 지속하기 위한 권력의 식민성이 성별, 인종, 계급, 권위, 지식의 축을 따라 여전히 살아 있다고 설명한다.[51]

같은 맥락에서 2021년에 적극적 평화와 식민주의를 주제로 한 연구에서 탈식민 평화 연구는 직접적 폭력, 문화적 폭력, 구조적 폭력 세 가지 유형의 폭력을 넘어 먼저 과학과 지식 생산 분야 자체가 매우 불평등한 권력과 자원 분배, 폭력의 지형에 있다는 점을 인식해야 한다고 본다.[52] 특히 현재의 패러다임으로서 인종주의적이고 자본주의적이며 능력주의를 숭배하는 식민지 체제가 여전히 견고하다면, 적극적 평화는 식민주의 체제와 그 체제가 생산하는 인식론적 폭력에 비판적이고 학제 초월적으로 도전될 때만 이론화될 수 있다는 것이다.[53] 즉 평화 연구에서 탈식민주의는 단순히 여러 가지 가운데 선택할 수 있는 한 가지 방법론이 아니라 근본적인 필수사항으로 간주해야 한다는 것이다.[54] 따라서 미뇰로는 지식 생산이 식민주의의 동인이기도 하지만 동시에 인식적 불복종의 도구라고 볼 수 있다고 하였다.[55]

50) Quijano, Aníbal. (2000). Coloniality of power and Eurocentrism in Latin America. In: *International sociology*, Vol. 15(2), pp. 215-232(https://doi.org/10.1177/026858090001500200, 검색: 2024. 04.04.).

51) Quijano, Aníbal. (2007). Coloniality and modernity/rationality. In: *Cultural studies, Vol. 21*(2-3), pp. 168-178(https://doi.org/10.1080/09502380601164353, 검색: 2024.04.05.).

52) Azarmandi, Mahdis. (2021). Freedom from discrimination: on the coloniality of positive peace. In: Standish, Katerina, Heather Devere, Adan Suazo and Rachel Rafferty. (eds) *The Palgrave Handbook of Positive Peace*. Palgrave Macmillan, Singapore. pp. 611-621(https://doi.org/10.1007/978-981-15-3877-3_32-1, 검색: 2024.04.05.).

53) Azarmandi, Mahdis. (2021). op. cit. p. 611.

54) Abdulla, Danah, Ahmed Ansari, Ece Canlı, et al. (2019). A Manifesto for Decolonising Design. In: *Journal of Futures Studies*, Vol. 23 (3). pp. 129-132.

55) Mignolo, Walter. (2011). Epistemic disobedience and the decolonial option: A manifesto. Transmodernity. In: *Journal of peripheral cultural production of the Luso-Hispanic World*,

인식론적 해방을 주장하는 한 연구는 영국-아일랜드, 캐나다 정부-원주민의 식민지 관계를 비교하여 구체적 사례를 제시한다.[56] 이른바 민주주의평화 이론에서 통용되는 지배적 접근법이 원주민을 향한 식민지 폭력을 적절하게 다루지 않는다고 지적한다. 지구적 북반구의 '도덕적 기업가'들은 대량 학살을 문명화라는 개념으로 정의하는 정치 세력의 입장을 계속 옹호하고 있음을 지적한다. 따라서 평화 연구 학자와 실무자들은 식민주의의 영향과 결과, 그리고 다양한 식민지 상황에서 벌어지는 분쟁, 집단학살의 의도를 이해하기 위해 새로운 해석의 틀이 필요하다고 조언한다. 경제적 착취, 억압의 내면화, 인종주의를 갈등의 근본 원인으로 다루지 않으면 해방적인 평화 구축 이론과 실천을 추구할 수 없다고 본다.[57]

위에서 살펴본 자유주의평화에 대한 비판은 궁극적으로 유럽중심주의의 인식론적 토대를 좀 더 급진적으로 해체하고 존재론적으로 '주어진 것'으로 간주하는 서구적 특수성에 대한 감수성을 재정치화해야 한다는 것을 의미한다.[58] 사바라트남(Meera Sabaratnam)은 평화 이론에 내재한 유럽중심주의의 문제점을 비판하며 다음과 같은 좀 더 구체적인 대안을 제시한다.[59] ① 역사정치적 존재감의 회복, ② (이질적인) '문화'에서 소외로 나아가기, ③ 정치경제의 탈식민화: 권리, 박탈, 축적의 정치화하기 3가지 대안을 제시한다. "(이질적인) '문화'에서 소외로 나아가기"의 대안이 말하고자 하는 것은 다양한 민족이 활동하는 행동의 장과 공간을 해석

Vol. 1 (2). pp. 44-66(https://doi.org/10.5070/T412011807, 검색: 2024.04.05.).

56) Byrne, Sean, Mary Anne Clarke and Aziz Rahman. (2018). Colonialism and peace and conflict studies. In: *Peace and Conflict Studies*, Vol. 25 (1), pp. 1-21. Article 1(https://nsuworks.nova.edu/pcs/Vol25/iss1/1, 검색: 2024.04.05.).

57) Byrne, Sean, Mary Anne Clarke and Aziz Rahman. (2018). op. cit. p. 14.

58) Sabaratnam, Meera. (2013). Avatars of Eurocentrism in the Critique of the Liberal Peace. *Security Dialogue*, Vol. 44 (3), pp. 259-278(https://www.jstor.org/stable/26302249, 검색: 2024.04.05.).

59) Sabaratnam, Meera. (2013). op. cit. p. 272.

할 때, 문화적 차이에 초점에 두는 것이 아니라 이주, 폭력, 침묵, 굴욕, 소유권 박
탈 등의 사람들을 '소외'시키는 성격에 초점을 맞추자는 것이다. 미라의 연구는 위
에서 살펴본 턱과 양(Tuck and Yang)이 "탈식민화하자" 등의 은유적 표현이 신식
민주의 구조를 오히려 영속화한다는 주장을 다시 상기시킨다.

> "탈식민화에는 동의어가 없다. … 은유가 탈식민화를 침범할 때, 그것은
> 탈식민화의 가능성 자체를 죽이고, 백인성을 재중심화하여 탈식민화 이론
> 을 재정립한다. 그리하여 정착민에게 무죄를 확정하고 정착민의 미래를 즐
> 겁게 한다. '탈식민화하자(동사)'와 '탈식민화(명사)'는 기존의 담론과 틀에
> 쉽게 접목될 수 없으며, 그것이 비판적이든, 반인종주의적이든, 정의의 틀
> 이든 간에 쉽게 적용될 수 없다."[60]

그렇다면 턱과 양이 제안하는 탈식민주의 본래의 의미를 반영한 대안은 무엇일
까? 그들은 먼저 식민주의의 여러 가지 형태를 설명하면서 미국의 정착형 식민주
의와 토지 문제, 그리고 토지와 인간의 관계에 주목할 것을 요구한다. 미국이 전
세계에서 가장 많은 800여 곳에 해외군사기지[61]를 보유한 점과 미국의 가장 큰 해
외 군사기지가 우리나라에 있다[62]는 현실을 고려해 미국의 식민주의 맥락에서 턱
과 양의 시각과 대안을 바라보고 좀 더 집중적으로 소개해본다. 그들에 따르면, 일
반적으로 식민주의는 크게 두 갈래인 '외부식민주의(external colonialism)'와
'내부식민주의(internal colonialism)'로 나뉘는데 이들이 사례로 분석한 미국은
식민주의의 외부적 형태와 내부적 형태를 동시에 활용하는 '정착형 식민지 국가

---

60) Tuck, Eve, and K. Wayne Yang. (2012). op. cit. p. 3.

61) Immerwahr, Daniel. (2019). *How to hide an empire: A short history of the greater United States.* New York: Random House.

62) These are the largest U.S. military bases in the world(https://mybaseguide.com /largest-us-military-bases, 검색: 2024.03.03.).

(settler colonial nation-state)'이다.[63]

그에 따르면, 외부식민주의는 원주민 세계, 동물, 식물, 인간의 일부를 몰수하여 식민지 개척자들의 부와 특권, 식욕을 채우기 위해 식민지 모국으로 이동시키는 것을 의미한다. 이를 위해 외부식민주의는 정복해야 할 적을 상대로 전선, 국경을 만들고 외국의 토지, 자원, 사람들을 군사 작전에 투입하는 등의 '군사식민주의(military colonialism)'라고 부르는 활동을 수반한다.[64] 따라서 외부식민주의에서 원주민의 모든 것은 '전쟁을 위한 몸과 땅(bodies and earth for war)', '물자를 위한 몸과 땅(bodies and earth for chattel)' 등의 '천연자원(natural resouces)'으로 재탄생한다는 것이다.[65] 또 다른 형태로서 내부식민주의는 하나의 제국 국가가 '국내'의 국경 내에서 사람, 토지, 동식물을 생물 정치적, 지정학적으로 관리한다. 미국의 경우, 백인 엘리트들의 우위를 보장하기 위해 감옥, 게토, 소수화, 학교교육, 경제적 분리 등의 방식이 활용된다.[66] 본 연구에 따르면, 정착형 식민주의에서 가장 중요한 관심사는 토지이다. 정착민에게 원주민의 토지는 새로운 삶의 터전이자 자본 원천이 되기에 경쟁이 요구되는 가장 가치 있는 것으로 여겨지기 때문이다. 그러나 토지와 원주민이 가졌던 관계가 정착민에 의해 파괴된다는 것은 원주민이 토지를 대하는 인식론적·존재론적·우주론적 폭력을 의미한다. 그리하여 정착민 식민주의 과정에서 토지는 재산으로 재구성되고 토지와 인간 관계는 소유자와 재산의 관계로 제한된다. 동시에 미군은 해외 침략 대상의 모든 '적 영토(enemy territory)'를 '인디언 국가(Indian Country)'라고 명명하고 있는데 이 또한 시사하는 바가 있다.[67] 결국 토지에 대한 인식론적·존재론적·우주론적 관계는 묻혀버리

---

63) Tuck, Eve, and K. Wayne Yang. (2012). op. cit. p. 7.
64) Tuck, Eve, and K. Wayne Yang. (2012). op. cit. p. 4.
65) Tuck, Eve, and K. Wayne Yang. (2012). op. cit. p. 4.
66) Tuck, Eve, and K. Wayne Yang. (2012). op. cit. p. 5.
67) 턱과 양의 연구 외에도 원주민 어머니를 둔 미국의 한 역사학자가 쓴 미국원주민 민중사는 원주민

고 인간과 토지 관계는 전근대적이고 후진적인 것으로 전락한다는 것이다.[68]

턱과 양에 따르면, 백인 유럽계뿐만 아니라 미국의 경제·군사 정책으로 황폐화된 국가에서 강제 또는 자발적 이주를 해온 다른 식민지 배경을 가진 유색인종의 유입은 정착민 식민지 세력에 대항하는 탈식민화 연대의 의미를 복잡하게 만든다.[69] 왜냐하면 이러한 일련의 정착민 식민지 관계에서 외부 식민주의에 의해 이주하게 된 '식민지 주체(colonial subjects)'는 재차 내부 식민주의에 의해 인종화되고 소수화되지만, 이들은 동시에 원주민의 빼앗긴 땅을 점령하고 그 땅에 정착하고 있기 때문이다.[70] 따라서 턱과 양은 정착민과 원주민, 흑인, 갈색 인종 사이의 단순한 권력 이동이 아닌 식민주의의 끊임없는 '정착민-원주민-노예 트리아드의 구조(triad structure of settler-native-slave)'를 깰 것을 요구한다. 턱과 양은 그 의미를 다음과 같이 좀 더 구체적으로 설명한다. "'정착형 식민지의 트리아드(settler colonial triad)'를 깬다는 것은, 단도직입적으로 말하자면, 토지를 독립된 원주민 부족과 국가에 반환하고, 현대적 형태의 노예제를 폐지하며, 제국주의 모국(imperial metropole)을 해체하는 것을 의미한다."[71]

지금까지 살펴본 탈식민평화를 한반도와 미국의 관계에 적용해 본다면, 한반도의 평화는 제국으로서, 그리고 외부식민주의 세력으로서 미국과 이를 추종하는 한반도 내 매판 부르주아 계급(comprador)[72]의 해체, 그리고 미군 기지로 활용되는

학살 당시의 미국의 군문화와 군사전략이 미국의 현대 군사전략에 여전히 만연함을 상세하게 보여준다(Dunbar-Ortiz, Roxanne. [2023]. *An indigenous peoples' history of the United States*. Boston: Beacon Press) ; Tuck, Eve, and K. Wayne Yang. (2012). op. cit. p. 31.

68) Tuck, Eve, and K. Wayne Yang. (2012). op. cit. p. 5.

69) Tuck, Eve, and K. Wayne Yang. (2012). op. cit. p. 7.

70) Tuck, Eve, and K. Wayne Yang. (2012). op. cit. P. 7.

71) Tuck, Eve, and K. Wayne Yang. (2012). op. cit. p. 31.

72) 케냐의 극작가이자 탈식민주의 이론가 씨옹오는 "제국주의와 영구적인 제휴를 희구하는 계급, 그 과정에서 서구 식민종주국 부르주아와 식민지 민중 사이의 가교역할을 하고 싶어 하는 계급"을 매판 부르주아 계급이라 부른다. 그는 김지하의 '오적'이라는 작품에 영감을 받아 매판

토지의 반환 문제가 고려해야 할 최소한의 필수요소임이 된다. 물론 이는 말처럼 쉬운 일이 아니다. 파농이 식민지 민중을 위해 쓴 《대지의 저주받은 사람들》에서 그가 탈식민화의 의미에 대해 남긴 말은 한반도 탈식민평화라는 과제를 실현하는 방법에 시사하는 바가 있다.

> "탈식민화는 결코 은근슬쩍 전개되지 않는다. 개개인에게 큰 영향을 주고 그들을 근본적으로 변화시키기 때문이다. 탈식민화는 초라하고 보잘 것없던 방관자들을 특별한 배우로 변화시키고, 그들에게 역사의 밝은 조명을 비춘다. 또한, 탈식민화는 그들의 존재에 새로운 인간이 가져온 자연스러운 리듬을 부여하며, 그와 더불어 새로운 언어와 새로운 인간성을 부여한다. 즉 탈식민화는 새로운 인간의 창조인 셈이다. … 그동안 식민화되었던 '사물'이 스스로를 해방시키는 과정을 통해 인간으로 탈바꿈하는 것이다."[73]

IV. 결론과 시사점

사이드는 자신의 "저서 《오리엔탈리즘》에서 시도했던 내용 뒤에는, 초연하고 무정치적인 인문학으로 보이는 것들이 사실은 제국주의 이데올로기와 식민주의의 실천이라는 몹시 추한 역사에 의존한다는 사실을 보여주고 싶은 충동이 숨어 있었다."고 했다.[74]

탈식민주의 관점으로 바라본 이른바 탈식민평화 연구를 살펴보았다. 이번 논

부르주아 계급에 관한 소설 '십자가 위의 악마'을 쓴 바 있다(Wa Thiong'o, Ngũgĩ. [1986]. 이석호 역. [2013]. 위의 저서. 48쪽).

73) Fanon, Frantz. (1963). *The Wretched of the Earth*. New York: Grove Press. 남경태 역, (2010). *대지의 저주받은 사람들*. 서울: 그린비출판사. 34쪽.

74) Said, Edward. (1994). 김성곤, 정정호 역. 증보판. (2001). 위의 저서. 100쪽.

문을 통해 시도하고자 한 것은 사이드가 시도했던 것의 반복이다. 무정치적으로 비칠 수 있는 평화 연구가 사실은 유럽중심주의에서 벗어나지 못한 제국주의의 산물이자 신식민주의의 실천일 수 있다는 점을 보여주려 했다. 탈식민주의 관점으로 평화 이론을 분석하고 검토한 연구들은 평화 연구에서 오리엔탈리즘의 경향을 지적하고 있다. 평화 연구가 평화에 대한 존재론적이고 인식론적인 한계를 여전히 드러내고 있다는 것이다. 한계가 아니라 문제점이라고 불러야 할 것이다. 다시 말해, 서구의 역사적·정치적 맥락에서 발전되어 온 평화 연구는, 사이드가 주목한 과거 유럽에서 계몽주의자, 자유주의자, 반제국주의자라 불리는 자들이 실제로는 19세기 유럽 제국주의의 확장에 정당화 담론을 제공, 적어도 당시의 제국주의 시대의 산물이었다는 추한 역사를 반복하고 있는 것이다.[75]

따라서 탈식민평화는 존재론적이고 인식론적인 해방을 요구한다. 이 담론은 평화 개념을 재정의하고, 평화를 주제로 한 논의와 연구에서 식민주의 문제를 논의의 중심에 놓자고 요구하고 있다. 평화란 오로지 식민주의가 남겨놓은 유산과 결별할 때만 가능하다. 탈식민화는 평화의 충분조건이 아니라 평화의 필요조건이다. 즉 탈식민화 없이 어떠한 평화도 이룰 수 없다. 파농의 "이제 유럽을 비난하지 말자. 다만 유럽에 그 성과를 자축하는 노래와 춤을 멈추라고 단호하게 요구하자. … 우리는 새로운 각오를 다지고, 새로운 발상을 만들고, 새로운 인간을 정립해야 한다."는 선언은 적어도 제3세계 학자들의 탈식민평화 등의 연구를 통해 계승되어 오고 있는 것으로 보인다.[76]

이 연구에서는 분량의 한계와 주제를 좀 더 심층적으로 소개하기 위한 과정에서 우리 사회에 내재한 오리엔탈리즘의 문제를 충분히 다루지 못했다. 따라서 그 경향이 한반도 평화 연구에 어떠한 영향을 미치며, 어떠한 대안적 한계를 드

---

75) Said, Edward. (1994). 김성곤, 정정호 역. 증보판. (2001). 앞의 저서. 31쪽.
76) Fanon, Frantz. (1963). 남경태 역. (2010). 위의 저서. 294-295쪽.

러내는지, 탈식민평화가 한반도 평화에 어떤 다른 대안을 제공하는지 등을 세부적으로 제시하지 못했다. 다만, 이를 통해 평화 연구뿐만 아니라 다양한 학문 분야에서 탈식민주의 관점을 통한 연구가 좀 더 필요하며 평화 연구를 좀 더 비판적으로 접근해야 한다는 당위가 전달되기를 희망해본다. 나아가서는 한국적 맥락에서 우리만의, 그리고 보편성을 담보한 인류를 위한 평화 이론을 재정립해야 한다는 연구 당위가 전달되기를 바란다. 광복 후 혼돈의 시기인 1947년에 백범 김구 선생이 남긴 글로 마무리한다.

> "오늘날 우리의 현상으로 보면 더러는 로크의 철학을 믿으니 이는 워싱턴을 서울로 옮기는 자들이요, 또 더러는 마르크스, 레닌, 스탈린의 철학을 믿으니 이들은 모스크바를 우리의 서울로 삼자는 사람들이다. 워싱턴도 모스크바도 우리의 서울은 될 수 없는 것이요, 또 되어서는 안 되는 것이니, 만일 그것을 주장하는 자가 있다고 하면 그것은 예전 동경을 우리의 서울로 하자는 자와 다름이 없을 것이다. 우리는 우리의 철학을 찾고, 세우고, 주장하여야 한다. 이것을 깨닫는 날이 우리 동포가 진실로 독립정신을 가지는 날이요, 참으로 독립하는 날이다."[77]

---

77) 나의 소원(https://www.kimkoo.org/board/kimgu_view.asp?skey=&stext=&idx=310, 검색: 2024.04.20.).

참고 문헌

이옥순. (2002). *우리 안의 오리엔탈리즘*. 서울: 푸른역사.

이석호. (2023). *아프리카 탈식민주의 문학론과 근대성*. 서울: 아프리카.

Abdulla, Danah, Ahmed Ansari, Ece Canlı, Mahmoud Keshavarz, Matthew Kiem, Pedro Oliveira, Luiza Prado de O. Martins, and Tristan Schultz. (2019) A Manifesto for Decolonising Design. In: *Journal of Futures Studies*, Vol. 23 (3). pp. 129-132.

Azarmandi, Mahdis. (2021). Freedom from discrimination: on the coloniality of positive peace. In: Standish, Katerina, Heather Devere, Adan Suazo and Rachel Rafferty. (eds.). *The Palgrave Handbook of Positive Peace*. Palgrave Macmillan, Singapore. pp. 611-621.

Blum, William. (2003). *Killing hope: US military and CIA interventions since World War II*. London: Zed Books.

Bright, Jonathan and John Gledhill. (2018). A divided discipline? Mapping peace and conflict studies. In: *International Studies Perspectives*, Vol. 19 (2). pp. 128-147.

Byrne, Sean, Mary Anne Clarke and Aziz Rahman. (2018). Colonialism and peace and conflict studies. In: *Peace and Conflict Studies,* Vol. 25 (1). pp. 1-21.

Cárdenas, Maria. (2023). Decolonizing perspectives in peace research. In: *Handbuch Friedenspsychologie*, Vol. 5.

Chomsky, Noam. (2015). *Year 501: The conquest continues*. Chicago: Haymarket Books. 오애리 역. 개정판. (2010). *정복은 계속된다*. 서울: 이후.

Dunbar-Ortiz, Roxanne. (2023). *An indigenous peoples' history of the United States*. Boston: Beacon Press.

Fabian Namberger, Gerdis Wischnath and Seven Chojnacki. (2019). Geo-graphing Violence: Postcolonial Perspectives, Space, and the Cartographic Imaginaries of Peace and Conflict Studies. In: *Geopolitics*. Vol. 26 (4). pp. 1196-1223.

Fanon, Frantz. (1995). *Peau noire, masques blancs*. Paris: Editions du Seuil. 이석호 역. 전면개정판. (2013). *검은 피부, 하얀 가면*. 서울: 인간사랑.

Fanon, Frantz. (1963). *The Wretched of the Earth*. New York: Grove Press. 남경태 역, (2010). *대지의 저주받은 사람들*. 서울: 그린비출판사.

Fanon, Frantz. (1963). *The Wretched of the Earth*. New York: Grove Press.

Galtung, Johan. (1996). *Peace by peaceful means: Peace and conflict, development and civilization*. Thousand Oaks: SAGE.

Hübinette, Tobias. (2003). Orientalism past and present: An introduction to a postcolonial critique. In: *The Stockholm Journal of East Asian Studies*, Vol. 13. pp. 73-80.

Huntington, Samuel P. (2020). *The clash of civilizations?*. New York: Simon & Schuster.

Iglesias, Ana Isabel Rodriguez. (2019). A decolonial critique of the liberal peace: Insights from peace practices of ethnic people in Colombia. In: *Revista de Paz y Conflictos*, Vol. 12 (2). pp. 199-223.

Immerwahr, Daniel. (2019). *How to hide an empire: A short history of the greater United States*. New York: Random House.

Kester Kevin, Michalinos Zembylas, Loughlin Sweeney, Kris Hyesoo Lee, Soonjung Kwon and Jeongim Kwon. (2021). Reflections on decolonizing peace education in Korea: a critique and some decolonial pedagogic strategies. In: *Teaching in Higher Education*, Vol. 26 (2). pp. 145-164.

Loomba, Ania. (2002). *Colonialism/postcolonialism*. London: Routledge.

Magalhaes Teixeira, B. (2024). Room to Grow and the Right to Say No: Theorizing the Liberatory Power of Peace in the Global South. *Geopolitics*. pp. 1-33. (https://doi.org/10.1080/14650045.2023.2286287, 검색: 2024.5.1.).

Mignolo, Walter. (2011). Epistemic disobedience and the decolonial option: A manifesto. Transmodernity. In: *Journal of peripheral cultural production of the Luso-Hispanic World,* Vol. 1 (2). pp. 44-66.

Prakash, Gyan. (Ed.). (1994). *After colonialism: Imperial histories and postcolonial displacements.* Princeton: Princeton University Press.

Quijano, Aníbal. (2007). Coloniality and modernity/rationality. Cultural studies, Vol. 21 (2-3). pp. 168-178.

Quijano, Aníbal. (2000). Coloniality of power and Eurocentrism in Latin America. In: *International sociology,* Vol. 15 (2). pp. 215-230.

Sabaratnam, Meera. (2013). Avatars of Eurocentrism in the Critique of the Liberal Peace. In: *Security Dialogue,* Vol. 44 (3). pp. 259-278.

Said, Edward. (1994). *Culture and imperialism.* Knopf Doubleday Publishing Group. 김성곤, 정정호 역. 증보판. (2001). *문화와 제국주의.* 서울: 도서출판 창.

Said, Edward. (1978). *Orientalism.* New York: Vintage Books. 박홍규 역. 증보판. (2015). *오리엔탈리즘.* 서울: 교보문고.

Sanz Sabido, Ruth. (2019). *Postcolonial Critical Discourse Analysis: Theory and Method. The Israeli-Palestinian Conflict in the British Press.* London: Palgrave Macmillan.

Saunders, Frances. S. (2013). *The Cultural Cold War: the CIA and the World of Arts and Letters.* New York: New PR.

Te Maihāroa, Kelli, Michael Ligaliga and Heather Devere, (eds.). (2022). *Decolonising peace and conflict studies through indigenous research.* London: Palgrave Macmillan.

Tuck, Eve, and K. Wayne Yang. (2012). Decolonization is not a metaphor. In: *Decolonization: Indigeneity, Education & Society,* Vol. 1 (1). pp. 1-40.

Wa Thiong'o, Ngũgĩ. (1986). *Decolonising the mind: the politics of language in African literature.* Nairobi: Heinemann Kenya. 이석호 역. (2013). 정신의 탈식민화. 서울: 아프리카.

Williams, Hakim, Amani Mohandas and Maria Jose Bermeo. (2020). A decolonial imperative: Pluriversal rights education. *In: International Journal of Human Rights Education*, Vol. 4 (1). pp. 1-33.

Young, Robert. J. (2016). *Postcolonialism: An historical introduction*. New York: John Wiley & Sons.

인터넷

나의 소원(https://www.kimkoo.org/board/kimgu_view.asp?skey=&stext=&idx=310, 검색: 2024.04.20.).

European Diplomatic Academy: Opening remarks by High Representative Josep Borrell at the inauguration of the pilot programme(https://www.eeas.europa.eu/ eeas/european-diplomatic-academy-opening-remarks-high-representative- josep-borrell-inauguration-pilot_en, 검색: 2024.01.08).

These are the largest U.S. military bases in the world(https://mybaseguide.com/largest-us-military-bases, 검색: 2024.03.03.).

통일에 대한 이해와 통합의 이론적 논의

김해순

Ⅰ. 들어가기

오랫동안 통일 연구와 정책 입안은 주로 경제 성장에만 초점을 맞추는 경향을 보였지만, 점차 이에서 벗어나 통합을 논하고 있다.[1] 1990년대 이후 통합 연구는 큰 성장을 이뤘고 따라서 관련 문헌도 늘어났다.[2] 이러한 현상을 한국에서도 목격한다. 김대중 정부(1998-2003)의 화해와 협력을 통한 평화적 남북한 정책에 힘입어 통합 연구가 증가했고 박근혜 정부(2013-2017)에서는 더욱 크게 성장했다.[3] 서구에서는 통합 연구에 대해 점차 더 많은 학문 분야가 관심을 가지고 있고 이와 연동

---

1) Mac Fadden, Isotta, Monica Santana and Esteben Vázquez-Cano, et al. (2021). A Science Mapping Analysis of 'Marginality, Sigmatization and Social Cohesion'. In: *WoS (1963-2019). Quality and Quantity: International Journal of Methodology, Springer,* Vol. 55 (1). pp. 275-293; Dobbernack, Jan. (2016). The Politics of Social Cohesion in Germany. Dobbernack, Jan. *The Politics of Social Cohesion in Germany, France and the United Kingdom.* London, UK: Palgrave Macmillan.

2) Mac Fadden, Santana and Vázquez-Cano, et al. (2021). op. cit. pp. 275-293.

3) 김해순. (2017). 사회·문화 분야 연구 현황과 과제. 김해순 외. *한국의 통일 연구 30년.* 경기: 한국학중앙연구원. 29-152쪽, (36쪽).

하여 다양한 주제를 다루면서 주제 확장을 이뤄왔다. 이 중에 주목받는 하나의 주제는 통합의 중요한 토대로 볼 수 있는 결속력(응집력)이다.

본 장에서는 통일을 간단하게 정리한다. 통합의 이론적 이해에서 제도적 통합 및 유럽연합과 사회적·문화적 통합의 이론적 논의는 김해순의 저서(《평화의 거울: 유럽연합》(2021))⁴와 정지웅 공동 저서(2018)⁵를 참조하기 바란다. 김해순 저서에 조명된 사회적 통합에 대한 논의는 간단하게 다루며, 부분적으로 보완하겠다. 보완된 부분은 다양한 학자와 연구 기관의 결속력(응집력)에 대한 의미와 결속력을 측정하는 결속력 지수에 대한 논의이다.

II. 통일에 대한 이해와 통합의 이론적 논의

1. 통일에 대한 이해

통일은 두 개 이상의 기관, 조직, 요소 등이 단일화를 이룬 상태를 의미한다. 요컨대 개별적인 것들 또는 분리된 것들이 하나의 조직(국가 등)이나 체계(법률 등) 아래 합쳐져 일원화를 달성한 것이다. 통일을 이룬 독일을 보면 분단된 국가였던 동서독이 공화국 헌법 토대에서 정치 체제 단일화를 단행했다. 이를 통해 하나의 국가가 창출되었고 지리적으로 국토가 하나가 되어 국내외에서 독일을 대표한다. 통일 후 동서독 주민은 이념적, 체제 간 대결과 갈등을 종결하면서 전쟁 위험에서 벗어나 국론을 결집하여 안전하게 공존하게 되었다. "공존은 대안이 아닌 생존을 위한 유일한 기회이고, 공존 정책을 통해 동서(동서독 주민·저자) 갈등이 점차 '평

---

4) 김해순. (2021). *평화의 거울: 유럽연합*. 경기도: 킹덤북스. 34-72쪽.

5) 정지웅, 김해순, 김병욱 외. (2018). *남북한 사회 통합 방안 연구*. 경기도: 한국학중앙연구원 출판부. 21-56쪽.

화로운 경쟁, 공존을 위한 경쟁'으로 변해야 한다."라고 독일 총리 브란트(Willy Brandt, 1969-1974)는 강조한 바 있다.[6] 통일은 공존을 가능하게 할 뿐 아니라 국력도 강화한다. 이외에도 통일은 새 사회에 많은 편익을 제공한다. 예컨대 동독 주민은 자유민주주의 사회에서 국가 통제를 받지 않고 친인척과 상봉할 수 있고 표현, 정보, 언론, 방송, 예술·출판 등의 자유를 누리게 되었다. 서독 주민도 동독 관청의 허가 없이 방문이 어려웠던 동독 지역을 자유롭게 여행할 수 있게 되었다.

독일 통일을 통해서 볼 수 있는 점은 통일, 특히 제도적 통일은 물리적인 면에서 빠르게 달성할 수 있는 반면 통합은 둘 이상의 기관, 조직, 요소 등의 결합 과정이 전제되며 많은 세월과 인내를 요구한다는 것이다.

2. 통합의 이론적 논의: 어제와 오늘

1) 통합에 대한 이론적 이해

통합의 이론적 이해에 대해서는 오래전부터 논의되고 있지만 이에 대한 정의는 아직 명쾌하게 내려지지 못하고 있다. 사회 통합에 대한 초기 이론가들로 뒤르켐(Émile Durkheim), 짐멜(Georg Simmel), 스펜서(Herbert Spencer), 퇴니에스(Ferdinand Toennies) 등을 꼽을 수 있다. 이들은 사회 변화를 사회적 통합의 각기 다른 양식의 변화로 묘사했다. 뒤르켐은 사회적 통합을 위해 사회 질서를 유지하는 데 두 가지 형태의 연대가 있다고 했다. 이는 기계적 연대(mechanic solidarity)와 유기적 연대(organic solidarity)이다.[7] 뒤르켐에 따르면 기계적 연대는 공동체 구성원의 동등한 능력에 기반하며 동등한 일원으로 활동하는 것이다.[8]

---

6) 김황식. (2022). 독일의 힘. 독일의 총리들 I. 경기: (사)북이십일 21세기북스. 147쪽.

7) Durkheim, Emile. (1997/1999). *The Division of Labour in Society*. Trans. by W. D. Halls. New York: Free Press.

8) 김해순. (2016). 남북한 사회 문화 통합을 위한 교육. 한만길 외. 통일을 이루는 교육. 경기도: 교육과

노동단체에서 노동자들의 활동이 그 예가 되겠다. 공동체는 오랫동안 서로 접촉하고 공동의 규범, 가치관 등을 함께 규정하여 실천하고 공동 목적을 지향한다. 퇴니에스에 따르면 동질성에 기반한 공동체인 부족사회는 사회적 결속이 높다. 이는 사회적으로 개인들이 비슷한 일을 경험하고, 개인적·교육적·종교적 배경을 공유하는 동질성에서 비롯된다고 보고 있다.[9] 공동체 구성원들은 상호 소속감이 사회 구성원보다 더 높다. 공동체는 점차 경제, 사회·문화가 발전하고 교통의 발달 및 의사소통 가능성이 커지면서 분화되어 갔다. 사회는 기능적인 면에서 공동체보다 더 세분화했고,[10] 특히 뒤르켐은 큰 사회에서는 유기적 연대가 필요하다고 했다. 유기적 연대는 현대적이거나 자본주의적인 사회에서 출현하고 노동 분업의 결과로 개인의 본질적인 상호의존성에서 비롯되는 것이다.[11] 이는 사회 구성원의 능력 차이에 기인하며 상호 기능적 의존성에 기반한다. 예컨대 부부는 서로 다른 역할을 하며 서로를 보완한다.[12] 이는 부부의 상호의존성을 의미한다.

통합은 통일처럼 일반적으로 둘 이상의 낱개(사람, 그룹 등)가 하나로 합쳐서 일원화되는 과정을 일컫고 제외되었거나 분리된 상태를 극복하는 것을 목적으로 한다. 일원화 과정은 동적이고 분리된 것들이 결합하면서 함께 커가는 과정이다. 함께 살아가는 삶, 즉 평화적 공존을 위하는 통합은 상호 존중과 신뢰, 소속감, 책임공유 등이 간과될 수 없는 필수 조건이다. 통합은 함께 살아가는 구성원 자신이 어

학사. 251-272쪽, (254쪽).

9) Dragolov, Georgi, Zsofia S. Ignácz and Jan Lorenz, et al. (2016). Theoretical Framework of the Social Cohesion Radar. In: Dragolov, Georgi, Zsofia S. Ignácz and Jan Lorenz, et al. (Eds.). *Social Cohesion in the Western World*. Cham, Switzerland: Springer International Publishing. pp. 1-13.

10) Toennies, Ferdinand. (2014). *Der Sozialstaat zwischen Gemeinschaft und Gesellschaft*. Uwe Carstens (Hrsg.), 1. Aufl. Badene-Baden: Nomos.

11) Schiefer, David and Jolanda van der Noll. (2017). The Essentials of Social Cohesion: A Literature Review. In: *Social Indicators Research, 132 (2)*. pp. 579-603.

12) 김해순. (2016). 남북한 사회 문화 통합을 위한 교육. 앞의 저서. 254쪽.

떻게 함께 살아가는지에 대한 공통된 이해를 발전시키는 과정으로도 볼 수 있다. 통합에는 소수가 수용국의 규범과 규칙, 법 등을 존중하고 함께 살아가려는 노력과 의지를 가지는 것뿐만 아니라 소수를 받아들이려는 다수의 배려와 의지도 있어야 한다. 예컨대 새로 온 사람들은 수용국의 다양한 기본 지식을 습득하려 노력한다. 기본 지식은 자유민주적 기본 질서, 정당제도, 민주적 구조, 복지 국가, 평등권, 관용 및 종교 자유 등이다. 이러한 것들을 담은 기본법은 새로 온 소수나 장기 거주자인 다수, 즉 모든 사람이 언어, 신분 제도, 신조 등과 관계없이 민족적 집단의 정체성을 잃지 않고 함께 살아가는 데 필요한 토대이다. 이는 소수가 수용국 사회 구조에 통합되는 과정으로 이해되지만, 강제 동화를 의미하지는 않는다. 이를 독일 통일 후의 통합 과정에서 볼 수 있다. 동서독 주민은 통일 후 갈등을 점차 완화하면서 상호 소속감을 형성해 가고 있다. 즉, 다양성 속에서 일원화를 향해 함께 전진하고 있다. 사회적 통합의 또 다른 목적은 사회 전체의 결속(응집력)을 강화하는 데도 있다. 이는 젠더(Gender), 연령 및 빈부를 초월하여 장기 거주자인 다수와 새로 온 소수자 모두가 지속 가능한 공존을 향해 가는 것이다. 공존은 정의로운 사회 달성, 다원적 사회에 참여할 수 있도록 평등한 기회 제공이 전제된다. 이를 위해 국가는 사회적 복지 정책 등을 통해서 지원해야 한다.

　통합은 제도적 그리고 사회적·문화적으로 분류할 수 있다. 제도적 통합의 성공적인 사례로는 유럽연합을 들 수 있다. 제도적 통합은 사회적 하부 구조들(경제, 정치, 국가 등)이 결속되는 과정이다. 예컨대 유럽연합은 국가 연합으로서 회원국들이 협력을 위해 다양한 기구 등 조직을 형성하고 법을 구축해 상호 호혜적인 결합체를 형성해 가고 있다. 국가 연합은 회원국이 각자 주권을 가지고 정치·경제 등의 통합을 이뤄가고 있지만, 아직 하나의 국가를 형성하지 못했다. 사회적·문화적 통합은 서로 다른 역사, 사회와 문화(가치관·규율·관습·정신 등)에 기반하는 사람과 사람이 또는 사람과 조직이 결합하여 함께 커가는 과정이다.

통합 방법은 크게 두 가지로 형태로 대별할 수 있다. 정복 또는 지배를 통해 달성한 수직적인 것과 통합 당사자들 간 합의와 협력을 통해 이루어지는 수평적 통합이 그것이다. 통합 이념이 지배자의 지배 정당성을 뒷받침하기 위한 것인가 또는 주민의 번영과 안보를 위한 것인가도 통합을 판가름하는 결정적인 요인이다. 무력적 수단 또는 지배자의 강압을 통해 이루어진 통합을 수직적 통합으로 일컫는다. 수직적 통합에서는 주로 새로 온 소수자가 장기 거주자 집단에 또는 피지배자가 지배자 집단에 편입되어 다수 집단의 기존 가치관, 규범 등을 수용하게 된다. 이때 그들의 위치나 관계는 불평등하게 자리매김된다. 이와 반대로 수평적 통합은 소통과 협력을 통해 달성된다. 이를 구축하는 데는 사회 구성원이 권한 분배, 주권 설립, 제도적 기구 구축 등을 위한 결정 과정에 공정하게 참여하는 것이 전제된다. 수평적 사회 통합은 대부분의 사회 구성원들의 자발적 참여를 통해 이루어진다. 그들의 관계와 지위, 역할 등은 수평적으로 자리매김된다. 수평적 통합이 지향하는 목적은 사회 구성원 모두가 평화적이고 인권이 존중된 사회를 달성하는 데 있다. 이러한 사회에서 사회 구성원이 대화와 사회적·정치적 결정 과정에 자발적으로 참여하여 민주적 관계를 형성하며 의무와 권리를 갖는 것이다. 이 능동적 참여를 통한 수평적 통합은 역동적인 과정으로 볼 수 있다. 일반적으로 평화적 사회 통합은 사회적 분열, 배제, 양극화 등을 개선하면서 안전하고 공정한 사회 발전에 초점을 둔다. 그러기 위해서는 특히 소수자에게 다수자와 같이 평등한 기회와 권리를 부여하고 사회적 서비스 혜택도 다수처럼 받도록 한다. 이를 위해 국가의 소수자 정책 이외에도 시민사회단체, 종교 단체, 풀뿌리 운동 등도 큰 역할을 담당한다. 이러한 비정부단체 이외에도 사회적 통합을 위해서는 교육과 대중매체, 문화예술 활동(이 점은 이 책의 특별 기고문 "사회 통합을 위한 문화예술단체 ESG경영의 필요성" 참조)도 중요한 수단이다. 오늘날 매스미디어 콘텐츠도 문화적 수단으로써 대중 사회에서 사회적 통합의 기능을 수행하고 있다.

　장대흥(2013)은 사회적 통합의 개념을 그 자체로 정의하기 어렵지만, 사회적 통합에서 바라보는 사회의 공통분모는 '화합의 크기가 큰 사회'로 정의할 수 있을 것 같다고 했다. 사회 화합은 건강한 사회를 표현하는 객관적 지표의 하나이다. 이는 경제협력개발기구(OECD)가 발표한 사회 응집력 지수에 나타난다.[13] 이 지표는 국가별로 타인에 대한 신뢰, 소수 계층에 대한 관용성, 사회제도에 대한 신뢰, (자선과 같은) 사회적 행위의 정도, 투표율의 5개 항목을 지수화한 것이다. 장대흥(2013)은 그러나 이 지표에는 경제적 불평등 항목이 빠져 있다고 지적했다.[14] 또한 신중섭(2013)은 사회적 통합의 지수 항목이 모두 자발적인 협조 정신과 깊이 연관되어 있고, 반복적으로 확인되어야 하는 특성이 있다고 지적했다.[15] 그는 사회적 통합을 "다양한 특성을 가진 구성원들이 공동체에 소속감을 가지고 공동의 비전을 공유하며 긍정적인 관계를 유지하는 국민적 결집"으로 보고, 이러한 사회적 통합은 사회 질서에 대한 개인과 사회의 상호 공감, 사회적 배제 집단의 포용에서 출발한다고 했다.[16] 그리고 그는 사회적 통합은 첫째, '최대주의'가 아니라 '최소주의'에서 출발해야 한다고 했다. 둘째, 사회 갈등 요인에 대한 윤리적 판단을 하지 않아야 하며, 내가 추구하는 목적은 도덕적이고 타인이 추구하는 목적은 비도덕적이거나 악하기 때문에 발생하는 것이 아님을 각인시켜야 한다. 셋째, 차이를 인정한다. 넷째, 사회적 갈등을 최소화하려면 정부 역할을 최소화해야 하며, 민간의 참여를 유도할 계기를 만드는 지점에서 멈추어야 한다. 다섯째, 사람은 각기 다른 시각을 가지고 있어서 세상을 다르게 해석한다. 이러한 것을 넘어 사람의 문제를 하나로 보

---

13) 장대흥. (2013). 진정한 사회 통합은 자생적 질서. 송복 편저. 통합: 누구와 어떻게 할 것인가? 서울: 북오션. 15-23쪽, (20쪽).

14) 장대흥. (2013). 앞의 저서. 21-22쪽.

15) 신중섭. (2013). 외칠수록 멀어지는 '사회 통합'. 송복 편저. 통합: 누구와 어떻게 할 것인가? 서울: 북오션. 24-30쪽, (23, 27쪽).

16) 신중섭. (2013). 앞의 글. 25쪽.

게 하는 것은 '윤리'다. 사과와 화해와 용서와 관용, 그리고 무엇보다도 하나의 생명에 대한 존중, 이러한 것들이 사람들을 하나가 되게 하고 사회를 통합한다. 여섯째, 사회적 통합에는 '배제의 논리'도 포함되어야 함을 강조했다.[17]

모든 개인의 욕구를 완벽하게 조화하여 하나의 통합된 사회를 만드는 것은 불가능하기에 사회적 통합의 핵심은 완벽한 통합이 아니라 갈등을 최소화하며 다양한 욕구를 조화시키는 사회를 만드는 것임을 안재욱(2013)은 강조했다.[18] 갈등은 사회의 발전 원동력이 될 수 있다. 발전의 원동력은 자아 갈등에서 시작된다. 사회적 통합을 부정적으로 보며 이 정책에 다양한 한계가 있음을 장대흥(2013)은 지적한다. 그는 정부 정책으로 사회통합론에는 정치적·경제적 함정이 내재한다고 했다. 정치적 함정은 자유민주주의를 부정하고 전체주의나 사회주의 체제를 동경하게 만드는 경향으로 보았다. 그는 "전제주의 체제인 북한의 위협을 받고 있는 우리의 현실에서 이 문제는 심각하다."고 했고, 사회 통합 정책의 경제적 함정은 재분배정책의 위험으로 보았다.[19] 재분배 문제는 불평등을 야기할 수 있다. 역대 정권들은 국민의 계층 간 갈등의 원인이 불평등에 있다고 보고 정부가 이러한 문제를 시정하고 국민통합을 이루겠다고 공언했지만, 그러나 어느 정권도 국민통합을 잘 했다고 평가받지 못했다.[20] 그러나 여기서 간과되는 부분이 있다. 통합은 하향적인 정부 정책만으로 이뤄지는 것은 아니다. 그보다 통합은 소수와 다수가 실생활에서 소통과 대화를 통해서 상호 이해를 키워가며 나눔의 정신을 의식적으로 다듬어 가는 과정에서 시작된다고 본다. 이는 상향적 통합 방식이다. 이러한 사회적 통합은 함께 사는 사람들이 사회적 갈등, 분열, 배제 등으로 형성되는 양극화를 개선하고

---

17) 신중섭. (2013). 앞의 글. 25-30쪽.
18) 안재욱. (2013). 자유시장경제가 더 나은 사회 통합을 이룬다. 통합. 누구와 어떻게 할 것인가? 서울: 북오션. 103-109쪽, (104쪽).
19) 장대흥. (2013). 위의 저서. 18, 19쪽.
20) 장대흥. (2013). 위의 저서. 16쪽.

분리를 극복하고 조화로운 사회관계를 위한 조건 확대를 함의한다. 사회적 통합의 정도가 높을수록 사람 간 그리고 그룹 간의 사회적 거리가 더 가깝고 더 일관된 가치와 관행을 볼 수 있다. 이는 사회적 결속력(응집력)이 높은 데서 더 뚜렷하게 드러난다. 그럼 사회적 결속은 무엇을 의미하는가?

2) 통합의 토대로써 사회적 결속력(응집력)(social cohesion)

사회적 결속력(응집력, social cohesion)에 관한 최초의 아이디어는 14세기 이븐-할둔(Ibn-Haldun)의 저술로 거슬러 올라간다.[21] 그의 이론적 핵심은 집단감정이나 사회적 응집력으로 번역된 '아사비야(asabiyyah)'이다. 맥스웰(Maxwell)에 따르면 사회적 결속은 공유된 가치와 공동체를 구축하고 부와 소득의 격차를 줄이고 일반적으로 사람들이 공동 사업에 참여하고 공유된 도전에 직면하고 동일한 공동체의 구성원이라는 감각을 가질 수 있도록 하는 것이다.[22] 이 외도 그동안 사회적 결속에 대한 정의를 많은 학자와 기관들이 내렸다. 이 중 8개를 선택하여 아래 〈표-1〉에 제시한다.

---

21) Dragolov, Ignácz and Lorenz, et al. op. cit., (2016). pp. 1-13.

22) Maxwell, Judith. (1996). *Social Dimensions of Economic Growth*. Department of Economics, University of Alberta. p. 13.

〈표-1〉 사회적 응집력에 대한 정의

정의	출처
사회적 결속은 소속감과 적극적인 참여, 신뢰, 불평등, 배제, 이동성 등 여러 측면을 포괄하는 광범위한 개념이다.	OECD (2011)
응집력은 주로 역사적·문화적 측면에서 발전할 수 있다. 즉, 신뢰와 소속의 규범은 상징적 정치와 장기적인 국가 및 국가 형성 패턴을 통해 시간이 지남에 따라 함께 진화해 왔다. 또는 응집력이 보다 합리적으로 또는 기능적으로 발전할 수도 있다. 이 분석에서 사회적 결속은 경제적 교환 및 상호의존성과 같은 상호작용 네트워크에서 발생한다. 따라서 신뢰와 관용은 상호 이익이 되는 경제적 교류와 실제적이고 일상적인 상호 작용에서 발생할 수 있다.	United Nation Development Programm (2020)
개인, 집단 (및) 협회와 같은 사회 단위 간의 연결 및 관계 (…) 공동체를 하나로 묶는 것은 '접착제'이다. 응집력은 공유된 소속감과 애착, 유사한 가치, 신뢰, '사회적 연대감'을 바탕으로 한 연결을 통해 형성된다.	Australian Institute of Health and Welfare (2005)
모든 구성원의 복지를 보장하는 사회의 능력, 격차를 최소화하고 양극화를 방지한다.	Council of Europe (2005)
사회적 결속은 집단적 목표를 달성하기 위해 사회의 모든 계층에서 협력하고 협력하려는 개인의 의지에 기반을 두고 있다.	Department of Canadian Heritage (Jeannotte et al., 2002)
사회적 결속은 공유된 가치와 해석의 공동체를 구축하고 부와 소득의 격차를 줄이고 일반적으로 사람들이 공동 사업에 참여하고 공유된 도전에 직면하고 동일한 공동체의 구성원이라는 감각을 가질 수 있도록 하는 것을 포함한다.	Canadian Policy Research Networks (Maxwell, 1996)
신뢰, 소속감, 참여 및 도움 의지, 행동 표현을 포함하는 일련의 태도와 규범으로 특징지어지는 사회의 수직적·수평적 상호 작용에 관한 상황이다.	Chan, To and Chan (2006)
사회적 결속이란 기본적으로 사회 내 시민들 간의 연대, 협력, 교류를 위한 구조적·태도적 메커니즘의 존재를 의미한다. 이러한 구성 네트워크는 물질적이거나 구조적(상품 교환, 경제적 상호 작용)일 수도 있고 비물질적(비공식적 관계, 공유 정체성)일 수도 있다.	Botterman, Hooghe and Reeskens (2012)

출처: Statistics Canada (UNECE. [2003]. Social Cohesion Concept and Measurement. United nations Economic Commission for Europe. United Nations Geneva, 2023. p. 3).

점차 증가하는 사회적 결속력(응집력) 연구를 통해 결속에 대한 정의와 관련된 행동이나 개념, 공유된 가치, 공유된 경험, 시민 참여, 상호 도움, 타인에 대한 신뢰, 소셜 네트워크(social network), 사회 질서, 다양성의 수용, 웰빙(wellbeing), 평등 및 사회적 이동성이 논의되었다. 이는 점차 사회적 결속력에 대한 개념화가 이루어지고 있다는 의미이고,[23] 이러한 주제는 사회적 통합에 중요한 구성 요소이다. 사회적 결속을 구성하는 중요한 주제에 많은 하위 차원이 포함되면서(이 점 아래 참조) 개념적 혼란도 발견된다. 이에 대한 다양한 접근 방식을 분리하고 요약하기는 쉽지 않다. 이를 피하기 위해 쉬퍼와 놀(Schiefer and van der Noll)은 용어의 다양한 학문적·정치적 정의에 대한 핵심 요소를 6가지 공통 차원으로 다음과 같이 구분하였다.[24]

- 사회적 관계(social network). 이는 사회에 존재하는 관용, 신뢰 및 참여 수준을 나타내는 것이다.
- 정체성(identification). 이는 지리적 지역 등 특정 사회적 실체에 대한 애착이나 동일성을 말한다.
- 공동선(common good). 이를 지향하는 것은 타인에 대한 책임감과 기존 사회 질서에 대한 일정한 수용을 특징으로 한다. 여기에 공유 가치, 평등, 삶의 질이 포함된다.[25]
- 공유 가치. 이는 사회적 가치와 신념에 관한 합의를 의미한다.

---

23) Friedkin, Noah E. (2004). Social Cohesion. In: *Annual Review of Sociology*, Vol. 30. pp. 409-425(https://doi.org/10.1146/annurev.soc.30.012703.110625, 검색: 2024.03.04.).

24) Schiefer, David, Jolanda van der Noll and Jan Delhey, et al. (2012). *Kohäsionsradar: Zusammenhalt messen Gesellschaftlicher Zusammenhalt in Deutschland – ein erster Überblick*. Guetersloh: Bertelsmann Stiftung.

25) Schiefer, van der Noll and Delhey, et al. (2012). op. cit.

- 평등. 이는 소득과 교육, 고용 또는 기타 형태의 사회적 지원과 같은 기타 사회적 자원의 분배를 뜻한다.

- 삶의 질. 여기에는 신체적·정신적 건강을 포함한 주관적 웰빙 측정과 객관적 웰빙 측정이 혼합되어 있다.

사회적 결속의 개념이 확장되면서 몇 연구자들은 더 좁은 개념화를 제안했다. 오늘날은 좁은 의미의 개념을 적용하는 추세이다.[26] 정량적(quantitative)[27] 및 질적 (qualitative) 연구[28]는 결속에 대해 좁은 개념을 사용하고 있다.

오늘날 사회적 불평등, 불안정성 및 차이가 증가하고 있고, 이것들은 사회적 결속을 약화시킨다고 보는 학자도 있다. 쉬퍼와 놀(Schiefer and van der Noll)은 불평등이나 삶의 질과 같은 요소가 각각 사회적 결속의 원인과 결과임을 주장했다.[29] 그래서 20세기와 21세기에 사회적 결속을 정치적 의제로 승격시켰다.[30] 이는 결속의 개념을 정책 분야에 적용한다는 의미다. 사회적 결속에 대해 정책 관점에서의 논의는 정치학자 젠슨(Jane Jenson)[31]이 제시했다. 그녀는 결속을 오늘날

26) Chan, Joseph, Ho-Pong To and Elaine Chan. (2006). Reconsidering Social Cohesion: Developing a Definition and Analytical Framework for Empirical Research. In: *Social Indicators Research 75 (2)*. pp. 273-301.

27) Delhey, Jan and Georgi Dragolov. (2016). Happier Together. Social Cohesion and Subjective Well-Being in Europe. In: *International Journal of Psychology, 51*. pp. 163-176.

28) Dierckx, Melissa, Michel Vandenbroeck and Jochen Devlieghere. (2023). Policymakers on Social Cohesion: Contradictory Expectations for Child and Family Social Work. In: *European Journal of Social Work*, Vol. 26. (published online Feb. 22, 2022). pp. 258-271(https://www.tandfonline.com/author/Dierckx%2C+Melissa, 검색: 2024.03.30.).

29) Schiefer and van der Noll. (2017). op. cit. pp. 579-603.

30) Mac Fadden, Santana and Vázquez-Cano, et al. (2021). op. cit., pp. 275-293; Dobbernack, Jan. (2016). op. cit.

31) Jenson, Jane. (1998). *Mapping Social Cohesion: The State of Canadian Research*. Ottawa, ON, Canada: Renouf Publishing.

사회 정책의 핵심 구성 요소 중 하나로 간주했고 사회적으로 응집력 있는 사회를 다섯 가지 주요 차원으로 식별했다. 이는 포용성, 소속감, 인정, 참여 및 정당성이다.[32] 젠슨의 연구는 나중에 유럽 정책을 연구하는 많은 학자에게 영향을 미쳤다. 그 예가 베르거-슈미트와 놀(Berger-Schmitt and van der Noll)이다.[33] 학계와 마찬가지로 공공 정책 내에서도 사회적 결속에 대해 보편적으로 공유되는 정의는 없다.[34] 그러함에도 기존의 많은 정책에 젠슨이 제시한 몇 가지 아이디어가 반영되었다. 예컨대 유럽 평의회[35]는 위의 〈표-1〉에서 제시했듯, 사회적 결속을 "격차를 최소화하고 소외를 피하면서 차이와 분열을 관리하고 모든 구성원의 복지 달성 수단을 보장하는 사회의 능력"으로 정의했다.[36]

사회적 결속을 조사하는 데 통계도 적용되었다. 불평등이나 부와 같은 관련 척도가 사회적 결속과 인과관계가 있다고 보고, 쉬퍼와 놀(Schiefer and van der Noll)은 통계가 사회적 결속을 측정하는 데 중요하다고 주장했다. 통계를 적용한 연구들을 통해 불평등이 사회적 결속력에 부정적인 영향을 미친다는 주장이 방증되었다.[37] 코번(Coburn)은 소득 불평등 수준이 높을수록 사회적 응집력 수준이 낮

---

32) Jenson, Jane. (1998). op. cit.

33) Berger-Schmitt, Regina. and Heinz-Herbert van der Noll. (2000). Conceptual Framework and Structure of a European System of Social Indicators. In: *EuReporting Working Paper no. 9*. Manheim, Germany: Centre for Survey Research and Methodology.

34) Hulse, Kath and Wendy Stone. (2007). Social Cohesion, Social Capital and Social Exclusion. In: *Policy Studies*. Vol. 28. pp. 109-128.

35) Council of Europe. (2010). *New Strategy and Council of Europe Action Plan for Social Cohesion*. Strasbourg, France: Council of Europe.

36) Organisation for Economic Co-Operation and Development. (2011). *Perspectives on Global Development 2012: Social Cohesion in a Shifting World*. Paris, France: OECD.

37) Musterd, Sako, Szymon Marcińczak and Maarten van Ham, et al. (2017). Socioeconomic Segregation in European Capital Cities. Increasing separation between Poor and Rich. In: *Urban Geography*, Vol. 38. pp. 1062-1083.

아진다는 사실을 발견했으며,[38] 베르골리니(Vergolini)는 불평등이 사회 및 제도에 대한 개인의 인식과 동일성을 약화함을 제시했다.[39] 노왁과 쇼더러(Nowack and Schoderer)는 다양성 수용과 타인에 대한 자비를 둘러싼 개인의 가치가 사회적 결속과 긍정적으로 연관되어 있음을 시사했다.[40] 이러한 이론적·통계적 분석을 토대로 하는 연구는 더 높은 수준의 사회적 결속력이 더 큰 웰빙에 직접적으로 기여한다고 지적했다.[41] 이러한 관계는 인지된 사회적 응집력, 신체 활동 및 전반적인 건강 사이의 연관성을 추적하는 수많은 연구를 통해 개인 수준에서도 나타났다.[42]

사회적 결속에 대한 비판도 있다. 대부분의 연구가 결속의 정의와 측정을 서구 국가와 기관에 뿌리를 두고 있는데, 결속에 대한 정의와 경험, 경제적 수준, 언어적 배경, 인구통계학적 구성은 국가마다 크게 다를 수 있기 때문이다. 이러한 다양한 사회의 상호 관계를 탐색하는 통계 모델을 개발하거나 테스트할 뿐만 아니라 개인의 이해와 경험에 대한 깊은 질적 통찰력을 추구해야 함을 강조하는 학자도 있다.[43]

약한 사회적 응집력을 개선하는 것은 다민족 사회에서 중요한 과제이다. 이는 낮은 공공 지출, 낮은 성장, 폭력적인 갈등 등 수많은 문제와 연관되어 있다. 그동

---

38) Coburn, David. (2004). Beyond the Income Inequality Hypothesis: Class, Neo-Liberalism, and Health Inequalities. In: *Social Science Medison, Vol 58*. pp. 41-56.

39) Vergolini, Loris. (2011). Social Cohesion in Europe: How do the Different Dimensions of Inequality Affect Social Cohesion? In: *International Journal of Comparative Sociology*. Vol. 52. pp. 197-214.

40) Nowack, Daniel and Sophia Schoderer. (2020). *The Role of Values for Social Cohesion: Theoretical Explication and Empirical Exploration. Discussion Paper*. Bonn, Germany: Institute for Development and Sustainability.

41) Coburn, David. (2004). op. cit.

42) Kamphuis, Carlijn B., Frank J. van Lenthe and Katrina Giskes, et al. (2008). Socioeconomic Status, Environmental and Individual Factors, and Sports Participation. In: *Medicine Science in Sports Exercise*, Vol. 40. pp. 71-81.

43) Novy, Andreas, Daniela Coimbra Swiatek and Frank Moulaert. (2012). Social Cohesion: A Conceptual and Political Elucidation. In: *Urban Studies*, Vol. 49. pp. 1873-1889.

안 사회적 응집력의 중요성에 대한 광범위한 인식이 있었지만 이를 측정하려는 시도는 거의 없었다.[44] 이를 측정하기 위해 사회적 응집력 지수(Social Cohesion Index)[45]를 개발하기 시작했다. OECD, 오스트레일리아에서 진행된 연구와 랑거, 스튜어트, 스매츠 외(Langer, Stewart, Schmets, et al.)(2015)의 아프리카 여러 나라의 결속에 대한 연구, 그리고 베르텔스만 재단의 국제 비교를 위한 연구가 그 예가 되겠다.[46] 사회적 응집력 지수에 관한 연구는 여러 나라와 지역 또는 한 나라에서 다양한 그룹 간 사회적 결속을 측정하면서 정의, 원인, 적용 범위 등을 제시했다. OECD는 응집력 있는 사회를 "모든 구성원의 복지를 위해 노력하고 배제와 소외에 맞서 싸우며 소속감을 조성하고 신뢰를 증진하며 구성원에게 사회적 계층 상승의 기회를 제공하는" 사회라고 설명한다. 그리고 OECD는 그러한 사회적 결속을 바람직한 목적이자 포용을 위한 수단으로 간주하면서 사회적 응집력을 측정하는 데 소속감, 가치, 사회 정의 및 형평성, 참여(정치적), 수용 및 거부의 5가지 영역을 적용했다.[47] 오스트레일리아는 사회적 신뢰, 소속감과 참여, 경제적·물질적 복지, 호주의 건강과 웰빙을 토대로 사회적 결속을 측정했다.[48] 랑거, 스튜어트, 스매츠 외(2015)의 보고 문서("아프리카의 사회적 응집: 인식 기반 지수에 대한 개념화 및 측정")[49]는 사회적 결속을 측정하는 데 불공정, 신뢰, 정체성을 적용했다. 이에

---

44) Easterly, William, Jozef Ritzen and Michael Woolcock. (2006). Social Cohesion, Institutions, and Growth. In: *Economics and Politics* 18, Issue 2. (2006). pp. 103-120.

45) Social Cohesion(https://www.mdpi.com/2673-8392/3/3/75, 검색: 2024.02.10).

46) Langer, Arnim, Frances Stewart and Kristien Smedts et al. (2015). Conceptualising and Measuring Social Cohesion in Africa: Towards a perceptions-based index. *CRPD Working Paper No. 21.*

47) Social Cohesion(https://www.oecd.org/development/inclusivesocietiesanddevelopment/social-cohesion.htm, 검색: 2024.03.20.).

48) Australia Cohesion Index 2023(https://apo.org.au/sites/default/files/resource-files/ 2023-09/apo-nid324371.pdf, 검색: 2024.03.20.).

49) Langer, Stewart and Smedts et al. (2015). op. cit.

따르면 사회적 결속은 사람들이 살고 있는 사회의 질을 향상시키기 위함이며, 그 자체로 좋을 뿐만 아니라 그에 수반되는 모든 해악과 폭력적인 갈등을 피하는 데 도움이 될 가능성이 높다고 했다. 사회적 응집력의 원인과 결과를 실증적으로 조사하고 측정하려는 연구가 늘어나면서 응집력을 측정하는 분석 도구가 제시되었다.

3) 사회 결속(응집력)의 정도에 대한 분석 도구

헤크만(Friedrich Heckmann) 학자는 결속의 측정을 위해 4가지 도구를 제시했다. 이는 구조적·문화적·사회적 그리고 동일시적(식별) 통합(identifikative integration) 차원이다.[50]

- 구조적 통합. 이는 노동, 경제, 교육, 사회 문제, 건강, 정치 등과 같은 사회 하위 시스템, 이주민의 권리 획득 및 지위에 대한 접근방법이다.

- 문화적 통합. 이는 예컨대 이민자와 수용 사회 간의 문화적 적응과 변화(인지적 행동 및 태도 변화 등) 및 기본적인 민주적 가치와 게임 규칙을 기반으로 한 자발적 합의에 기인한다. 또한 일상생활에서 모든 사람의 문화적 다양성의 발전을 보장하는 데서 시작된다.

- 사회적 통합. 이는 사회적 접촉, 클럽 회원 자격, 직장, 이웃 및 여가 활동에서의 사회적 유대 관계 개발을 의미한다.

- 동일시적(식별) 통합(identifikative integration). 이는 체류자 자신의 생활 장소를 동일시하려는 의지이다. 그 의지는 소수가 다수 사회에 소속감을 가지고 발전하는 것을 통해 소수가 다수의 모든 분야에 참여하고 결속을 형성하려는 것이다.

---

50) Zum Begriff "Integration"(https://www.braunschweig.de/leben/soziales/migration/was_ist_integration.php, 검색: 2024.03.16.).

학자들과 연구 기관들은 특정한 사회 또는 국가의 조금씩 다른 사회적 결속의 유형과 정의 및 구성 요소를 설명하고 있다. 위에서 제시한 랑거, 스튜어트, 스매츠 외(2017)의 아프리카 연구는 사회적 응집력을 측정하려는 초기 시도를 제시하고 이를 전국적으로 대표적인 조사 데이터가 있는 다양한 아프리카 국가에 적용했다. 아프리카 사례를 사용하는 이유는 이들 국가 전체에 일관된 데이터가 있기 때문이며, 더 중요한 것은 이 지역이 결함이 있는(그리고 가변적인), 즉 사회적 결속의 문제가 있는 지역이기 때문임을 밝혔다. 그들은 사회 응집력 지수를 측정하는 데 위에서 언급했듯, 불평등, 신뢰, 정체성이라는 세 가지 범주를 적용하였고 그 의미는 다음과 같다.[51]

- 불평등은 그룹 내외에서 인식된 불평등의 정도와 정부의 부당한 대우에 대한 인식을 나타낸다. 그러한 불평등은 경제적·사회적·정치적·문화적 불평등의 형태를 취할 수 있다. 지속적이고 높은 불평등은 시민 간의 유대를 약화하고 갈등을 야기할 수 있어 사회적 결속을 위협한다.

- 사회적 신뢰의 차원은 다른 사람에 대한 일반적인 신뢰, 다른 그룹 및 국가 기관에 대한 신뢰 정도와 관련이 있다. 이는 사회를 하나로 묶는 '접착제'의 중요한 구성 요소이다. 개인과 집단 간의 사회적 신뢰가 부족하면 평화로운 협력과 경제 발전이 저해될 수 있고, 국가 기관에 대한 불신은 폭력적인 시위를 촉발할 수 있다.

- 정체성의 차원은 집단이나 민족 정체성에 비해 국가 정체성을 고수하는 사람들의 강도를 나타낸다. 정체성 차원은 식민지 시대 국경의 역사를 지닌 다민족

---

51) Langer, Armin, Frances Stewart and Kirstien Smedts, et al. (2017). Conseptualising and Measuring Social Cohesion in Afrika: Towards a Perceptions-based Index. In: *Social Indicators Research*. pp. 321-343.

국가에 가장 쉽게 적용된다. 이러한 맥락에서 국가 정체성은 공유된 국가 프로젝트의 증거이며 사회적으로 결속된 국가의 표현이다.

사회적 응집력 지수의 주요 특징은 사회 통합의 토대인 사회적 결속에 대한 인식에 기반한 접근 방식을 취한다. 예컨대 1인당 국내총생산(GDP)이나 빈부격차와 계층 간 소득 불균형 정도를 나타내는 수치로서 소득이 어느 정도 균일하게 분배되는지 알려주는 지니계수(Gini-coefficients) 같은 객관적 척도보다는 불평등, 신뢰, 정체성에 대한 인식적이고 주관적인 개념에 초점을 맞추고 있다.

베르텔스만 재단(Bertelsmann Foundation)은 '사회적 응집력 탐지기(Social Cohesion Radar)'를 국제 비교를 위해 설계하여 측정 도구의 주요 내용을 제시했다. 첫 번째 단계에서는 선택된 측정 도구가 정확히 무엇을 측정하는지, 어떻게, 어떤 관심을 가지고 측정하는지 분석했다. 두 번째 단계에서는 이러한 측정 도구를 사용하여 얻은 가장 중요한 경험적 결과를 강도, 체제 및 결정 요인 또는 응집력의 결과에 따라 정리하여 설명했다. 이에 대한 비판적 분석은 베르텔스만 사회적 응집력 탐지기가 개념, 방법론 및 경험적 적용 측면에서 다른 측정 도구에 비해 특정 이점을 가지고 있다고 보고 있다.[52]

사회적 응집력을 측정하기 위해 베르텔스만 재단의 연구는 결속의 틀에 세 가지 핵심 차원을 분류했다(〈그림-1〉 참조). 이는 ① 사회적 관계(Social relation), ② 연결성(connectedness), ③ 공동선의 초점(focus on the common good)이다. 여기에 각각 세 가지 하위 차원을 추가했다. ① 사회적 관계에는 분야로 소셜 네트

---

52) Bertelsmann Stiftung. (2013). Social Cohesion Radar Measuring Common Ground. An International Comparison of Social Cohesion(https://www.bertelsmann-stiftung.de/fileadmin/files/BSt/ Publikationen/GrauePublikationen/GP_Social_Cohesion_Radar.pdf, 검색: 2024.03.03.).

워크, 사람에 대한 신뢰, 다양성의 수용, ② 연결성에는 정체성, 기관에 대한 신뢰, 공정성에 대한 인식, ③ 공동선에는 결속성과 도움, 사회적 규칙의 존중, 시민 참여 사회적 관계가 포함된다. 결속의 틀은 9개의 하위 차원으로 구성되었다. 이는 정량적 접근 방식을 사용하여 전체 지수를 작성한 것이다.

베르텔스만 재단은 1989년부터 2012년까지 네 차례에 걸쳐 34개국(〈그림-1〉 참조)을 대상으로 측정값을 매겼다. 이 연구는 정량적 접근 방식(quantitative approach method)을 사용하여 34개국을 비교한 후, 다양한 사회적 결속 수준에 있는 다양한 '국가'에 대한 명확한 그림을 제시했고(〈그림-1〉, 〈그림-2〉, 〈그림-3〉, 〈그림-4〉 참조), 연구를 통한 중요한 발견을 다음과 같이 요약하고 있다.

● 스칸디나비아 국가가 거의 모든 차원에서 선두를 달리고 있다.

북미와 오세아니아의 전통적인 이민 사회는 부유한 서유럽 국가인 스위스와 마찬가지로 높은 수준의 응집력을 보여준다(〈그림-1〉, 〈그림-2〉 참조). 룩셈부르크와 네덜란드는 서유럽 국가의 평균 점수보다 더 높다. 남부 및 동부 유럽 국가는 중간에서 평균 미만 범위에 속한다. 최하위에는 유럽 남동부 국가와 발트해 3개국 중 2개국(라트비아와 리투아니아)이 있다. 최하위 그룹에 속하는 국가(그리스, 불가리아, 키프로스)에서는 사람들이 종종 고국과 밀접하게 동일시하지만 사회 결속은 그다지 높지 않다.

〈그림-1〉 사회 통합의 국제 비교(2009-2012)

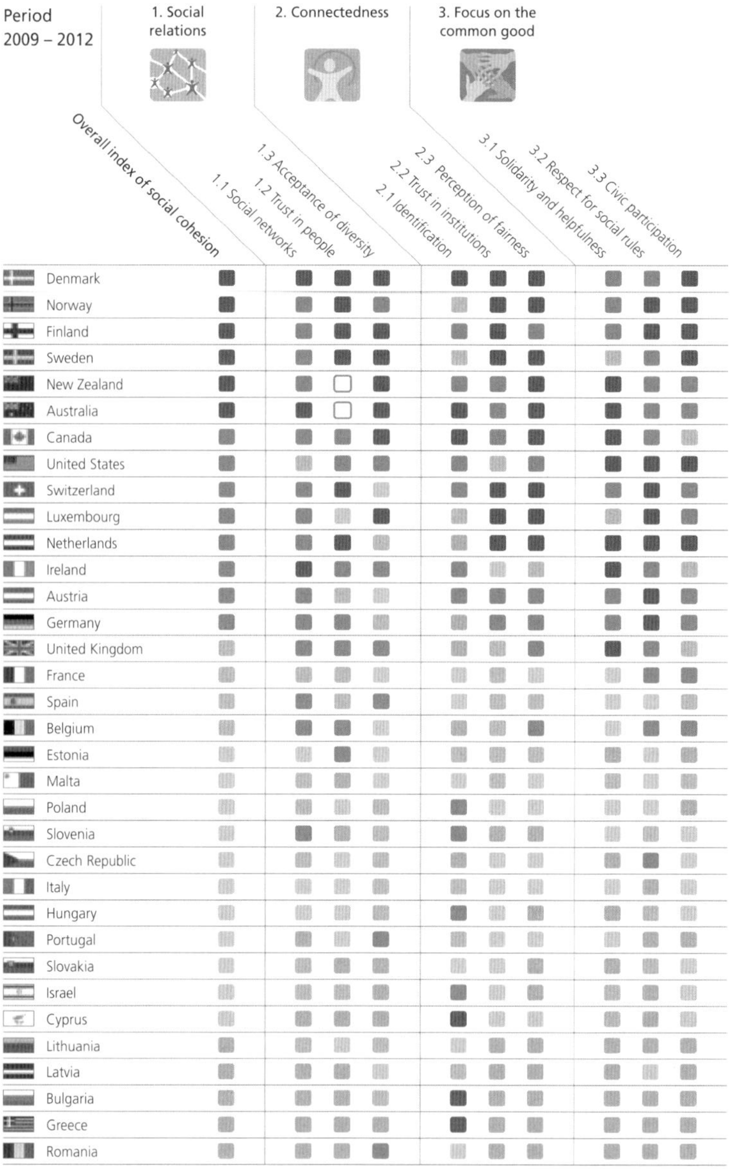

Period 2009 – 2012	1. Social relations	2. Connectedness	3. Focus on the common good

Overall index of social cohesion
1.1 Social networks
1.2 Trust in people
1.3 Acceptance of diversity
2.1 Identification
2.2 Trust in institutions
2.3 Perception of fairness
3.1 Solidarity and helpfulness
3.2 Respect for social rules
3.3 Civic participation

Denmark
Norway
Finland
Sweden
New Zealand
Australia
Canada
United States
Switzerland
Luxembourg
Netherlands
Ireland
Austria
Germany
United Kingdom
France
Spain
Belgium
Estonia
Malta
Poland
Slovenia
Czech Republic
Italy
Hungary
Portugal
Slovakia
Israel
Cyprus
Lithuania
Latvia
Bulgaria
Greece
Romania

The figure shows mean values for the nine dimensions for the EU and Western OECD countries. The five colors designate the top tier (dark blue = ■), second tier (blue = ■), middle tier (light blue = ■), fourth tier (yellow = ▨) and bottom tier (orange = ■). White dots (☐) designate dimension values that were estimated based on other time periods.

출처: Bertelsmann Stiftung. (2013). Social Cohesion Radar. Measuring Common Ground. An International Comparison of Social Cohesion. op. cit., p. 29.

〈그림-2〉 유사한 국가의 일반적인 패턴(2009-2012)

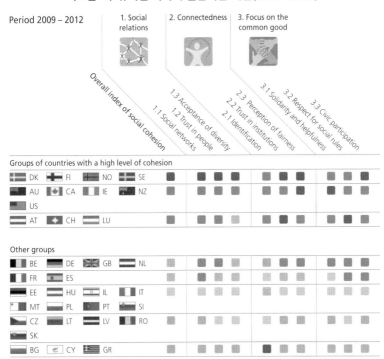

출처: Bertelsmann Stiftung. (2013). op. cit. p. 33.

● 독일의 결속력은 다른 국가에 비해 약간 개선되었다(〈그림-4〉 참조).

독일은 현재 사회 규칙 존중 부문에서 두 번째 등급에 속하지만, 독일인은 전통적으로 자국에 대한 정체성이 약하다(〈그림-3〉 참조). 그러나 소셜 네트워크의 가용성과 탄력성, 제도에 대한 신뢰, 공정성에 대한 인식 측면에서는 다른 국가에 비해 긍정적인 추세이다. 이는 금융과 유로 위기에도 불구하고 독일의 경제적인 성공에 기인한다고 본다.

● 전체적으로 상당한 안정성을 보이고 국가 순위 변화가 거의 없음을 알 수 있다.

네 번의 연구 기간에 34개국의 입장은 놀라울 정도로 안정적으로 유지되었다(〈

그림-1〉, 〈그림-4〉 참조). 결속력은 쉽게 바뀔 수 있는 것이 아니다. 오히려 그것은 상대적으로 지속적인 사회의 특성으로 볼 수 있다.

〈그림-3〉 독일의 사회적 결속의 동향

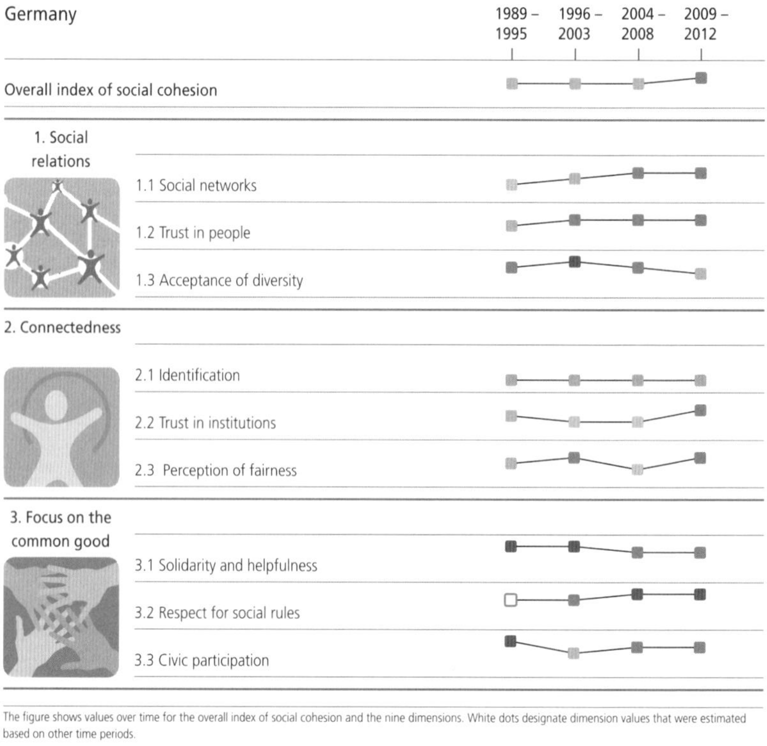
Germany
1989 – 1995
1996 – 2003
2004 – 2008
2009 – 2012
Overall index of social cohesion
1. Social relations
1.1 Social networks
1.2 Trust in people
1.3 Acceptance of diversity
2. Connectedness
2.1 Identification
2.2 Trust in institutions
2.3 Perception of fairness
3. Focus on the common good
3.1 Solidarity and helpfulness
3.2 Respect for social rules
3.3 Civic participation
The figure shows values over time for the overall index of social cohesion and the nine dimensions. White dots designate dimension values that were estimated based on other time periods.

출처: Bertelsmann Stiftung. (2013). op. cit. p. 32.

● 사회적 결속을 촉진하는 세 가지 조건

가장 중요한 것은 번영, 공평한 소득 분배, 지식 사회 달성을 위한 기술 진보이다. 적어도 연구 대상이 된 국가들에서는 높은 수준의 종교성이 강력하고 응집력 있는 사회에 해로운 것으로 보인다. 일반적인 통념과는 달리 응집력은 세계화, 인종적 다양성, 경쟁 문화로 인해 훼손되지 않는다.

〈그림-4〉 시간의 지남에 따른 사회적 결속

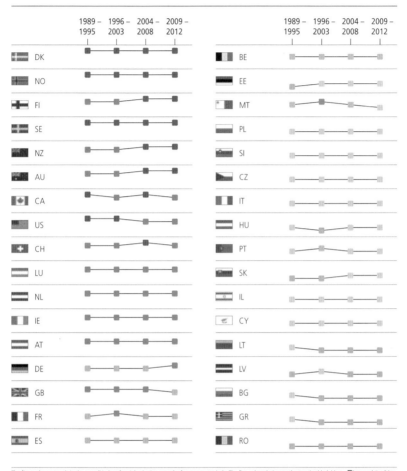

The figure shows trends in the overall index of social cohesion over the four survey periods. The five colors designate the top tier (dark blue = ■),second tier (blue = ■), middle tier (light blue = ■), fourth tier (yellow = ■) and bottom tier (orange = ■).

출처: Bertelsmann Stiftung. (2013). op. cit. p. 30.

● 화합은 행복이다.

삶의 만족도 등에서 나타나는 주관적 웰빙은 응집력 있는 사회에 사는 사람들의 경우 더 높다. 간단히 말해서 응집력이 클수록 좋다. 이 연구는 다양한 국가의 사회적 응집력에 대한 최초의 증거 기반 개요를 나타낸다. 또한, 상대적 추세와 영향을 보여주고 삶의 만족도에서 사회적 응집력이 하는 역할을 설명한다. 행복이 결코 사회 정책을 결정할 때 고려해야 할 유일한 요소는 아니지만, 연구 결과는 사회적 결속이 주관적인 삶의 질에 얼마나 중요한지 보여준다. 경제적 힘, 민주주의의 질, 사회의 문제 해결 능력, 교육 수준 등 응집력의 다른 가능한 효과는 이 연구에 포함되지 않았다. (이 분야에 대해서는 추가 연구가 필요하다.)

베르텔스만 재단의 결속에 대한 연구는 랑거, 스튜어트, 스매츠 외(2017)의 학자들이 조사한 핵심 주제와 여기에 첨부되는 하위 차원의 적용 분야에서 상당한 차이를 보인다. 랑거, 스튜어트, 스매츠 외(2017)도 2005년과 2008년에 아프리카 19개국을 연구하고 2012년 실시된 5차에서는 33개국을 연구하는 등 이 연구를 정기적으로(3-5년마다) 반복했다. 이들은 국가 대표 설문 조사 데이터를 기반으로 불평등(사회적 배제와 관련하여 사회 결속을 정의하는 유럽식 접근 방식의 주요 특징), 신뢰(사회적 자본과 관련하여 사회 결속에 대한 미국식 접근 방식의 주요 특징), 정체성(국가 대 집단)을 식별하였다. 이 세 가지 차원에 다음과 같은 하위 분야를 첨부하여 해석을 제공하였다.[53]

- 불평등의 구성 요소로는 수평적 불평등(horizontal inequality)과 수직적 불평등(vertical inequality)이 있다. 불평등을 포함하는 것은 유럽의 접근 방식에서 비롯된다. (이는 미국의 접근 방식과는 조금은 다르다.)[54] 수평적 불평등

---

53) Langer, Stewart and Smedts, et al. (2017). op. cit., pp. 7-8.

54) 사회적 결속에 대한 접근 방식은 유럽 및 북미 접근 방식으로 분류되었다(Hooghe, Marc. (ed.). [2012]. op. cit.). 유럽인들은 사회적 결속력을 약화시키는 사회적 배제, 불평등 및 소외의 역할을 강조한다. 사회적으로 응집력 있는 사회의 근본적인 측면은 권력과 물질적 자원의 배분가 공정하다는 인식을 공유하고 있다. 유럽의 접근 방식은 이러한 목표 달성을 보장하는 정부의 역할에 중점을 둔다(Council of Europe. [2008]. op. cit.). 반면, 북미 접근 방식은 개인 간의 관계, 즉 개인 간의 연결(흔히 '사회적 자본'으로 정의되는), 공유된 행동 규범, 합의된 상호주관적 의미(또는 공유된 이해) 사람들을 하나로 모으는 유대감과 그 결과('결속성')를 설명하기 위해 타인에 대한 높은 수준의 신뢰(Putnam, Robert. [2000]. *Bowling Alone: The Collapse and Revival of American Community*. New York: Simonand Schuster)를 함의한다. 유럽과 미국의 접근 방식에 대한 통찰력을 바탕으로

은 일반적으로 정치적 갈등을 촉발하고 종종 폭력으로 이어지는 민족(또는 종교 또는 지역) 그룹 간의 급격한 불평등이기 때문에 다민족 사회의 사회적 결속에 특히 중요하다.[55] 정치적·문화적·사회적 수평적 불평등은 경제적 불평등뿐만 아니라 사회적 결속과도 관련이 있다. 여기서 중요한 것은 집단 불평등에 대한 인식뿐만 아니라 정부가 공정하거나 불공평한 대우를 한다는 인식이다. 또한 수직적 불평등, 즉 개인 간 불평등도 관련이 있다. 수직적 불평등이 높아지고 증가하면 사람들 간 유대가 약화될 수 있다.[56] 매우 불평등한 사회에서는 공유된 국가 프로젝트에 대한 소속감이 덜할 가능성이 높기 때문에 사회적 결속은 더 약할 것이다.

- 신뢰의 구성 요소에는 일반적으로 사람들 사이, 특히 그룹 전체와 국가와의 관계에서 신뢰 수준에 대한 인식이 포함된다. 신뢰는 사회가 얼마나 결속력이 있는지, 즉 사람들을 하나로 묶는 '접착제'의 힘을 나타내는 강력한 지표이다. 집단 간 신뢰가 낮으면 갈등이 발생할 가능성이 더 높고 경제적 발전이 방해받을 수 있다.[57] 국가 기관에 대한 신뢰는 경제적·사회적 관계와 더 일반적으로 사람

사회적 결속과 관련된 세 가지 유형의 관계를 제시한다(Melson, Robert and Howard Wolpe [eds.]. [1971]. Nigeria: *Modernization and the Politics of Communalism. East Lansing.* Mich.: Michigan State Univ. Press). 첫째, 동일한 그룹에 속한 개인 간의 관계, 둘째, 그룹 전체의 개인 간의 관계; 셋째, 개인과 집단, 그리고 국가와의 관계이다. 다민족 사회에서 민족 집단 간의 관계는 특히 사회적 결속과 관련이 있으며 결과적으로 우리는 주로 그러한 관계에 중점을 둔다. 민족성 개념에 대해서는 논란이 있지만, 특히 아프리카에서는 중요한 정체성 지표이다.

55) Cederman, Lars-Erik, Nils B. Weidmann and Nils-Christian Bormann. (2015). Triangulating horizontal Inequality: Toward improved conflict analysis. In: *Journal of Peace Research*, Vol. 52, No. 6(November 2015). pp. 806-821.

56) Uslaner Eric M. (2008). The Foundation of Trust: Macro and Micro. In: *Cambridge Journal of Economics*. Vol. 32. pp. 289-294.

57) Knack, Stephen and Pilip Keefer. (1997). Does Social Capital Have an Economic Payoff? A Cross-Country Investigation. In: *Quarterly Journal of Economics*. Vol. 112 (4). pp. 1251-1288.

들의 삶을 형성하는 데 국가의 중요성을 고려할 때 매우 관련성이 높은 반면, 국가 기관에 대한 신뢰가 부족하면 폭력적인 시위와 봉기로 이어질 수 있다.

● 다민족 사회에서 사회적 결속의 중요한 요소는 사람들이 자신의 집단(또는 민족) 정체성과 관련하여 국가 정체성을 고수하는 강도이다. 정체성의 강도는 수평적 불평등의 중요성에 대한 인식과 관련이 있다. 왜냐하면, 그룹 정체성이 상대적으로 약하면 수평적 불평등이 전혀 인식되지 않을 수 있기 때문이다. 자신의 정체성에 대한 사람들의 인식은 사회적 응집력과도 관련이 있다. 그 이유는 집단 정체성이 국가 정체성에 비해 강하다고 인식되면 집단 갈등이 발생할 가능성이 더 높기 때문이다. 반대로, 사람들이 국가 정체성을 크게 강조한다면, 이는 그들이 공유된 국가 프로젝트에 참여하고 있다고 생각한다는 것을 나타낸다. 이것이 집단 정체성에 중요성을 부여하는 것이 사회적 결속과 일치하지 않는다는 것을 의미하지 않는다는 점을 강조한다. 예컨대 다민족 사회에서 사람들은 자신의 집단과 국가 정체성을 모두 소중히 여길 수 있다.

랑거, 스튜어트, 스매츠 외(2017)에 따르면 한 국가의 사회적 결속 규모는 근본적으로 사람들의 인식에 달려 있다.[58] 중요한 것은 일부 외부인이 보는 정체성이나 신뢰의 문제가 아니라 사람들이 그들을 어떻게 인식하는지의 문제이다. 마찬가지로, 신뢰나 정체성보다 더 객관적인 측정이 가능한 불평등에 관해서는 더 객관적인 측정보다는 평등하거나 불평등한 사회에 있다는 인식이 사회적 결속을 결정한다고 보았다. 그러나 인식은 그룹마다 다를 수 있다. 따라서 모든 그룹이 거의 동일한 견해를 갖는 사회는 일부 그룹이 높은 수준의 신뢰, 강력한 국가적 정체성 및 제한된 불평등을 보고하는 반면 다른 그룹은 그 반대라고 보고하는 사회보다 더 응

---

58) Langer, Stewart and Smedts, et al. (2017). op. cit. p. 9.

집력이 있을 가능성이 높다. 랑거, 스튜어트, 스매츠 외는 폭력적인 국가 갈등은 사회적 결속력 부족에 따른 증상이자 결과로 간주했다(아프리카의 응집 지수에 대한 분석은 랑거, 스튜어트, 스매츠 외 보고서의 〈표-3〉 참조 바람).

　베르텔스만 재단의 연구와 랑거, 스튜어트, 스매츠 외의 연구를 통해서 결속력을 측정하는 지수를 산출하는 것은 통합의 상황을 가늠하고 결속력을 강화하고 통합을 추진하는 데 중요한 정보이다. 그러나 이들의 연구를 통해 특히 개인과 공동체가 사회적 결속 및 다양한 하위 차원과 어떻게 관련되는지에 대한 분석이 있어야겠고, 이러한 연구는 정책에도 반영되어야 한다는 생각이다. 그러나 한 문화권의 사회적 결속에 관한 연구를 다른 상황에 이식시킬 필요는 없겠다. 이는 각 나라나 지역, 또는 그룹 간의 상황에 부합하게 연구의 범위, 결속의 정도를 측정하는 방법 및 주제를 선정하고 개별적인 모델을 발전시켜야 하는 결론으로 귀결된다.

III. 결론

　통합에 대한 의미, 방법, 형태, 주제 등이 확장되어 온 점을 볼 수 있다. 하지만 이에 대한 정의는 아직도 합의가 이루어지지 않고 있다. 일반적으로 평화적 공존을 위한 통합은 새로 온 소수자와 장기 거주자 간의 상호 개방이 필요하며, 함께 공생을 위한 공통 기반을 개발하고 상호 이해를 위해 노력해야 함을 함의하고 있다. 서로 다른 사회적 그룹들이 갈등을 완화시키며 공동 삶을 잘 이루어 가는 데는 신뢰, 배려, 인격 존중 등이 전제된다. 불평등이 낮은 사회일수록 신뢰도가 높고, 평화적 공생 역시 더 높다. 이러한 토대에서 생활하면 전반적인 웰빙이 향상될 가능성이 높다는 데도 이견이 없는 듯하다. 통합은 다문화 사회에서 모든 수준에서 다양성을 창출하는 것이고 사회 구성원은 개인의 출신, 성별, 종교 등을 초월하여 결속을 도모해야 한다. 그리고 이들 모두 사회적 서비스와 복지 혜택을 받도록 국가

정책은 결속을 육성하는 방법을 제도적으로 개발해야 한다. 나아가 소수와 다수가 대화와 협력을 통해서 자신에 맞는 방법을 개발하는 것도 중요하고, 이것들을 국가 정책에 반영하는 노력이 있어야겠다.

사회적 결속은 사회적 통합을 설명하는 방법으로 널리 사용되고 있지만, 이것 역시 아직 명쾌한 정의가 없다. 사회적 결속 지수를 통해 사회적 통합의 정도를 가늠할 수 있지만, 이를 측정하는 방법에 대해서도 많은 논의가 있고 앞으로도 그럴 것이다. 사회적 결속은 사람들이 자신이 사는 사회를 어떻게 인식하느냐의 문제이기 때문에 보다 '객관적인' 척도를 얻으려는 시도보다는 문제에 대한 사람들의 인식이 중요하다. 따라서 연구자들은 연구된 모델을 적용하는 것보다는 연구하고자 하는 부분에 초점을 맞춰서, 즉 자신에 맞는 모델을 개발하고 결과를 도출해야 할 것이다.

참고 문헌

김황식. (2022). *독일의 힘. 독일의 총리들 I*. 경기: (사)북이십일 21세기북스.

김해순. (2021). *평화의 서울: 유럽연합*. 경기도: 킹덤북스.

김해순. (2017). 사회·문화 분야 연구 현황과 과제. 김해순 외. *한국의 통일 연구 30년*. 경기: 한국학중앙연구원. 29-152쪽.

김해순. (2016). 남북한 사회 문화 통합을 위한 교육. 한만길 외. *통일을 이루는 교육*. 경기도: 교육과학사. 251~272쪽.

송복 편저. (2013). *통합. 누구와 어떻게 할 것인가?* 서울: 북오션.

신중섭. (2013). 외칠수록 멀어지는 '사회 통합'. 송복 편저. *통합. 누구와 어떻게 할 것인가?* 서울: 북오션. 24-30쪽.

장대흥. (2013). 진정한 사회 통합은 자생적 질서. 송복 편저. *통합. 누구와 어떻게 할 것인가?* 서울: 북오션. 15-23쪽

안재욱. (2013). 자유시장경제가 더 나은 사회 통합을 이룬다. *통합. 누구와 어떻게 할 것인가?* 서울: 북오션. 103-109쪽.

정지웅, 김해순, 김병욱 외. (2018). *남북한 사회 통합 방안 연구*. 경기도: 한국학중앙연구원 출판부.

Berger-Schmitt, Regina. and Heinz-Herbert van der Noll. (2000). Conceptual Framework and Structure of a European System of Social Indicators. In: *EuReporting Working Paper no. 9*. Manheim, Germany: Centre for Survey Research and Methodology.

Bertelsmann Stiftung. (2013). Social Cohesion Radar. Measuring Common Ground. An International Comparison of Social Cohesion((https://www.bertelsmann-stiftung.de/fileadmin/files/BSt/Publikationen/GrauePublikationen/GP_Social_Cohesion_Radar.pdf, 검색: 2024.03.03.).

Cederman, Lars-Erik, Nils B. Weidmann and Nils-Christian Bormann. (2015).

Triangulating horizontal Inequality: Toward improved conflict analysis. In: *Journal of Peace Research,* Vol. 52, No. 6 (November 2015). pp. 806-821.

Chan, Joseph, Ho-Pong To and Elaine Chan. (2006). Reconsidering Social Cohesion: Developing a Definition and Analytical Framework for Empirical Research. In: *Social Indicators Research, Vol 75 (2).* pp. 273-301.

Coburn, David. (2004). Beyond the Income Inequality Hypothesis: Class, Neo-Liberalism, and Health Inequalities. In: *Social Science Medison, Vol 58.* pp. 41-56.

Council of Europe. (2010). *New Strategy and Council of Europe Action Plan for Social Cohesion.* Strasbourg, France: Council of Europe.

Delhey, Jan and Georgi Dragolov. (2016). Happier Together. Social Cohesion and Subjective Well-Being in Europe. In: *International Journal of Psychology.* Vol. 51. pp. 163-176.

Dierckx, Melissa, Michel Vandenbroeck and Jochen Devlieghere. (2023). Policymakers on Social Cohesion: Contradictory Expectations for Child and Family Social Work. In: *European Journal of Social Work,* Vol. 26. pp. 258-271.

Dobbernack, Jan. (2016). The Politics of Social Cohesion in Germany. Dobbernack, Jan. *The Politics of Social Cohesion in Germany, France and the United Kingdom.* London, UK: Palgrave Macmillan.

Dragolov, Georgi, Zsofia S. Ignácz and Jan Lorenz, et al. (2016). Theoretical Framework of the Social Cohesion Radar. In: Dragolov, Georgi, Zsofia S. Ignácz and Jan Lorenz, et al. (Eds.). *Social Cohesion in the Western World.* Cham, Switzerland: Springer International Publishing. pp. 1-13.

Durkheim, Emile. (1997/1999). *The Division of Labour in Society.* Trans. by W. D. Halls. New York: Free Press.

Easterly, William, Jozef Ritzen and Michael Woolcock. (2006). Social Cohesion, Institutions, and Growth. In: *Economics and Politics* 18, Issue 2. pp. 103-120.

Friedkin, Noah E. (2004). Social Cohesion. In: *Annual Review of Sociology, 30.* pp. 409-425.

Hooghe, Marc. (ed.). (2012). *Contemporary Theoretical Perspectives on the Study of Social Cohesion and Social Capital.* Brussels: Royal Academy of Begium.

Hulse, Kath and Wendy Stone. (2007). Social Cohesion, Social Capital and Social Exclusion. In: *Policy Studies.* Vol. 28. pp.109-128.

Jenson, Jane. (1998). *Mapping Social Cohesion: The State of Canadian Research.* Ottawa, ON, Canada: Renouf Publishing.

Kamphuis, Carlijn B., Frank J. van Lenthe and Katrina Giskes, et al. (2008). Socioeconomic Status, Environmental and Individual Factors, and Sports Participation. In: *Medicine Science in Sports Exercise,* Vol. 40. pp. 71-81.

Knack, Stephen and Pilip Keefer. (1997). Does Social Capital Have an Economic Payoff? A Cross-Country Investigation. In: *Quarterly Journal of Economics,* Vol. 112 (4). pp. 1251-1288. Uslaner Eric M. (2008). The Foundation of Trust: Macro and Micro. *Cambridge Jounal of Economics,* 32. pp. 1251-1288.

Langer, Arnim, Frances Stewart and Kristien Smedts et al. (2015). Conceptualising and Measuring Social Cohesion in Africa: Towards a perceptions-based index. *CRPD Working Paper No. 21.*

Langer, Arnim, Frances Stewart and Kirstien Smedts, et al. (2017). Conseptualising and Measuring Social Cohesion in Afrika: Towards a Perceptions-based Index. In: *Social Indicators Research.* pp. 321-343.

Mac Fadden, Isotta, Monica Santana and Esteben Vázquez-Cano, et al. (2021). A Science Mapping Analysis of 'Marginality, Sigmatization and Social Cohesion'. In: *WoS (1963-2019). Quality and Quantity: International Journal of Methodology, Springer,* Vol. 55 (1). pp. 275-293,

Maxwell, Judith. (1996). *Social Dimensions of Economic Growth.* Department of Economics, University of Alberta.

Melson, Robert and Howard Wolpe [eds.]. [1971]. *Nigeria: Modernization and the*

Politics of Communalism. East Lansing. Mich.: Michigan State Univ. Press.

Musterd, Sako, Szymon Marcińczak and Maarten van Ham, et al. (2017). Socioeconomic Segregation in European Capital Cities. Increasing separation between Poor and Rich. In: *Urban Geography,* Vol. 38. pp. 1062-1083.

Nowack, Daniel and Sophia Schoderer. (2020). *The Role of Values for Social Cohesion: Theoretical Explication and Empirical Exploration. Discussion Paper.* Bonn, Germany: Institute for Development and Sustainability.

Novy, Andreas, Daniela Coimbra Swiatek and Frank Moulaert. (2012). Social Cohesion: A Conceptual and Political Elucidation. In: *Urban Studies,* Vol. 49. pp. 1873-1889.

Organisation for Economic Co-Operation and Development. (2011). *Perspectives on Global Development 2012: Social Cohesion in a Shifting World.* Paris, France: OECD.

Putnam, Robert. [2000]. *Bowling Alone: The Collapse and Revival of American Community.* New York: Simonand Schuster.

Schiefer, David, Jolanda van der Noll and Jan Delhey, et al. (2012). *Kohäsionsradar: Zusammenhalt messen Gesellschaftlicher Zusammenhalt in Deutschland - ein erster Überblick.* Guetersloh: Bertelsmann Stiftung.

Schiefer, David and Jolanda van der Noll. (2017). The Essentials of Social Cohesion: A Literature Review. In: *Social Indicators Research, 132 (2).* pp. 579-603.

Toennies, Ferdinand. (2014). *Der Sozialstaat zwischen Gemeinschaft und Gesellschaft.* Uwe Carstens (Hrsg.), 1. Aufl. Badene-Baden: Nomos.

Uslaner Eric M. (2008). The Foundation of Trust: Macro and Micro. In: *Cambridge Journal of Economics.* Vol. 32. pp. 289-294.

Vergolini, Loris. (2011). Social Cohesion in Europe: How do the Different Dimensions of Inequality Affect Social Cohesion? In: *International Journal of Comparative Sociology,* Vol. 52. pp. 197-214.

통계

Statistics Canada (UNECE. [2003]. *Social Cohesion Concept and Measurement. United nations Economic Commission for Europe.* United Nations Geneva.

인터넷

Zum Begriff "Integration"(https://www.braunschweig.de/leben/soziales/migration/was_ist_ integration.php, 검색: 2024.03.16.).

Background document to OECD Conference on Social Cohesion and Development, 20-21st January, 2011(https://www.oecd.org/dev/pgd/46839973.pdf, 검색: 2024.03.10.).

Social Cohesion(https://www.oecd.org/development/inclusivesocietiesanddevelopment/social- cohesion.htm, 검색: 2024.03.20.).

Austrian Cohesion Index 2023(https://aei.pitt.edu/74134/1/Social_cohesion_radar.pdf, 검색: 2024.03.20.).

Social Cohesion(https://www.mdpi.com/2673-8392/3/3/75, 검색: 2024.02.10.).

제2부

한반도 분단과 갈등: 샌프란시스코 강화조약, 미국의 한반도 정책

- 1951년 샌프란시스코 강화조약과 뒤틀어진 한일관계
- 정전 70년: 미국의 패권정책과 뒤틀린 한반도 평화

1951년 샌프란시스코 강화조약과 뒤틀어진 한일관계

신만섭

Ⅰ. 들어가면서

2차 세계대전이 끝나고 패전국 일본에 무거운 책임을 지우려던 미국은 트루먼 독트린(1947)을 기점으로 미소 냉전의 그림자가 짙어지자, 일본을 동아시아 반공 (反共)의 지정학적 첨병으로 인식하면서, 전범국에 매기는 징벌과 책임을 완화하 는 동시에 면제해 버렸다.

샌프란시스코 강화조약(1951)[1]이 그 결정판이다. 이 조약은 동아시아의 전쟁 피 해국들과 피해자들에 대한 정상적 배상도 뒤틀리게 했을 뿐만 아니라, 일본-동아 시아 국가들의 국제관계도 복잡하게 만들었다. 특히 한일 간, 더 자세히 보면 남북 한과 일본 간의 관계를 엉킨 실타래처럼 꼬이게 만들었다. 같은 전범국으로서 명 쾌한 사죄와 배상을 통해 주변국들과의 관계를 정상화했던 독일을 보면, 일본의 비 비 꼬는 행태는 더욱 도드라진다.

독일은 종전 직후 동서분단으로 연합국과 강화조약을 맺지 못하고 독일의 보상

---

1) 이 조약은 1951년 9월 8일 체결되었으며 1952년 4월 28일 발효되었다.

법과 피해국과의 전쟁피해 청구협약에 따라 배상하였다.[2] 반면, 일본의 경우 샌프란시스코 강화조약을 맺어 피해국과의 협약에 따라 배상했지만, 미국의 일본에 대한 군사-전략적 가치 재고에 따라 배상 및 보상 규모가 대폭 축소되거나 아예 제외된 피해국들도 있었다. 또한 일본은 독일과 달리, 개인에 대한 피해배상 청구는 모두 거부한다는 원칙을 고수하고 있다.

본고에서는 아시아·태평양전쟁(1941-1945)의 종지부를 찍었던 샌프란시스코 강화조약이, 이후 한일관계와 한국 국내 정치·사회에 어떤 영향을 미쳤는지 알아볼 것이다. 또한 한일 간 진정한 관계개선과 나아가 동아시아의 평화와 연대가 유럽연합에 버금가는 수준으로 이루어질 수 있을지 타진해 보고자 한다.

본고의 전개는 ① 샌프란시스코 강화조약의 성격과 특징을 알아보고 ② 한국과 관련된 조항들을 끄집어내어 정당성 여부를 분석하고 ③ 1965년 체결된 한일기본조약 및 한일청구권협정에 위 강화조약이 어떤 영향을 미쳤는지 파악할 것이며 ④ 태평양전쟁 피해자들에 대한 배상 해결책을 기존 해법이 아닌 다른 방향에서 찾아본 후 ⑤ 위 조약의 수정 및 무효화 가능성을 모색하는 것으로 끝을 맺고자 한다.

Ⅱ. 광복 이후 한일관계가 근본적으로 뒤틀어진 배경, 샌프란시스코 강화조약

샌프란시스코 강화조약은 1951년 9월 8일, 원칙적으로는 승전국인 연합국들

---

2) "1952년 이스라엘, 1959년~1964년 서방 12개국(룩셈부르크, 노르웨이, 덴마크, 그리스, 네덜란드, 프랑스, 벨기에, 이탈리아, 스위스, 오스트리아, 영국, 스웨덴 등), 1992년 폴란드와도 협정을 체결하여 피해배상했다. 또한 개인적 차원의 청구에 대해서도 80개국의 피해자들에 대해서 배상한 바 있다. 이후 추가요구에 대해서도 배상을 시행하였는데, 2013년 그리스가 추가보상을 요구하고 있어서 이에 대한 논의가 진행 중이다."(유용조. [2013]. 독일과 일본의 전후처리 및 과거 침략행위에 대한 입장비교와 한국의 대응과제. *이슈와 논점*. 제766호, 2013.12.31. 1-4쪽. [2쪽]).

(48개국)이 패전국인 일본에 책임과 배상을 지움으로써 태평양 전쟁을 결산하고 최종적으로 마무리하는 이벤트였다. 그러나 체코슬로바키아·소련·폴란드는 서명을 거부했고, 버마·인도·유고슬라비아는 초청을 거부했으며, 장제스와 모택동의 두 개의 중국은 초청되지 않았고,[3] 미·영 등 45개국은 배상받기를 포기했다. 한국은 조약 준비 초기 초청 명단에 있었으나, 일본의 로비로 미·영이 반대하면서 최종 명단에서 지워졌다. 다만 연합국, 중립국, 적성국 중 어느 쪽에도 속하지 않는 특별상태국으로 정의되었다.[4]

1. 샌프란시스코 강화조약의 한국 관련 쟁점 조항

1) '패전국 일본이 한국의 독립을 인정'한다?

이 조약에서 문제가 되는 한국 관련 조항을 짚어보자.

"연합국들은 일본과 그 영해에 대한 일본 국민들의 완전한 주권을 인정한다."는 조약 1조 1항(b)에 뒤이어, 조약 2조 2항(a)에서 "일본은 한국의 독립을 인정하고, 제주도, 거문도, 울릉도를 포함한 한반도와 그 부속 도서에 대한 모든 권리, 자격, 영유권을 포기한다."고 규정했다.

일본의 로비에 의해, 위 2조 2항에서 독도를 한국 영유권에서 뺐다는 점은 익히

---

3) "1951년 8월 15일과 9월 18일에 중화인민공화국은 이 조약이 불법이며, 승인되어서는 안 된다고 비난하였다. 협상에서의 총체적인 배제 이외에도, 중화인민공화국은 남태평양에 있는 파라셀 제도와 스프래틀리 군도 그리고 동사 군도가 자국의 일부라는 영유권을 주장했다."(*위키백과. https://ko.wikipedia.org/wiki/샌프란시스코 강화조약*[검색: 2024.01.21.]).

4) "샌프란시스코 강화조약을 비준하기에 앞서, 이 조약을 주도한 미국 측은 1947년 8월 4일자 연합국 최고사령부 지령(SCAPIN) 1757호와 1951년 1월 9일 2136호를 통해 연합국, 중립국, 적성국 중 어느 쪽에도 속하지 않는 특별 상태국을 정의했다. 이들 국가에는 오스트리아, 핀란드, 이탈리아, 발트 3국, 태국, 조선 등이 포함되어 있었다."(*나무위키. https://namu.wiki/w/샌프란시스코%20강화조약*[검색: 2024.01.21.])

알려진 사실이다. 그러나 정작 중요한 쟁점이 되어야 할 사항은 '일본이 한국의 독립을 인정'한다는 부분이다. 주권국가 한국은 일본에 의해 독립을 인정받을 나라가 아니라, 일본의 불법강점에서 벗어나 주권을 '회복'한 나라라는 점이다.

헌법 전문에, 대한국민은 '대한민국 임시정부 법통을 계승'한다고 명시되어 있다. 1919년 4월 11일, 상해임시정부는 대한민국이 주권국가임을 선포했다. 헌법의 모태가 되는 임시정부의 '대한민국 임시헌장' 8조에는 "대한민국의 구황실을 우대한다."고 되어 있다. '구황실'의 나라인 대한제국은 이미 세계 주요 국가들과 공사급 외교관계를 맺고 있었고, 제2차 헤이그 세계평화회의에 초청받은 주권국가였다.[5]

임시헌장 8조는 대한민국이 공화국으로 국체를 바꿔[6] 대한제국을 계승함으로써 '국가의 계속성'[7]을 확보하겠다는 의지를 보여주는 중요한 조항이다. 대한제국은 망한 것이 아니다. 순종 황제의 의사를 무시하고 일본에 의해 강압적으로 이루어진 병합은 원천무효이며, 태평양전쟁이 끝난 후 한국의 상황은 멸망해서 없어진 나라가 새로이 독립한 것이 아니라, 대일항전을 통해 일본의 한반도 불법강점으로부터 우리의 주권을 회복(그야말로 광복)했음[8]을 한국 정부와 국민이 각성할 필요

---

5) "대한제국은 만국평화회의, 적십자회의 등 국제회의에 적극적으로 참여하고자 했다. 고종은 민영찬을 만국 평화 회의의 총재에게 보내 적십자회 가입과 만국 평화 회의 사절단 파견 등을 타진하고 1903년 1월 가입 허가를 받았다. 1904년 주러시아 대한제국 공사 이범진은 러시아 외무 대신 람스도르프의 언질로 한국이 2차 만국평화회의 초청국 명단에 들었다는 사실을 알았다."(*나무위키*. *https://namu.wiki/w/헤이그%20특사* [검색: 2024.01.22.]).

6) 임시헌장 제1조, 대한민국은 민주공화제로 한다.

7) 국제법상 국가의 동일성 및 계속성 : 무력의 행사, 강박조약의 체결 등 불법적인 수단에 의해 국가가 합병된 경우, 사실상의 점령에도 불구하고 피합병국이 법적으로는 국가성 또는 국제법인격을 계속 보유한다.

8) "갑오전쟁부터 계산하면 우리는 일제와 51년간 전쟁을 치렀다. 일제가 대한제국의 외교권을 강탈한 1905년부터 따지면 40년, 군사적으로 완전히 점령당한 1910년부터는 만 35년을 싸웠다. 러시아의 4년이나 중국의 8년, 혹은 14년과는 비교도 되지 않는 장구한 세월이었다." (이덕일. 전승절은 남들의 잔치인가? *한국일보*. 2015.08.13.).

가 있다. 임시헌장 제10조는 "임시 정부는 국토 회복 후 만 1년 내에 국회를 소집한다."고 밝혀 '국토회복을 통한 주권회복'을, 장차 전쟁이 끝난 후 신생 정부 창설이 아닌 '국회소집'을 강조했다.

따라서 조약 2조 2항(a)의 "일본은 한국의 독립을 인정하고"는 삭제되어야 하며, 더 나아가 한국이 승전국의 지위를 되찾도록 외교적 노력을 할 필요가 있다.

> "의병운동과 3·1운동, 상해임시정부, 중국 쪽 항일전투부대 참가를 비롯한 중국 및 한-중 국경지역 항일무장투쟁 등 끝없이 피의 항쟁을 벌여온 한국은 (연합국에서) 제외돼 어이없게도 연합국 미군의 피점령지가 됐고, 별 관련도 없는 도미니카공화국, 코스타리카, 에콰도르, 엘살바도르, 이란, 이라크, 과테말라, 사우디아라비아, 파키스탄, 아이티, 남아프리카공화국 등은 연합국의 일원이 됐다."[9]

한국의 입장에서 "패전국이 승전국의 독립을 허락한다"는 것은 어불성설이며, 그 단초를 제공한 조약 2조 2항(a)은 이후 한일관계 뒤틀림의 근원이라 볼 수 있다. 이는 같은 조항에서 독도가 빠졌다는 영유권 논란보다도 더 중요한 쟁점이다.

2) 한국은 어떻게 태평양전쟁 승전국의 지위에서 지워졌나?

2차세계대전이 끝난 직후, 미국을 비롯한 연합국의 패전국에 대한 입장은 과거 종전처리 관례에서 벗어나지 않는 원칙론적인 것이었다. 전쟁 재발을 막기 위한 패전국 영토 관리와 배상 요구. 일본에도 이를 적용할 방침이었다.

> "미국은 1945년 10월 일본과 강화조약을 추진할 때는 1차 세계대전 패

---

9) 한국 전승국 자격 배제된 샌프란시스코 강화 조약. 한겨레. 2005.09.01.

전국 독일에 대해 다시는 전쟁을 하지 못하도록 응징하는 의미에서 가혹한 배상과 전쟁 청산을 규정했던 베르사유조약의 취지에 부합하는 배상을 일본이 아시아 피해국가에 제공하도록 해야 한다는 원칙을 정했다."[10]

미국은 종전 직후, 일본의 배상 대상국에 한국을 포함시켰다. 국제전쟁의 관례상 배상은 승전국들에만 주어진다. 그런데 한국을 배상 대상국에 포함시켰다는 사실이, 아래 인용문대로, '일본 식민시배로 인해 심각한 피해를 입은 것'에 대한 배상을 일본에 요구한다는 것이었는지, 아니면 미국이 당시 한국을 승전국으로 인정한다는 것이었는지, 그것은 알 길이 없다.

"샌프란시스코 강화조약을 담당한 미국 정부대표단은 1945년 10월 일본의 전후 배상원칙에 대한 초안을 마련할 때 "미국의 일본 점령은 징벌이 목적은 아니지만 일본의 산업시설은 일본이 일으킨 전쟁으로 파괴된 아시아 국가들의 경제회복을 위해 제공되어야 한다. 그래야 일본의 전쟁 재발 능력을 제한하고 아시아 지역경제 안전을 달성할 수 있다. 한반도는 일본의 식민지배의 후유증으로 심각한 경제난을 겪고 있어 일본 배상을 받아야 한다."고 밝혔다. 미국 정부가 일본 배상의 대상에 한반도를 포함시킨다는 원칙은 1945-1946년 동안 유지되었다."[11]

그러나 아래 두 인용문에서 보듯, 종전 직후 미국은 망명정부에 대한 승인여부를 유보한 채, 조약 초안에 한국을 연합국에 포함시키는 혼선을 빚기도 한다.

---

10) Borgwardt, Elizabeth. (2005). *A New Deal for the World: America's Vision for Human Rights.* Cambridge: Belknap Press of Harvard University Press. pp. 286-291.

11) Foreign Relations of the United States. (1969). Diplomatic Papers 1945, The British Commonwealth, *the Far East,* Volume VI. pp.169-1042. Eds. Glennon et Al, (Washington: Government Printing Office). p. 745.

"당시 한반도에는 한국인의 정부가 없었고 한국인 해외 망명정부에 대
해 미국은 큰 관심이 없었던 상황이었지만 미국의 한반도 배상자격 문제에
대해서는 확고한 상태였다."[12]

"한국도 조약 초안에는 연합국의 일원으로 표기돼 있었으나 일본의 강경
한 반대로 나중에 미국이 빼버렸다."[13]

미국이 견지했던 '한국에 대한 일본의 배상' 입장은, 여러 문건을 종합해 판단
하건대, 1947년부터 부정적인 방향으로 흘렀다. 트루먼 독트린을 기점으로 한 미
소 냉전의 본격화 때문이었다. 전후처리의 원칙론은 국제정치의 역학관계로 어긋
나기 시작했다.[14]

"당시 미국이 일본 배상문제를 놓고 가장 크게 고려한 부분은 소련이었
다. 미국 정부는 일본을 소련의 영향력 증대에 대처할 아시아의 교두보로
만들어야 한다는 필요성을 앞세워 한국의 배상요구에 대해 1947-1949년
부정적인 입장으로 돌아섰다. 당시 소련과 미국 간의 긴장이 고조되면서
미국 정부는 일본 경제와 정치적 안정을 최우선 과제로 인식하게 되었고
일본 배상문제는 미국 외교관들의 금기 사항이 되었다."[15]

---

12) https://openscholarship.wustl.edu/cgi/viewcontent.cgi?article=1015&context=undergrad_
etd. pp. 40-41. 2024.01.23. 검색).

13) 앞의 기사. *한겨레*. 2005.09.01.

14) 그래도 "1949년 12월 초안 전문에 한국은 '연합국 및 협력국' 명단에 있었다. 그해 12월29일 미국
국무부가 초안과 함께 작성한 '일본과의 평화조약 초안에 대한 논평'도 한국이 수십 년간의 항일
저항, 전투 기록이 있다며 강화조약 서명국(당사국)이 돼야 하는 이유를 적었다(정병준. [2010]. 독도
1947. 돌베개. 256쪽). 그 강화조약을 주도한 미국 대통령의 특사 존 포스터 덜레스가 조약 초안을
뒤엎고 "한국의 교전국 지위가 박탈됐다고 최종 통보한 것은 1951년 7월9일이었다."(한승동. 한국이
이만큼 사는 건 일본 돈 덕분이라구? *한겨레*. 2019.08.06.).

15) Schaller, Michael. MacArthur's Japan: The View from Washington. In: *Diplomatic History*.
10, no. 1(Winter 1986). pp. 1-23, esp. pp. 3-5.

망명정부 승인을 유보한 채, 조약 초안에 한국의 연합국 포함 여부에 혼선을 보여주던 미국은 이때부터 지정학적 시각에서 자신의 입장을 정리했다.

> "미 국무부의 문서들은 한반도가 샌프란시스코 강화조약에 포함되거나 일본 배상 대상에 포함되는 것에 반대하면서 한국인 망명정부는 2차 대전 전쟁기간 동안 미국에 의해 인정받은 바 없어서 한반도는 연합국 자격을 상실한다고 밝혔다."[16]

미국의 변화된 입장은 '냉전 고조 속 지정학적 고려'가 우선적으로 작용[17]했지만, 조약문 작성과정에서 일본의 미국과 영국에 대한 로비도 큰 영향을 미쳤다. 미국과 영국 등 주요 연합국들은 조약문 작성과정에서 패전국 일본과 '협의'를 하고 그의 로비를 받아들였다. 이는 승전국들 간의 협의하에 패전국에 일방적 징벌을 하던 강화(講和) 전례를 깬 이례적 광경이었다.

한국 입장에서 볼 때 일본의 로비로 문제가 된 핵심쟁점은 조약 초안에 한국 영토에 들어가 있던 독도가 최종 서명된 조약문에서 빠졌다는 점과 한국이 연합국의 지위에서 제외되었다는 점이었다. 이 조약이 국내에서 거론될 때마다, 전자가 주로 크게 부각되고 있으나, 정작 중요하게 다룰 문제는 후자라고 할 수 있다. 한국의 승전국 자격 제외는 1965년 왜곡된 한일기본조약 체결과 피해배상의 어려움으로

---

16) 고승우. 미국, 일본 챙기려 샌프란시스코 강화조약에서 한국 철저히 배제①. 통일뉴스. 2022.06.02.
17) 미국은 샌프란시스코 강화조약 체결 바로 몇 시간 뒤, '미일안보조약'을 체결한다. 일본을 아시아의 냉전 최전방어선으로 두겠다는 포석이었다. 제5조 (c) : 연합 국가는 일본이 주권 국가로서 국제 연합 헌장 제51조에서 내거는 개별적 또는 집단적 자위의 고유한 권리가 있음과 일본이 집단적 안보 협정을 자발적으로 체결할 수 있음을 승인한다. 제6조 (a) : 연합국의 모든 점령군은 이 협약의 발효 후 가능한 신속하게, 한편 어떠한 경우에도 이후 90일 이내에 일본에서 철수해야 한다. 그러나 이 규정은 하나 또는 그 이상의 연합군을 한편으로 하고, 일본 또는 기타 쌍방 간에 체결된 또는 체결되는 양자 또는 다자 협정 결과로 외국 군대의 일본 지역에 주재 또는 주둔을 막는 것은 아니다.

이어졌고 한일관계가 자주 뒤틀리는 근본원인을 제공하고 있기 때문이다. 샌프란시스코 강화조약은 제2의 가쓰라-태프트 협약이라고도 할 수 있다.

2. 샌프란시스코 조약이 낳은 사생아, 한일기본조약과 한일청구권협정

1965년 6월 22일, '대한민국과 일본국 간의 기본관계에 관한 조약(한일기본조약)'이 양국의 일반적 국교 관계를 규정하기 위해 체결되었다. 같은 날 '재산 및 청구권에 관한 문제의 해결 및 경제협력에 관한 협정(한일청구권협정)' 또한 체결되었다. 이는 샌프란시스코 강화조약문에 한국이 연합국에서 제외된 채, 패전국 일본의 청구권 협상 상대로만 적시된 데 따른 수순이었다.

1) 한일기본조약의 쟁점

한일기본조약의 쟁점 조항은 다음과 같다.

"제2조 1910년 8월 22일 및 그 이전에 대한제국과 대일본제국 간에 체결된 모든 조약 및 협정이 *이미* 무효임을 확인한다."(It is confirmed that all treaties or agreements concluded between the Empire of Korea and the Empire of Japan on or before August 22, 1910 are *already* null and void).

이후, 이 조항을 한국 측은 "일본의 한반도 병탄 자체가 불법으로서 원천무효"로, 일본 측은 "1919년 한일병합조약은 합법이었으나 1945년 한국 해방을 기점으로 무효"라고 해석했다. 조항 중의 '이미'의 기준연도를 양국이 제각기 정했던 것이다. 조약문 부칙에 "양국의 해석이 다를 경우 영문본에 의한다."고 명시해 놓았는데, 당시 양국은 "문서의 공식어는 영어로 하며 각국이 번역해서 해석은 자유"로 한다고 합의했다. 한편에서는 외교문서의 문구를 이렇게 애매모호하게 표기한 것이 이례적이라고 여기고 있으나, 다른 한편에서는 이런 문구 삽입은 서로의 마찰을 줄이고 회담에 속도를 내기 위해 양국의 묵인하에 행해졌다고 평가하기도 한다.

한일기본조약 제2조에 대한 한국의 주장은, 본 글 Ⅱ. 1. 1) 도입부에서 언급했듯이, 논리적 정합성을 가지고 있지만, 샌프란시스코 강화조약이 이를 인정하지 않고 있다. 동 조항에 대한 일본의 해석은 "일본은 한국의 독립을 인정"한다는 샌프란시스코 조약 2조 2항(a)에서 나온 것이며, '한일청구권협정'은 동 조약 4조(a)에 의거해서 맺어진 것이다. 따라서 한국이 그의 주장을 관철하려면, 태평양 전쟁 연합군의 자격을 회복하고 미·영·일이 담합해서 작성한 샌프란시스코 조약을 무효화 또는 개정해야 한다. 다시 말해서, 한일기본조약과 한일청구권협정의 모태는 샌프란시스코 강화조약이므로 전자들만을 가지고 시비하는 것은 숲속의 나무만 보는 격이라는 것이다.

2) 한일청구권협정의 쟁점

한일청구권협정의 쟁점 조항은 다음과 같다.

제1조 1항(a): 3억 달러의 가치를 가지는 일본국의 생산물 및 일본인의 용역을 본 협정의 효력 발생일로부터 10년 기간에 걸쳐 무상으로 제공한다. (b) 2억 달러를 장기 저리의 차관으로 10년 기간에 걸쳐 제공한다.

제2조 1항: 양 체약국은 양 체약국 및 그 국민(법인을 포함함)의 재산, 권리 및 이익과 양 체약국 및 그 국민 간의 청구권에 관한 문제가 1951년 9월 8일에 *샌프란시스코에서 서명된 일본국과의 평화조약 제4조(a)*에 규정된 것을 포함하여 *완전히 그리고 최종적으로 해결*된 것이 된다는 것을 확인한다.

제2조 3항: 일방체약국 및 그 국민의 재산, 권리 및 이익으로서 본 협정의 서명일에 타방체약국의 관할하에 있는 것에 대한 조치와 일방체약국 및 그 국민의 타방체약국 및 그 국민에 대한 모든 청구권으로서 *동일자(同日字) 이전에 발생한 사유에 기인하는 것에 관하여는 어떠한 주장도 할 수 없는 것으로 한다*(이상 협정 원

문 요약).

한일기본조약과 청구권협정 체결은 국제정치적으로는 냉전상황에서 군사전략
상 동아시아 우방국을 하나로 묶으려는 미국의 압력이 크게 작용한 것이었지만, 그
근거는 위의 제2조 1항에서 보듯이, 샌프란시스코 강화조약에서 가져왔다.

> "샌프란시스코 강화조약 4조(a): 이 조항의 (b)의 규정에 따라, 일본의
> 부동산 및 제2항에 언급된 지역의 일본 국민들의 자산 처분 문제와, 현재
> 그 지역들을 통치하고 있는 당국자들과 그곳의 (법인을 비롯한) 주민들에
> 대한 (채무를 비롯한) 그들의 *청구권*들, 그리고 그러한 당국자들과 주민들
> 의 부동산의 처분과 일본과 그 국민들에 대한 그러한 당국자들과 주민들
> 의 채무를 비롯한 *청구권들의 처분은 일본과 그 당국자들 간에 특별한 협
> 의의 대상*이 된다. 그리고, 일본에 있는, 그 당국이나 거류민의 재산의 처
> 분과, 일본과 일본국민을 상대로 하는 그 당국과 거류민의 *청구권(부채를
> 포함한)의 처분은 일본과 그 당국 간의 별도 협정의 주제*가 될 것이다. 제
> 2조에서 언급된 지역에서의 어떤 연합국이나 그 국민의 재산은, 현재까지
> 반환되지 않았다면, 현존하는 그 상태로 행정당국에 의해 반환될 것이다.
>
> (b) 일본은 *제2조와 제3조에 언급된 지역에 있는 일본과 일본 국민
> 자산*에 대해, 미군정의 지침이나 이에 준해서 제정된 처분권의 적법성
> 을 인정한다."

위 조약 4조(a)에서 보듯이, 연합국이 아닌 특별상태국들과 패전국 일본 간에 별
도로 청구권 협의를 해야 한다는 규정에 따라, 일본은 한국과 협상에 나선 것이다.
반면 연합국의 인적·물적 피해에 대해서는, 위 조항 마지막 구절과 제14조에서, 협

의가 아닌 반환과 배상의 의무를 강제하고 있다.[18]

1949년 작성된 대일배상요구조서에서 이승만 정부는 24억 달러(1945년 기준)를 요구했으나, 한국의 연합국 자격 제외로 이 요구는 무산되었으며, 결국 1965년 체결된 한일청구권협정 1조 1항에 의해 배상금이 아닌 '독립축하금'[19]이라는 이름으로 금액이 결정된 것이다.[20]

〈표-1〉 샌프란시스코 조약 체결 후 연합국과 전쟁 피해국에 대한 일본 배상 유무[21]

	연합국 중 45개국(미국·영국 등)	배상 포기
참가국	필리핀·인도네시아·남베트남·버마	배상
	소련·폴란드·체코슬로바키아	서명 거부, 일소 공동선언(1956)으로 배상 포기
미참가국	중화인민공화국(베이징 정부)	중일 공동선언(1972)으로 배상 포기
	중화민국(타이베이 정부)	일본·타이완 평화조약(1972)으로 배상 포기
	대한민국	한일기본조약(1965)으로 경제협력자금 지원
	북한	일본과 국교 정상화되지 않음

출처: 두산백과(doopedia), "대일강화조약".

---

18) 그러나 연합국에 대한 배상청구권을 규정하고 있는 14조에서 "일본국은 전쟁 중에 일으킨 손해와 고통에 대해 배상할 의무가 있지만, 완전한 배상을 행하고 동시에 다른 채무를 이행하기 위해서는 현재 충분하지 않다는 것이 승인된다."고 하면서, 미·영을 비롯한 대다수 연합국들은 배상 청구를 포기했고, 전체 배상액도 15억 8백만 달러로, 일본 연간 일반 회계 예산의 1-2% 규모였으며, 이마저도 20년 동안 나눠서 하는 '관대한 배상'이었다. 이 역시 일본을 냉전의 동아시아 전초기지로 삼기 위한 미국의 극진한 배려에서 나온 발상이었다.

19) 샌프란시스코 강화조약 2조 2항(a), "일본은 한국의 독립을 인정"한다는 구절이 그 근거다.

20) 필리핀, 남베트남, 버마, 인도네시아가 연합국 지위로 받은 배상액은 각각 5억 5천만 달러, 3억 9천만 달러, 3억 4천만 달러, 2억 2천3백만 달러이며, 배상의 기준연도는 샌프란시스코 강화조약 제8조에 따라 1939년 9월 1일-1945년 8월 15일이다.

21) 두산백과. https://terms.naver.com/entry.naver?docId=1081304&cid=40942&categoryId=31659 (검색: 2024.01.23.[검색어: 대일강화조약]).

아래 표는 위에서 설명한 한일기본조약과 청구권 협정을 요약해서 나타낸 것이다.

〈표-2〉 한일협정의 '이미 무효(already null and void)' 문장에 따른 해석[22]

구분	한국	일본
한일병합조약	1910년 당시부터 무효	1910년엔 유효. 대한민국 정부수립 (1948.8.15.)부터 유효
일제 강점의 성격	35년 지배는 불법 강점	35년 지배는 합법
일본이 제공한 무상 3억 달러의 성격	일제 강점과 관련. 재정 및 민사상 청구권 해결. 일본군 위안부 등 법적 문제는 미해결.	식민지배와 무관. 독립축하금 및 경협자금. 청구권 문제는 한일협정으로 완전 해결

출처: 조숭호. 日이 끼워넣은 'already' 단어 하나… 한일병합조약 무효 시점 논란 불러. 동아일보. 2015.06.22.

III. 한반도 병탄과 샌프란시스코 강화조약에 대한 한국의 대응방안

일본의 한반도 강점과 아시아-태평양전쟁 당시 인적·물적 동원에 대한 사과와 배상문제는 여전히 한일관계를 뒤틀리게 하는 요소로 남아있다. 이 갈등의 뿌리는 1965년 한일기본조약과 청구권협정이며, 그 근원은 이를 낳게 한 1951년 샌프란시스코 강화조약이다. 전자는 일본의 한반도에 대한 식민지 지배의 합법·불법 여부가, 후자는 아시아-태평양전쟁에서 한국의 연합국 지위 여부가 쟁점이었다. 만일 1951년 조약에서 초안대로 한국이 연합국(승전국) 지위가 인정되었다면 전쟁으로 인한 인적·물적 피해배상은 그에 맞게 이루어졌어야 함은 물론, 패전국이 승전국의 독립을 허락한다는 식의 조약 2조 2항(a), "일본은 한국의 독립을 인

---

22) 조숭호. 日이 끼워넣은 'already' 단어 하나… 한일병합조약 무효 시점 논란 불러. 동아일보. 2015.06.22.

정"과 같은 문구는 없었을 것이다. 그에 따라서 65년의 왜곡된 조약과 협정도 완전히 달라졌을 것이다.[23] 무엇보다 중요한 것은, 한국이 51년 조약에서 연합국의 지위로 자리매김했다면, 일본의 한반도 '식민지 지배'라는 불법적 사실이 바로잡혔을 것이란 점이다.

1. 일본의 한반도 '식민지 지배'는 무효다

한일기본조약 제2조는, "1910년 8월 22일 및 그 이전에 대한제국과 대일본제국 간에 체결된 모든 조약 및 협정이 *이미* 무효임을 확인한다."고 되어 있다. 이를 한국 측에서는 '한일병합조약'을 포함한 이전의 조약과 협정이 전부 무효라고 해석했고, 일본 측에서는 이것들이 체결 당시 유효했으며, 일본이 패전한 1945년 이후에 무효화되었다고 해석했다.

일본 주장의 근거는 한편으로는 한국이 샌프란시스코 강화조약에 승전국 지위를 확보하지 못한 것을 일차적으로 염두에 둔 것이고, 또 다른 한편으로는 시제법을 내세우는 것이었다. 시제법이란, "법적인 사실은 그것이 *발생한 시점에 존재하였던 당시의 법(contemporary law)에 의하여 평가*되어야 하며, 그러한 사실을 둘러싼 분쟁이 발생하거나 해결되는 시점에 타당한 법에 의하여 평가되어서는 안 된다."는 것이다. 다시 말해, 20세기 전후 국제질서와 환경은 강대국에 의한 약소국 식민지배가 일반화되었던 시기였고, 당시의 국제법이 그것을 용인했으므로 지금의 국제법 잣대가 아니라 그 당시의 법에 따라 해당 사안을 적용해야 한다는 논리다.

---

23) 조승호. 위의 기사. 동아일보. 2015.06.22. 한일기본조약 제2조, "1910년 8월 22일 및 그 이전에 대한제국과 대일본제국 간에 체결된 모든 조약 및 협정이 이미 무효임을 확인한다."를 놓고 한일 양국 간 해석논란도 필요 없었을 것이며, 청구권협정에서 특별상태국에 대한 배상권은 승전국에 대한 배상청구권으로 바뀌었을 것이다.

그러나 전통 국제법에서도 "국가에 대한 (군사적) 강박에 의해 체결된 조약의 효력은 인정되었고[24], 다만 *조약 당사국을 대표하는 자에 대하여 강박으로 체결한 조약은 무효로 인정*"했다.[25] 따라서 1905년 대한제국 황제를 강압하여 이루어진 을사늑약과 1910년 한일병합조약은 무효로 간주된다.

> "일제강점기 초기의 조선에 대한 일련의 불평등조약은 이러한 강박에 의한 체결과 절차상의 하자가 명백하기 때문에 국제법적으로 그 불법성에 대한 비난을 피할 수 없을 것이다. 특히 1905년의 을사늑약과 1910년의 한일합방조약의 경우는 강박에 의한 조약체결의 불법성을 내포하는 대표적인 경우라고 볼 수 있다."[26]

이 두 조약의 불법성은 지구상 제국주의가 여전히 성행하던 1935년 국제연맹 보고서에서조차 확인되며, 1963년 유엔 보고서에서도 이를 재확인하고 있다.

> "국제연맹은 1935년 '조약법(Law of Treaties)에 대한 보고서'를 내면서 역사상 효력을 발생할 수 없는 조약의 사례 3개 가운데 1905년 11월 일본제국이 대한제국에 요구한 '보호조약'을 꼽았다."며 "국제연맹은 1935년 현재로 법적으로 한국병합은 불법이라는 판단을 내리고 있었던 것이고, 병합은 이 '보호조약' 위에 이루어진 것이므로 원인 무효가 될 수밖에 없다. (…) 국제연맹의 이 보고서는 1963년 유엔 국제법위원회(ILC)의 보고

---

24) 승전국과 패전국 간의 강화조약이 그 예다. 하지만 현대 국제법은 "국가 또는 국가를 대표하는 자에 대한 강박에 의한 조약 체결은 (원천적) 무효"로 인정하고 있다(조약에 관한 비엔나협약 52조, UN 헌장 2조 4항).

25) 상해 대한민국 임시정부 대외정책선언 1순위 또한 한일병합조약 원천 무효였다.

26) 권한용. (2004). 일제식민통치기 초기 조선에 있어서의 불평등조약의 국제법적 효력. *법사학연구 제29호*. 209-249쪽. (221쪽).

서에 그대로 반영됐고, 그 보고는 같은 해 유엔 총회에 제출돼 채택됐다."[27]

이러한 국제법적 근거와 보고서들이 국제정치계에서 인정된다면, 논리적으로 자연스럽게 샌프란시스코 강화조약의 초안대로 한국은 교전국 지위를 얻게 될 것이며, 연합국으로서 일본에 사과와 배상을 청구하게 되어, 한일기본조약과 한일청구권협정은 폐기수순으로 들어가게 될 것이다. 남북한의 입장에서 일본과 원칙적인 '국교정상화'를 하려면, '식민지 지배'를 무효화하고 이에 따라 샌프란시스코 강화조약을 무효화 또는 개정하는 것이 해야 할 일의 우선순위이다. 남북한은 이 조약에 참가도, 서명도 하지 않았으므로 무효화, 개정 요구 명분은 충분히 있다고 본다.

2. 식민지 배상요구

1965년 한일기본조약 제2조 "1910년 8월 22일 및 그 이전에 대한제국과 대일본제국 간에 체결된 모든 조약 및 협정이 *이미* 무효임을 확인한다."를 놓고 일본 측은 1919년 한일병합조약에 의한 '한반도 식민지 지배'를 합법으로 해석했다. 이는 "1951년 샌프란시스코 강화조약에 따른 것이며, 그 조약에 따라 체결된 한일청구권협정에 의거해 '배상'이 아닌 '보상' 성격의 '독립축하금'을 한국에 제공한다. 이로써 청구권 문제는 완전히 그리고 최종적으로 해결되었다."는 것이 일본 측 주장이다. 심지어 한국 대통령 자문기관인 민주평화통일자문회의(민주평통) 석동현 사무처장은 "식민 지배받은 나라 중에 지금도 사죄나 배상하라고 악쓰는 나라가 한국 말고 어디 있나."라고 반문한다.

---

27) 이태진. 한국병합 무효화 운동과 구미(歐美)의 언론과 학계: 1907~1936. *뉴스1*, 2015.11.19.에서 재인용.

식민지 배상은 국제법으로 정해져 있지는 않다. 또한 대부분의 식민종주국들이 피식민국들에 사과와 배상을 꺼리고 있다.

"나는 프랑스의 식민 역사를 인식하는 데는 찬성하지만 그것을 뉘우쳐야 한다는 데는 찬성하지 않는다."면서 "식민 역사에 대한 뉘우침은 종교적인 관점에서는 가능하지만 국가 대 국가의 관계에서는 존재하지 않는다."[28]

"영국은 (…) 수많은 식민지배 피해국과 여전히 역사문제를 해결하지 못한 상태다. 실제 데이비드 캐머런 전 영국 총리는 지난 2013년 인도 암리차르 학살 사건의 희생자를 추모하기 위해 인도를 방문해 "영국 역사에서 매우 수치스러운 사건이다. 이 일을 절대 잊어서는 안 된다."고 말했지만 사과 대신 유감(regret)이라는 표현을 사용했다."[29]

"제1차 세계 대전 이전 아프리카 국가들의 식민지 침략이나 학살과 인권탄압 등에 대해선 대부분 유럽의 강대국 국가들이 그렇듯, 독일과 피식민국들 간 합의된 배상과 사과가 이루어진 적이 없다. 따라서 현재 독일인들은 과거 독일이 제국으로 군림하던 시기 토고, 나미비아, 부룬디, 탄자니아 지역에서 살인을 저질렀던 데 대한 기억이 거의 없다. 특히 나미비아 학살과 관련해서는 2004년 하이데마리 비초랙-초일 독일 경제협력개발부 장관의 사과가 있었으나, 정부 차원의 담화 수준이 아닌 장관 개인의 말 한마디에 불과했으며, 독일 정부는 이것이 개인적인 견해일 뿐이라고 명확히 선을 그었다. 독일 정부는 역사적 과오나 국제법상 국가책임 자체는 인정하되, 본론 격인 구체적 배상문제와 관련해서는 피해자 측에 대해 국내외 법상 근거를 엄격히 요구하거나 관습 국제법이나 지엽적 절차법의 문제를 들어 강경하게 반대하는 경향이 있다."[30]

---

28) 알제리 유력지 '엘 와탄'과 '엘 카바르'와의 사르코지 대통령 인터뷰. 뉴시스. 2007.07.10.
29) 임해원. 英 여왕 사망, "우리는 추모 못해" 목소리 나오는 이유는? 이코리아. 2022.09.13.
30) 독일 과거사 청산문제(나무위키. https://namu.wiki/w/독일/과거사%20청산%20문제. [검색: 2024.01.24.]).

그런데도 위에서 인용한 독일 피식민국들뿐만 아니라, 케냐와 자메이카는 영국에, 부룬디는 벨기에와 독일에, 콩고민주공화국은 벨기에에, 카리브해 15국으로 구성된 '카리브공동체(CARICOM)'는 유럽 국가들에 사과와 배상을 요구하고 있으며 일정 부분 성과를 내고 있다. 하지만 그것은 사과는 하되 배상 대신 '지원' 명목으로 금액을 전자에게 제공하는 식이어서 일정한 한계가 있다. 식민지배국들이 최근 과거청산에 적극적으로 나서고 있지만, 향후 감당하지 못할 선례를 남길까 봐 '배상'이라는 용어를 꺼리기 때문이다.

> "독일은 (나미비아 식민지배 중 일어난 피식민 원주민 학살) 사과 성명에서 '배상'이나 '법적 책임'이라는 단어도 사용하지 않았다. 또한 (제공되는) 개발지원금을 이유로 법적 보상금을 청구할 수 없다."고 명시했다."[31]

한국도 일본으로부터 배상금 대신 '독립축하금'이라는 이름으로 한일청구권협정에 의해 지원금[32]을 받은 반면, 북한은 보상도 지원도 아닌 '식민지 배상'을 일본에 요구하고 있다. 북한은 일본과 배상 청구 관련 첫 회담에서 아시아-태평양 전쟁 피해 배상을 언급했지만 그 뒤 식민지 배상으로 입장을 바꾸었다. 이는 한국의 전쟁피해 대일배상 청구권 주장과 성격이 다른 것이었다. 북한의 입장에서는 전쟁피해 금액보다 식민지 피해배상금액이 훨씬 더 크다고 보았기 때문이다.

> "1965년 한일(청구권협정) 사례를 참고하여, 북한은 1991년 1월 1차 북

---

31) 이효상. 아프리카 향한 독일·프랑스의 잇단 사과, 그러나 청구권은 없다? *경향신문*. 2021.06. 06.

32) 샌프란시스코 강화조약 4조(a)와 그에 근거한 한일기본조약 제2조를, 일본이 "한일병합조약 합법"이라고 해석함에 따라, 일본이 남한에 준 금액은 한반도 강점기간에 대한 사과와 배상의 의미로 지급한 것이 아니었다.

일회담에서 "과거의 조·일 관계는 전쟁피해에 관한 배상형식을 기본으로 총괄"할 것을 주장하였으나, 입장을 바꾸어 같은 해 11월에 열린 5차 회담에서는 "과거 일본이 조선을 무력으로 침략하여 조선의 주권과 영토를 강탈하여 식민 지배를 강요함으로써 조선인민에 막대한 인적·물적 피해와 불행과 고통을 준 것에 대한 배상"이라고 입장을 바꾸었는데, 이는 한국보다 큰 배상금을 염두에 두었기 때문인 것으로 평가된다."[33]

이에 대해 2000년 12월 일본은 무라야마 전 총리 방북 시, 1965년 한일기본조약의 방식을 따르되 북한이 일본의 원조를 배상금으로 해석할 수 있도록 문구를 작성하자는 타협안을 제시했다.[34] 그 뒤 관련 협상은 끊어진 상태다.

지금까지 살펴본 대로, 식민지 배상은 세계 각국의 사례를 볼 때, 식민종주국들의 거부로 전쟁배상보다는 복잡하고 어려움을 겪고 있는 것이 사실이다. 그러나 국제관계에서 선례는 새로 만들기 나름으로, 피해국들이 좀 더 정교한 상황논리 구성과 외교적 수완을 발휘한다면 성과를 내는 것은 시간문제라고 본다. 한국이 샌프란시스코 강화조약에서 교전국 자격을 회복하는 것이 목표라면 전쟁피해배상과 일본강점기 피해배상을 어떻게 조화시킬 것인지에 대한 고민도 필요하다.[35]

3. 반인륜(인도)범죄(crimes against humanity)

한일 간 과거청산에 있어서 여전히 논란이 되고 있는 것이 아시아-태평양전쟁

---

33) 장박진. (2010). 식민지관계 청산을 둘러싼 북일회담(평양선언까지)의 교섭과정 분석: 한일회담의 경험에 입각하면서. 국제·지역연구 19권 2호. 135-174쪽, (155쪽) ; 최장호·이희선. 북일 관계 개선 동향과 쟁점, 대외경제정책연구원 2023.09.12. 8-9쪽에서 재인용.

34) 김혜진. (2004). 북한, 일본 식민지배 보상금 요구와 수교 협상. 자유아시아방송(RFA).

35) 아시아-태평양전쟁 배상의 기준연도는, 샌프란시스코 강화조약 제8조에 따라, 1939년 9월 1일-1945년 8월 15일이다.

당시 조선인 위안부와 징용인 강제동원 문제다. 일본 측은 한일기본조약에 의해 두 나라 간 모든 과거청산은 끝났다고 주장하고 있으나, 한국 측은 개인배상은 그 조약과 별개라는 입장이다. 그러나 양국 간에 맺은 조약문구로 시비를 다투기보다, 발상의 전환을 하여, 논란의 위 두 문제를 '반인륜범죄'의 틀에서 접근하여 국제적 이슈로 부각시키자는 주장이 있다.

1) 위안부, 강제징용인 동원에 대한 한일 간 개인배상청구권 논란

아시아-태평양 전쟁 당시 벌어진 일본의 조선인 위안부(성노예), 징용인 강제동원 문제는 한일 양국 사이에 여전히 논란의 대상이 되고 있다. 일본 정부는 한일청구권협정 2조 1항 "(모든 청구권 문제는) 완전히 그리고 최종적으로 해결된 것으로 확인"에 의거해서, "지원금의 형식으로 국가와 개인보상이 모두 끝났다."는 입장[36]인 반면, 한국 정부는 적어도 개인배상은 아직 남아있다는 입장이다. 개인배상에 관한 한, 일본 정부 주장에 반하는 기록과 발언은 곳곳에서 보이고 있다.

> "1965년 소위 '청구권' 협정에 대해 한일 양국 간 및 국민 간 인식의 차가 컸다. 또 개인의 청구권이 정부 간에 해결될 수 있느냐에 대해서도 의문이 남는다. 당시 교섭 대표 간에도 동 협정은 정부 간 해결을 의미하며 개인의 권리는 해결되는 것이 아니라는 암묵적인 인식의 일치가 있었다. 당시 시이나 에쓰사부로 일본 외무상도 동일한 견해였던 것으로 알고 있다."[37]

---

36) "한국 외에도 필리핀 양민 학살과 위안부 문제, 인도네시아 보충병 강제동원 등 개인 배상 문제가 남아있으나, 일본 정부는 각국 정부와 전후처리협정에서 일괄타결 방식으로 협상이 완료되었기 때문에 개인 보상 및 배상에 응할 수 없다는 입장."(이기태. [2014]. 한일회담과 일본의 동남아시아 전후처리 비교연구: 일본의 배상 외교를 중심으로. 일본연구논총. 40호. 269-295쪽, (288-289쪽).

37) 2023년 4월 6일 외교부가 공개한 '30년 경과 비밀해제 외교문서' 일부. "65년 한-일 협정 때 양쪽 모두 '개인 청구권 미해결' 인식". 한겨레. 2023.04.06.

"1991년 일본 국회에서 한일협정으로 청구권 문제가 "완전하고 최종적
으로 해결됐다."는 일본 정부의 견해가 무슨 뜻이냐는 질의에, 야나이 순지
당시 외무성 조약국장의 답변은 "양국이 외교적 보호권을 상호 포기한다
는 것이다. 개인 청구권 그 자체는 소멸된 것이 아니다."[38]

"고노 외상은 고쿠타 게이지 공산당 의원이 중의원 외무위원회에서 일본
정부도 개인 청구권의 존재를 인정해오지 않았느냐고 묻자 "개인 청구권이
소멸했다고 말한 것은 아니다."라고 답한 것으로 확인됐다."[39]

위 일본 외교관료들의 발언은 일본 정부가 전쟁 당시 소련에 의해 강제노동을 한
일본군 포로들과 미국의 원폭투하로 인한 피해자들의 개인청구권을 주장하려다
보니 형식논리상 어쩔 수 없이 나온 것인데, 그러면서도 위 발언들 끝에 가서는 "개
인 청구권은 있으나 재판을 통해 권리를 행사할 수는 없다." "한일협정으로 일-한
간의 청구권 문제는 완전하고 최종적으로 해결됐다." "(한일협정의 뜻은) 청구권이
있어도 재판정에 가면 구제받을 수 없다고 약속한 것"이라고 표명했고, 일본최고
재판소도 같은 취지의 판결을 했다.[40]

2) 위안부, 강제징용인 동원은 '반인륜범죄'다

아시아-태평양 전쟁 시기, 일본에 의한 조선인 위안부, 징용인 동원문제는, 위
에서 지적했듯이, 샌프란시스코 강화조약에 근거한 한일기본조약과 한일청구권협
약에 들어있는 문구를 가지고 한일 간 시비가 벌어져 아직도 끝나지 않은 상태다.

---

38) 조기원. 고노, 일제 강제징용 피해 "한국 정부가 대신 보상하라". 한겨레. 2018.11.04.
39) 조기원. 고노 "강제징용 개인청구권 소멸 안됐다" 실토…꼬이는 일본 정부 논리. 한겨레. 2018.11.16.
40) 조기원. 위의 기사. 한겨레. 2018.11.16.

이 문제를 한일 간의 정치쟁점 시각으로 볼 것이 아니라, 2차세계대전 종전 후 뉘른베르크 전범재판에서 비롯되어, 이후 유엔과 각종 국제인권재판에서 공식화된 '반인륜범죄' 및 '전쟁범죄'를 적용해야 한다는 주장들이 나오고 있다.[41]

2차세계대전 전범국인 독일과 일본에 대한 연합국의 전후 처리는 확연히 달랐다. 종전 직후, 독일에 대한 연합국의 심판은 엄격했다. 비록 패전국 동서 갈라놓기로 인해 강화조약은 맺을 수 없었으나, 동독은 소련에 의해, 서독은 미·영·프 연합국에 의해 영토가 분할된 채 뉘른베르크 국제군사재판이 열려 전쟁범죄를 심판받았다. 독일에 대한 단죄는 전쟁 중 많은 희생을 당한 유대인 국제네트워크의 조직적 압력과 영향력도 크게 작용했다. 반면 일본에 대해서는 사실상 미국 단독으로 주도하는 극동국제군사재판이 열린 가운데 냉전을 고려한 느슨한 심판이 행해졌고, 샌프란시스코 강화조약은 일본에 상당한 면죄부를 부여했다.[42]

뉘른베르크 국제군사재판(1945-1946)은 죄명을 '반평화범죄(crimes against peace)를 위한 공모죄', '침략전쟁을 계획하고 실행한 죄', '전쟁법 위반', '반인륜범죄(crimes against humanity)'로 분류하여, 역사상 처음으로 '반인륜 범죄'를 전쟁범죄로 규정하고 이를 나치전범들에게 적용함으로써, 전쟁 책임을 국가가 아닌 개인에게 물었다. 극동국제군사재판(1946-1948)에서도 일본의 전범을 A급(반

---

41) 더든(Alexis Dudden, 미국 코네티컷대 역사학과) 교수는 일본에 의한 조선인 강제동원 문제를 한일 양국만의 정치쟁점으로 삼을 것이 아니라, 유엔이 정의한 바에 따라 피해자 중심의 반인륜범죄 및 전쟁범죄로 관점을 달리해야 한다고 주장한다. 위안부(성노예) 동원의 경우, 세계적으로 근대 최대의 인신매매 범죄이고 일본에 침략당한 동아시아 국가들에서 일어난 사건이므로, 해당 국가 피해자들의 연대 고발이 필요하다고 강조했다(참고로, 피해자 중심주의 원칙은 2005년 유엔총회에서 만장일치로 채택되었다. EBS 위대한 수업. 알렉시스 더든의 강의 중에서[2023.02.10. 방송]).

42) 냉전기류가 짙어지자, 미·영의 독일에 대한 태도 역시 '반나치'에서 '반공'으로 기울었으며 독일재건을 통한 소련 견제로 입장을 바꿨다. 뉘른베르크 재판이 끝난 이후, 서독에는 나치세력들이 사면을 받아 각계 주요직에 복귀하는 현상들이 벌어졌고, 정부요직에도 나치부역자들이 들어갔다. 뉘른베르크 이후 서독에서의 제2차 나치청산은 68세대들의 과거사 폭로와 반성, 그리고 1960년대 후반 사민당 정권이 등장하면서부터였다.

평화범죄), B급(통례의 전쟁범죄·conventional war crimes), C급(반인륜범죄)으로 분류하였으나, 후자의 경우 서방 연합국에 대한 전쟁 행위와 관련된 범죄만 재판에 넘겨졌을 뿐 난징학살, 세균전, 위안부(성노예), 징용인 강제동원 등 반인륜범죄는 처벌 대상에서 빠졌다.

반인륜범죄는 뉘른베르크 전범재판 이후 국제사회에서 본격적인 의제로 떠올라, 유엔에서 결의문이 채택되었고, 2002년 발효된 국제형사재판소(ICC) 설립에 관한 로마 규정에도 명시되었다. 유엔에서는 1968년 '전쟁범죄와 반인도적 범죄에 대한 공소시효 부적용 협약(Convention on the Non-Applicability of Statutory Limitations to War Crimes and Crimes Against Humanity)'을 채택하여, 전쟁범죄와 반인도적 범죄에 대해서는 공소시효가 적용되지 않는다고 규정하였다.[43]

제1조 다음과 같은 범죄에 대하여는 '범행 시기와 상관없이' 공소시효의 제한이 적용되지 아니한다.

(a) 1945년 8월 8일자 뉘른베르크 국제군사재판소 설립헌장에 규정되고, 1946년 2월 13일자 국제연합 총회 결의 3(I) 및 1946년 12월 11일자 결의 95(I)에서 확인된 전쟁범죄, 특히 1949년 8월 12일 전쟁 희생자 보호를 위한 제네바 협약에 열거된 중대한 위반.

(b) 다음과 같은 행위가 범행국의 국내법 위반을 구성하지 아니한다 할지라도, 1945년 8월 8일자 뉘른베르크 국제군사재판소 헌장에 규정되고 1946년 2월 13일자 국제연합 총회 결의 3(I) 및 1946년 12월 11일자 결의 95(I)에서 확인된 전시 또는 평시를 불문하고 저질러진 인도에 반하는 죄, 군사적 공격이나 점령 그리고 인종차별정책에 따른 비인도적 행위에 의한 추방, 1948년 집단살해죄의 방지

---

43) 1974년 유럽이사회 또한 같은 명칭의 조약을 채택하였다. 또한 서유럽국가들 모두, 반인륜범죄를 자국형법에 편입시켜 적용 시행하고 있다.

와 처벌에 관한 협약에 규정된 집단살해죄.

국제형사재판소 설립을 위한 로마규정에도 관할범죄로서 반인륜범죄와 공소시효 부적용을 명시.

제5조 재판소의 관할범죄

1. 재판소의 관할권은 국제공동체 전체의 관심사인 가장 중대한 범죄에 한정된다. 재판소는 이 규정에 따라 다음의 범죄에 대하여 관할권을 가진다.

① 집단살해죄 ② 인도에 반한 죄 ③ 전쟁범죄 ④ 침략범죄.

제29조 시효의 부적용

재판소의 관할범죄에 대하여는 어떠한 시효도 적용되지 아니한다.

반인륜범죄를 다루는 국제기구들은 '개인범죄'와 '국가범죄'의 구분에 따라서 역할이 달라지지만, 일본과의 양자논쟁을 넘어 강제동원 문제를 세계적 인권보편주의 시각으로 확장하는 것이 한국의 우선과제라고 본다. 서구에서 아직도 진행되고 있는 나치전범 관련 재판에서는 반인륜범죄 적용과 함께 공소시효, 국가면제(State immunity)[44]를 허용하지 않고 있다.

따라서 일본의 징용인, 위안부 전쟁동원 문제는 한일기본조약과 한일청구권협정의 틀을 벗어나 세계적 기준의 반인륜범죄를 적용해서 그 책임을 일본 정부와 관련자들에게 묻는 방향으로 가야 한다.

"백태웅(미국 하와이대 로스쿨) 교수는 "2차 세계대전 이후 벨기에, 스페인, 이탈리아 등 새로운 판례, 뉘른베르크, 유고, 르완다 전범재판소 등 피해자 인권보호 판례 등에서 보듯이, 위안부·징용 등 전쟁 당시 국가의

---

44) 주권을 가진 국가들은 서로 평등하다는 전제하에, 국가와 그 재산은 국제법상 외국의 재판관할권에 따르지 않는 것을 말한다.

반인도적 범죄행위는 더 이상 통용되지 않는다. 국제법 차원에서 국가면제는 더 이상 절대적일 수 없고 인권침해와 관련해 국가 책임은 부정될 수 없다. 현대의 국제인권법은 피해자를 보호하는 형태로 발전하고 확대되는 추세"라고 말했다."[45]

IV. 나가면서

1. 승전국 지위, 식민지 배상, 전쟁강제동원 단죄

위 세 가지 문제는 한일 간 과거사 청산의 주요 의제다. 한국이 아시아-태평양 전쟁 승전국의 지위를 회복하려면 샌프란시스코 강화조약을 무효화하거나 개정해야 한다. 국제법과 국제관례 위반으로 조약을 무효화한 사례는 있다. 1963년 유엔총회에서 과거에 행해졌던 일부 국제조약들을 불인정하고 무효 결의한 것이 그 예다.

한국이 승전국 지위를 회복한다면 한일기본조약과 한일청구권협정은 재조정되어야 할 것이고, 일본의 징용인, 위안부(성노예) 전쟁강제동원 문제에 대해서는 자연스럽게 그 책임 추궁이 뒤따를 것이다.

그러나 식민지 배상 문제는 샌프란시스코 강화조약 존폐와는 별개일 수 있다. 승전국의 지위 회복은 국제적으로 주권국임이 인정된다는 뜻이므로 '식민지'라는 용어 자체에 어폐가 있다. 일부 학자들은 이 조약에서 식민지 배상이 빠진 것을 지적하는데, 이는 논리적으로 맞지 않는다. '식민지 배상'이 아니라 '주권국가 대한제국과 이를 계승한 대한민국의 영토 불법 강점에 대한 물적·인적 손해배상'이 합당한 명칭일 것이다. 이는 전쟁 관련 강화조약과는 별도의 조약이 필요하다.

샌프란시스코 조약의 무효화 또는 개정이 어려워진다면 식민지 배상과 전쟁강

---

45) 한·미·일 석학 4인이 말하는 일본군 '위안부·강제징용' 전쟁범죄 피해 해법. *평화뉴스*. 2023.12.18.

제동원 배상은 좀 더 험난한 길로 갈 수밖에 없다. 후자는 반인륜범죄의 적용이 세계적 흐름이라 일정 부분 유리한 환경에 있다고 할 수 있으나, 식민지 배상은 세계적으로 사례가 드문 것이 현실이다. 2차세계대전의 피해에 대해 독일은 유대인과 서유럽국가들에 사과하고 배상했으나 과거 식민지 국가들에 대해서 공식 배상은 없다.[46] 세계대전 종전 처리 과정에서도 패전국 독일·일본에 대해 미·영·프는 전쟁 당시 자국의 피해사항만 강조할 뿐, 반인륜범죄 관련해서조차 전자의 식민지들 피해에 대해서는 일절 언급이 없다. 승전국들 스스로가 식민지 종주국으로서 그들 또한 가해자들이기 때문이다.

따라서 한국이 일본과의 과거청산을 말끔히 하는 길은 샌프란시스코 조약의 무효화 또는 개정으로 승전국 지위를 회복하는 것이 최선이며, 그로 인해 국제적으로 일본강점기를 식민지가 아닌 주권국가로 인정받는 것이다.

2. '동북아시아 공동의 집'

재일학자인 강상중 도쿄대 명예교수와 와다 하루키 도쿄대 명예교수가 2000년대 초반, '동북아시아 공동의 집'을 제창하며 아래와 같은 책을 각각 출간하였다.[47] 강상중은 동북아시아 국가들의 강성 민족주의를 우선 문제 삼는다. 그의 말을 빌리면, "동북아는 '내셔널리즘이라는 유령이 배회[48]하고 있는' 상황"이다. 특히 일본은

---

46) 독일·일본·영국·벨기에·미국 등은 과거 식민지들에 대해 사과와 '보상', 경제적 지원을 하고 있으나, 도의적 사죄를 의미하는 것일 뿐, 국제법적 '배상' 및 책임을 의미하는 것은 아니다.

47) 강상중은 2001년 일본 의회(중의원) 헌법조사회에서 '동북아시아 공동의 집' 구상을 발표한 후, 이 책을 출간했고, 와다 하루키의 책은 서구 냉전 해체 후 안보질서 대안으로 고르바초프가 서구에 제안한 '유럽 공동의 집'에서 아이디어를 얻었다고 한다.

48) 마르크스의 '공산당 선언' 서두에서 따온 표현, "하나의 유령이 유럽을 배회하고 있다. 공산주의라는 유령이."

19세기 근대화 이후 서구식 오리엔탈리즘[49]을 차용하여 아시아에 대한 우월의식을 재현했다. 태평양 전쟁이 끝난 후에도 일본은 과거 침략에 의한 지역적 질서를 바탕으로 영향력을 행사해 왔고, 지금도 계속되고 있는 것이 현실이라고 그는 지적한다. '동북아 공동의 집'은 한·중·일의 닫힌 민족주의를 깨기 위한 구상이기도 하다.

강상중은 동북아시아 국가들 간의 공동체 형성을 위해, 일본을 다민족적, 다국적, 다문화적인 사회로 만들어야 하며, 엔화를 역내 기축통화로, 그리고 한반도는 통일과 함께 영세중립화되어야 한다고 주장한다. 그가 궁극적으로 바라는 '동북아시아 공동의 집' 구상은 아래 인터뷰에서 엿볼 수 있다.

> "이제 세계는 체제의 차이에 따른 문제보다도 다양한 상황에서 생기는 미세한 갈등들을 어떻게 조정할지가 과제다. 이런 문제는 국가 단위에선 거의 컨트롤이 안 되고 있다. EU는 이 문제를 해결하기 위한 하나의 선도자다. 여러 실망과 비판에도, EU는 내재적 문제로 붕괴되리라 생각지 않는다. 브렉시트가 실제로 일어난다 하더라도 말이다."

> "EU가 하고자 하는 바를 달리 말하자면, '어느 정도 퇴보를 하는 상황이 되더라도 국가 단위에서 일어나는 다양한 내전 상황을 좀 더 커다란 틀에서 바라보고 해결하자'는 움직임이다. 물론 이와 비슷한 기능을 하는 무언가를 동북아시아에 당장 만들 순 없다. 하지만 동북아에도 국가는 초월하되 그렇다고 '글로벌화'는 아닌, 어떤 합리적인 하나의 네트워크가 필요하다고 생각한다. 국경을 넘어, 상호 간의 깊은 이해를 통해 문제를 바라보고 풀어가는 움직임이 동북아시아에 꼭 필요하다."[50]

와다 하루키는 한국·북한·미국·몽골의 동북아시아 국가연합(ANEAN)을 설립한

---

49) 강상중. (1996). 오리엔탈리즘을 넘어서. 서울: 이산.
50) 강상중 인터뷰. 월간중앙. 2019.03.17.

후, ASEAN과 통합하여, 한국이 '동북아 공동의 집'의 중추적 역할을 할 것을 제안한다. 그는 "한반도는 동북아시아 전체의 운명을 좌우하는 긴장과 대결의 장이다. 따라서 한반도에 평화와 화해가 확립된다면 동북아시아 전체의 평화와 협력이 가능해진다."며 한국이 공동체의 중심에 서야 하는 이유를 말한다.

그러나 와다 하루키도 스스로 지적했다시피, '동북아시아 공동의 집'은 아직 유토피아적 구상이라고 볼 수밖에 없다. '아시아적 오리엔탈리즘'에 젖어있는 일본이 이를 수용할 수 있을지가 의문이고, 남북한 간의 대결로 인한 경색국면은 풀릴 기미가 보이지 않으며, 미·중 간 첨예한 대립은 '동북아 공동체' 구성을 거의 가망성 없게 하는 강력한 변수다. 강상중의 구상에 대해서도 비판이 가해진다. 같은 재일교포 학자인 윤건차는 그가 "천황제, 인종차별주의, 종군위안부 문제 등을 거의 다루지 않는다고 지적하며, 그가 외치는 동북아 국가들의 탈민족주의는 현실을 외면한 소망적 사고(wishful thinking)에 불과하다."고 비판한다.

소련의 고르바초프가 냉전 해체 직후 '유럽 공동의 집'을 주창했지만, 결국 국제관계의 냉혹한 벽 앞에 환상이었다는 것이 드러났듯이,[51] '동북아 공동의 집' 역시 멀고 먼 여정을 가야 할 것이며 미래 가능성도 결코 낙관할 수 없다고 본다. 주어진 현실여건과 조건 속에서 최적의 해결책을 찾아내는 것이 국제관계를 바라보는 정석이라고 생각하며, 이러한 의미에서 한일관계의 진정한 복원은 샌프란시스코 강화조약의 꼬인 매듭을 푸는 데서 시작해야 할 것이다. '동북아 공동의 집'의 실현은, 유럽의 독일처럼, 일본의 과거청산에 대한 의지에 달려 있다.

---

51) '유럽 공동의 집'은 사실 당시 유럽에서 폭넓게 공감대를 얻지 못했어요. 유럽 통합 과정에서 '과연 유럽의 경계는 어디까지일까?'에 대해 숱한 논의가 있었지만, 지리적·문화적·정치적 그 어떤 정의로도 러시아는 유럽에 포함되지 않았기 때문이죠. 게다가 유럽사회 일각에 은밀히 내재해 있는 '루소포비아'(러시아 혐오)를 고려하면 러시아를 받아들이는 일은 더욱 쉽지 않았을 겁니다. 평화와 번영을 목표로 달려온 유럽 통합의 여정은 엄밀히 말하면 냉전시기에는 서유럽 국가들만의 프로젝트였고, 탈냉전 이후 (미·러 대립을 몰고 온) 동유럽 국가들까지 확장된 것입니다.(윤석준 등과의 대담. '전쟁은 모두의 패배다', *계간 창작과 비평* 2022년 여름호 256쪽).

참고 문헌

권한용. (2004). 일제식민통치기 초기 조선에 있어서의 불평등조약의 국제법적 효력. 법사학연구 제29호. 209-249쪽.

김영호. (2022). 샌프란시스코 체제를 넘어서. 메디치미디어.

강상중. (2002). 동북아시아 공동의 집을 향하여. 뿌리와 이파리.

강상중. (1996). 오리엔탈리즘을 넘어서. 이산.

도시환. (2023). 샌프란시스코강화조약 70년의 역사와 과제. 동북아 역사재단.

와다 하루키. (2004). 동북아시아 공동의 집. 일조각.

유웅조. (2013). 독일과 일본의 전후처리 및 과거 침략행위에 대한 입장비교와 한국의 대응과제. 이슈와 논점 제766호, 국회입법조사처. 1-4쪽.

이태진. (2015). 한국병합 무효화 운동과 구미(歐美)의 언론과 학계: 1907~1936. 을사조약 110년 국제학술회의, 한국역사연구원.

이기태. (2014). 한일회담과 일본의 동남아시아 전후처리 비교연구: 일본의 배상 외교를 중심으로. 일본연구논총. 40호, 269-295쪽.

외교부, (2023.4.6). 1965년 '한일청구권' 협정에 대한 한·일 양국 견해 - 1991년 8월 일본 도쿄에서 열린 아시아·태평양지역 전후 보상 국제포럼, 30년경과 비밀해제 외교문서.

장박진. (2010). 식민지관계 청산을 둘러싼 북일회담(평양선언까지)의 교섭과정 분석: 한일회담의 경험에 입각하면서. 국제·지역연구. 19권 2호. 135-174쪽.

정병준. (2010). 독도 1947. 돌베개.

최장호·이희선. (2023). 북일 관계 개선 동향과 쟁점. 대외경제정책연구원 2023.09.12. 8-9쪽.

Schaller, Michael. (1986).MacArthur's Japan: The View from Washington, Diplomatic History 10, no. 1 Winter pp.1-23.

Borgwardt, Elizabeth. (2005). A New Deal for the World: America's Vision for Human Rights. Cambridge: Belknap Press of Harvard University Press. pp.

286-291.

John P. Glennon, et al. (1969). *The British Commonwealth, the Far East, Foreign Relations of the United States(FRUS): Diplomatic Papers 1945* Volume VI, pp. 169-1042, United States Government Printing Office, Washington.

월간지 및 뉴스 기사

경향신문. 2021.06.06.
뉴스1, 2015.11.19.
뉴시스. 2007.07.10.
동아일보. 2015.06.22.
월간중앙. 2019년 3월호.
이코리아. 2022.09.13.
자유아시아방송(RFA). 2004.
창작과 비평. 2022년 여름호.
통일뉴스. 2022.6.2.
평화신문. 2023.12.18.
한국일보. 2015.08.13.
한겨레. 2023.04.06., 2019.08.06., 2018.11.16., 2018.11.04., 2005.09.01..

인터넷 백과사전

나무위키. 독일/과거사 청산 문제.
나무위키. 헤이그특사.
두산백과. 대일강화조약.
위키백과. 샌프란시스코 강화조약.

정전 70년: 미국의 패권정책과 뒤틀린 한반도 평화

유경석

I. 들어가기

한반도는 일제가 제2차 세계대전에 패배하자 1945년에 광복을 맞이하게 되었다. 2차세계대전 이후의 관리에 대한 논의를 위해 첫 카이로회담(1943.11.)이 개최되었다. 이 회담에 미국 대통령 루스벨트, 중화민국 총통 장제스 그리고 영국 총리 처칠이 참석했다. 이 회담에서 전후 한반도 관리에 대해서도 논의되었고 이에 대한 결정이 한반도 참여 없이 내려지면서 한반도는 자주 국가로서 자신의 운명을 개척할 기회를 잃었다. 제2차 세계대전 승전국들(미국·영국·소련·프랑스)이 점차 패권경쟁을 하면서 세계는 두 블록으로 나뉘었다. 냉전이 시작된 것이다. 남측은 미국을 위시한 자유민주주의 진영이 형성되었고, 북측은 소련의 사회주의 영향권으로 편입되었다. 남북한은 분리되어 1948년에 각자 정부를 세웠다. 6.25 전쟁(1950-1953)이 정전된 지 70년이 지나는 동안 국제정세에 많은 변화가 있었고, 남북한 관계도 많은 부침을 겪었다. 이 과정에서 한반도의 평화는 정착되지 못하였다. 오늘날 상황이 더 어려워지고 있다. 2018년 하노이 북·미정상회담 이후 북·미관계와 남북한 관계가 후퇴하고 대북 강경노선을 표방한 2022년 5월의 윤석열 정권 출범 이후 남북한은 '강 대 강'으로 대치하며 관계가 급격하게 악화되어 일촉

즉발의 위기상황으로 치닫고 있다. 더구나 2022년 발발한 '러시아-우크라이나 전쟁'에서 윤석열 정권이 미국 패권 전략의 돌격대 역할을 하면서 한반도를 둘러싸고 한·미·일 대 북·중·러의 대결 구도가 형성되어 가고 있다. 대결이 격화되어 가는 과정에서도 우리는 한반도 평화와 평화 통일을 모색해야 한다. 이를 위해 남북한은 함께 가야 한다. 통일은 혼자 하는 것이 아니고 상대가 필요하다.

　무엇이 한반도를 여태껏 갈등의 체제로 그리고 지구상 유일한 분단국으로 머물게 하는가? 한반도의 분단 원인을 미국의 한반도 정책과 역할에 주목하여 추적하고자 한다. 제2차 세계대전의 종전관리 체제부터 6.25전쟁과 샌프란시스코 협정을 거쳐 현재까지 관통되고 있는 강대국들, 특히 미국의 패권 전략은 오늘날까지 한반도 분단체제 유지에 막대한 영향을 미치고 있다. 1970년대 이래 남북한 협력을 위한 남한 여러 정부의 시도가 있었고, 대북 핵 문제도 강경 대책보다는 상황에 맞게 해결하려는 노력도 엿볼 수 있다. 1990년대에 시작된 북·미 핵 갈등과 남북한 대치는 한반도의 평화적 공존과 통일을 위한 협력의 발목을 잡고 있다.

　본 논문은 남북한 분단 원인에 천착하는데 우선 제2차 세계대전 종료 후의 세계 질서 관리를 준비하는 세계회담에서 한반도 분단을 초래하고, 분단을 고착시키는 한국전쟁과 샌프란시스코 조약을 분석한다. 1970년대 이후 미국의 중국과의 역사적인 화해에 힘입어 남북한의 평화적 공존에 토대한 대북 핵 문제 해결 노력을 살펴본다. 그 후 1990년대 이후의 미국의 대북 핵무기 정책에 대한 실패 원인을 검토한다. 나아가 전쟁도 불사하게 하는 윤석열 정부(2022-)가 어떤 대북정책을 수행하는지 조명한다. 결론으로 평화의 길을 모색하는 데 제언을 한다.

Ⅱ. 연합국의 한반도 정책: 한반도 분단 배경, 남북한 정부 수립

1. 제2차 세계대전 승전국의 종전관리 협정: 한반도 자치능력 박탈

제2차 세계대전 종료 후의 질서와 관리를 위해 세계 정상들이 여러 차례 모여 논의했다. 이 중에 카이로 회담(1943.11.22.-11.26)에서 루스벨트 대통령, 처칠 총리, 장제스 총통이 2차대전 이후의 관리를 위한 대책을 검토하고 협의하면서 한반도에 대해서도 논의하였다. 이들은 일본이 점령한 모든 영토는 탈환하며 일본에 대항하여 상호협력하기로 하였다. 합의된 특별조항에는 '적절한 시기에 한국은 자유롭고, 독립하게 될 것이다.'라고 결의했다. 우리가 전범국이 아니어서 2차대전이 종료되면 바로 해방이 되어야 했다. 그러나 적절한 시기에 우리가 독립될 것이라는 조항은 한국인의 자치능력을 부정하는 데에서 비롯된 것이다. 테헤란 회담(1943.11.28.-12.01.)에서는 카이로선언을 재확인했다. 모스크바 삼상회의(1945.12.16.-12.25.)에서는 한국의 신탁통치 기간을 5년으로 합의했다.[1]

당시 루스벨트는 한국 민족은 식민지에서 벗어나 자치에 적합한 자질, 즉 경험이 풍부한 공무원, 민주 정부 형태에 관한 대중적 경험, 현대 한국경제를 운영할 수 있는 훈련된 기술자 등의 자질이 부족하다고 여기며 긴 기간의 신탁통치를 제안했던 것이다.

처칠과 스탈린은 신탁통치를 반대했지만, 스탈린은 얄타 회담(1945.02.04-02.11.)에서는 신탁통치를 찬성하였다. 소련은 동북아에서 팽창을 추구했다. 신탁통치 종료 후 정부를 인수하는 것을 목표로 한국 임시정부가 구성될 예정이었다. 이 얄타 회담에 루스벨트, 처칠, 소련 공산당 중앙위원회 서기장 스탈린이 참석하여 한반도를 38

---

1) Division of Korea(https://en.wikipedia.org/wiki/Division_of_Korea, 검색: 2024.06.07.).

도선 북쪽은 소련이 남쪽은 미국이 점령하기로 결의하였다. 미국과 소련은 상호 편익을 위하여 정치적 계산 속에서 한반도에 38도 선을 그었고 이 문제를 해결하기 위해 모스크바 외상회의를 개최했다. 신탁통치권에 관해서는 남측이 크게 거부하였다. 반면 소련이 점령한 북쪽의 상황은 조용했다. 그러나 한반도 분단은 눈앞에 있었다.

2. 미국과 소련의 동북아 전략 및 한반도 분단과 남북한 정부 수립

한반도의 분단은 루스벨트의 사망으로 대통령직을 승계한 트루먼의 동아시아 3개국 정책과 밀접한 관계가 있다. 그가 거의 8년(1945.4.–1953.1.)간 대통령직을 수행하면서 소련과 펼친 정책에서 일본을 위해 한반도를 제물로 삼은 점을 엿볼 수 있다. 미국과 소련은 전범국인 일본을 분할하지 않고, 전쟁을 일으키지 않았던 한반도를 점령하여 분할한 것이다. 소련군은 일본 관동군이 1945년 8월 21일에 먼저 소련군에게 항복하자 8월 22일에 한반도 38선 이북을 점령하고 해방군으로 입성한다는 포고문을 발표하였다. 이에 반해 미군은 남조선 점령을 일본 관영이 1945년 9월 2일에 연합국에 항복한다고 '미주리(Missouri)' 함상(艦上)에서 서명하면서 시작한 것이다. 맥아더는 9월 7일에 '한반도 통치에 관한 포고령' 제1호를 발표했다. 제1조에서 '북위 38도선 이남의 조선 영토와 조선 인민'에 관하여 미군의 군정을 펼칠 것이라고 포고하였다. 그리고 미 제24군단(군단장 하지 중장)이 9월 8일에 인천항에 상륙하여 9월 9일 서울에 입성하였다.[2] 한반도가 미국과 소련에 의해 점령되었다. 이로써 한반도 분단은 기정사실이 되었다.

제2차 세계대전 이후 미국은 경제적·군사적 우위를 점했고 패권을 쟁취한 소련과 경쟁하면서 세계질서를 재편하기 시작했다. 당시 세계에서 비상식적인 상황들이 전개되었다. 세계의 패권 질서가 뒤바뀌었다. 그간 파운드화를 기축통화로 세계를 지배하던 대영제국의 시대가 저물고, 1944년 '브레이튼 우즈'에서 '달러'를 기축통화로 하는 '미국의 패권지배시대'가 열린 것이다.

두 초강대국인 미국과 소련은 한반도에 임시정부를 출범시키기 위하여 만났다. 하지만 1947년까지 협상은 실패하였다. 미국은 1947년 9월에 한국 문제를 유엔에 상정했다. 소련은 이를 두고 '한국 문제는 미-소 위원회에서 해결해야 한다.'는 합의를 위반한 것으로 간주했다.[3] 1947년 11월 14일에 미국은 자유선거, 모든 외국 군대의 철수, 유엔 한국임시위원회(UNTCOK)의 창설을 요구하는 유엔 결의안에 도달했다. 1948년 5월 10일에 남측에서 자유선거가 실시되었고, 이승만이 승리하였다. 대한민국(1948.8.15.)이 건국되었다. 이 선거를 좌파 정당들은 거부했고 선거가 전국에서 실시되어야 함을 강조했다. 그러나 합의가 이뤄지지 않은 채 북한도 독립 정부를 구성하기 위해 1947년 11월 북조선인민위원회를 구성하고 조선민주주의인민공화국(1948.9.9.)을 선포했다. 두 개의 정부가 수립된 것이다. 1948년 8월 13일에 이승만은 공식적으로 미군정의 정권을 인수했다. 소련이 통치하던 북한에서는 1948년 8월에 최고인민회의 대의원 선거가 실시되어 김일성을 수상으로 채택하였고, 9월 9일에 조선민주주의인민공화국이 수립되면서 김일성이 국가의 수반이 되었다.

---

2) 태평양 미 육군 총사령부 포고 제1호 조선 인민에 포고함. 일본 천황과 정부와 대본영을 대표하여 서명한 항복문서의 조항에 의하여 본인 휘하의 승리에 빛나는 군대는 북위 38도 이남의 조선 지역을 점령함. 오랫동안 조선인의 노예화된 사실과 적당한 시기에 조선을 해방 독립시키려는 연합국의 결심을 명심하고, 조선인은 조선점령의 목적이 항복문서 조항 이행과 조선인의 인권 및 종교상의 권리를 보호함에 있음을 확신하고 조선 인민은 이 목적을 위하여 적극적으로 원조하고 협조해야 함. 본인은 본관에게 부여된 태평양 미 육군 최고 지휘관의 권한을 가지고 이로부터 조선 38도 이남의 조선과 조선인민에 대하여 군정을 설립하고 점령에 관한 조건을 포고함. 제1조 조선 북위 38도 이남의 지역과 동주민에 대한 모든 행정권은 당분간 본관의 권한하에 시행함. 제3조 주민은 본관 또는 본관의 권한하에 발포한 명령에 즉각 복종할 것. 점령군에 대하여 반항행위를 하거나 질서보안을 교란하는 행위를 하는 자는 용서 없이 엄벌에 처한다(8.15 해방 당시 미군이 점령군임을 명시 천명한 태평양미국육군총사령부 포고 제1호, https://blog.naver.com/yulexa/222418885011, 검색: 2024.02.10).

3) (1) 미·소공동위원회의 최종적 결렬과 한국문제의 유엔 이관(https://db.history.go.kr/item/level.do?dir=ASC&levelId=nh_052_0050_0010_0010_0010, 검색: 2024.02.10.).

3. 미국의 핵심 전략: 핵폭탄, 한미군사협정 체결

세계질서를 재편하기 위한 미국의 은밀하고도 치명적인 움직임이 개시되었다. 핵폭탄이 새로운 국제 질서를 구축하기 위한 미국의 핵심 전략이 되었다. 이러한 무기를 지닌 미국의 전략 아래 1948년 8월 24일에 이승만 초대 대통령과 미군정관 하지 중장은 '한미군사협정'을 체결하였다. 협정의 핵심 내용은 미군이 철수할 때까지, 미군이 국군에 대한 작전통제권을 행사한다는 것이다.4 이는 남한은 해방은 되었지만 완전한 국권을 갖지 못했다는 증거이다. 냉전 시대 미국의 주적은 공산국가 소련이었고, 남한의 주적은 공산국가인 북한이었다. 남한은 미국에 편승하여 북한을 적대국으로 규정했다. 하지만 한국은 미국 관심의 중점에서 벗어나 있었다. 예컨대 1949년 미국은 '오프 태클(Off Tackle, 자기 팀 태클 부근에서 상대의 라인에 허점을 뚫어 공을 전진시키는 플레이)'이란 이름이 붙은 소련과의 전쟁계획을 수립했다. 미국은 오프 태클에서 일본, 페르시아만, 서유럽을 소련 방어의 중심 거점으로 설정하고 이들 지역을 연결하는 북극권의 그린랜드(Greenland) 해로부터 서유럽, 중동, 히말라야, 태평양 연안을 거쳐 알래스카까지를 소련에 대항하는 봉쇄선으로 삼았다.5 미국의 오프 태클이라는 소련 방어의 중심에는 한국은 빠져있었다.

---

4) 양병웅에 따르면 근대가 일본의 유형적 식민지 시대였다면, 현대는 미국의 무형적 식민지 시대라고 규정하고 있다. 전시작전통제권을 가지고 미국이 한국을 조정하고 있다는 것이다. 노무현 정부 시대에 한미 국방장관 회의에서 전시작전통제권 이양이 합의되었으나 이명박 정부에서 3년 유예하기로 하였고, 그 후 박근혜 정부에서 무기한 연기하기로 하였다(양병웅. [2021]. *뒤뜰에 감춰진 한국 근현대사*. 서울: 다산책방).

5) KBS 다큐멘터리. (2021). *1950 미중전쟁*. 서울: ㈜ 도서출판 책과함께. 14-20쪽.

4. 한반도 분단의 대내외적 요인

국제회담들에서 드러나듯, 한반도 분단은 독립과 자주성을 외세에 의해 박탈당한 데 그 뿌리가 있지만, 남북한 국민의 신탁통치에 대한 분열된 상황에도 문제가 있다. 다양한 견해에 대한 남북한의 정치적 지도자들은 합의를 이끌어 내고 갈등을 잠재우는 데 실패했다. 이것 또한 한반도의 온전한 독립과 자주성을 확보하지 못하고 남북한의 두 정부가 출범했던 배경이다.

이념적 분열도 문제이다. 우리 민족의 독립운동은 위대한 애국선열들의 피어린 투쟁이 있었음에도 이념적으로 분열되어 하나의 통합작업의 중심을 형성하지 못했다. 통합적 단일화된 중심이 미비한 상황에서 공산주의자와 민족주의자 간의 첨예한 이념대결이 해방 후에도 지속되었다. 이처럼 민족 독립운동의 이념적 분열을 분단의 시원으로 보는 학자는 이명영 교수뿐만 아니라 미국의 한국 문제 전문가 볼드윈 박사와 로빈슨 교수가 그 대표적 예이다.[6]

또 다른 원인은 핵심적 지도세력의 부재이다. 나라 안에서는 여운형 등 건국동맹세력, 박헌영 등 공산당 재건운동세력, 나라 밖에서는 임시정부의 김구 주석 등 한국독립당 세력, 김규식 등 독립동맹세력, 미국의 이승만 박사 등이 활동했다. 해방 후 이들은 한반도에 들어와 분열되어서 지도세력을 단일화하지 못했다. 즉 난국을 정리할 수 있는 정치적 핵심 세력이 부재한 것이다.[7] 이 점 매우 아쉬운 일이 아닐 수 없다.

미군정의 역할도 분단에 크게 한몫했다. 한국민이 자발적으로 만든 건국준비위원회와 대한민국 임시정부에 대하여 미군정은 해체를 강요했다. 한국인의 친일파 청산 요구를 묵살하고 오히려 이들을 권력의 핵심에 중용했다. 그러나 1950년 6월 20일로 규정된 반민법의 시효 기간을 1949년 8월 31일로 단축시키는 법안이

---

6) 이성구 외. (2023.12.12). 평화·번영·통일 포럼 창립기념토론회. 서울 관악 도서관. 토론회 자료. 17쪽.
7) 이성구 외. (2023.12.12). 위의 자료. 17쪽.

통과되면서 반민특위(반민족행위특별조사위원회)는 해체되고 말았다. 이는 일설에 따르면 이승만이 폭력으로 해체했다고 한다.[8] 그리하여 민족 반역자를 제대로 청산하지 못하였다.

남북한은 정부를 세우고 소련과 미국의 영향권 아래 각자 한반도 전체를 대표하는 합법 정부라고 주장했다. 이렇게 한반도에서 갈등이 심화되면서 1950년에 폭력적인 통일 시도가 있었다. 바로 6.25 전쟁이다. 이는 분단 고착화의 기반이 되었다.

Ⅲ. 한반도 분단 고착화

남북한 분단의 고착화 역시 다양한 요인이 있다. 본 하부 장에서는 6.25 전쟁(1960.6.25.-1953.7.27.)과 샌프란시스코 조약(1951.09.08.)만 조명하겠다. 본 저서에 샌프란시스코 조약에 관해 앞 장에서 자세하게 조명한 연구(신만섭 박사)를 참조 바라며 여기서는 간단하게 다루겠다.

1. 6.25 전쟁

6.25 전쟁은 제2차 세계대전 이후 공산주의와 자본주의가 격돌한 인류 역사상 가장 큰 편 가르기 싸움으로 기록된다.[9] 한국전쟁은 양 진영의 오판으로 시작되어 끊임없는 오판 속에 진행되었다. 한국전쟁이 개시된 지 3일 후, 미국은 7함대를 타

---

8) 반민족행위특별조사위원회(https://terms.naver.com/entry.naver?docId=1398209&cid=43667&categoryId=43667, 검색: 2024.02.10.).

9) 한반도의 3.8도 선은 이미 남북한뿐 아니라 극동의 자유 및 공산 진영을 포함해 미국과 소련의 힘이 직접적으로 맞선 최전선이 되었다. 해방 직후부터 세계질서에서 미소를 양축으로 하는 동서 냉전 구조가 하나의 전선처럼 형성되고 있었던 것이다(장병호·정용욱·김관운 외. [2018]. *한국현대사 해방과 분단, 그리고 전쟁*. 서울: 푸른 역사. 263쪽).

이완 해역에 발진하기로 하였다. 당시 중국 지도자들은 충격이 컸다. 1950년 1월 12일에 발표된 '애치슨 라인(Acheson Line)'에 타이완과 한반도가 포함되어 있지 않았기 때문이다. 그래서 당시 스탈린과 김일성은 미국이 한국전쟁에 개입하지 않을 것으로 생각했고, 중국은 타이완을 해방시키는 데 미국이 개입하지 않을 것으로 예상했다.[10] 미군이 북진 한계선 너머로 진군하지 않을 것이라는 중국의 예상, 그리고 중국군이 개입하지 않을 것이고, 개입하더라도 그 병력은 많지 않으리라는 미국의 예상은 모두 빗나가고 말았다. 전쟁은 밀고 당기며 3년여간 지속되다가 1953년 7월 27일에 휴전협정을 맺었다. 종전이 아니라 정전이 된 것이다. 한국전쟁은 70여 년이 지난 현재까지도 정전 상태로 있다.

한국전쟁의 성격을 두고 많은 논란이 있었다. 1952년 '밴플리트(James Van Fleet)' 장군은 한국전쟁에 대하여 다음과 같이 정리했다. "6.25 전쟁은 미국 입장에서 보면 축복이다. 한반도가 아니라면 또 다른 지역에서 똑같은 전쟁이 있어야 했다."라고 했다.[11] 바로 이 밴플리트 장군의 단순한 고백이 미국의 한국전쟁에 숨겨진 역사에 대한 핵심적인 면을 표출하고 있다. 당시 미국의 경기가 부진하고 상승하는 실업자의 문제는 한국전쟁으로 인해 군산복합체의 발전으로 완화되었다고 전한다.[12] 한국전쟁은 미국의 경제 발전을 위한 지렛대 역할을 한 셈이다.

한국전쟁의 결과, 남북한이 모두 막대한 인명피해를 입고, 이와 더불어 산업시설이 잿더미가 되었고 국토가 초토화가 됐다. 전쟁으로 인해 북한군은 현대화되고 군비 증강을 하였다. 중국군도 현대화되고 이후 핵실험을 하였고, 일본은 재건되었고, 미국의 군산복합체가 살아나고 한국군의 전시 작전지휘권은 유엔사령관(미군사령관)에게 위임되었다. 한국전쟁으로 잃은 자는 당연히 한반도 양 국가이다.

---

10) KBS 다큐멘터리. (2021). 위의 자료. 71쪽.
11) 오로지 외. (2023). 두 얼굴의 미국과 한국전쟁. 서울: 유엔스토리. 226-228쪽.
12) 오로지 외. (2023). 앞의 저서. 226-228쪽.

1953년 7월 27일에 휴전협정이 체결된 당시 이승만 대통령은 제외되고 조선인민군 최고사령관 김일성 원수, 중국인민지원군 사령관 팽더화이, 유엔군사령부 총사령관 마크 클라크 육군대장이 공식 서명자로 서명했고, 이는 정전협정 전문과 끝부분에 명시되어 있다. 한국 측에서는 정전협정에 서명하지 않았다. 이는 한국군이 유엔사령부 지배하에 있었기 때문이었지 서명을 거부한 것은 아니었다. 법적 또는 형식적 시각을 떠나서 실질적 측면에서 보면 휴전협정의 당사자가 북한과 중국을 일방으로 하고 미국을 타방으로 하고 있다. 정전협정이 그동안 유지된 이유는 한국·미국·북한·중국이 평화협정 또는 정전 종결을 위해 협력하지 않았기 때문이다. 물론 1958년에 중국인민지원군은 북한에서 철수했다. 한반도에는 조선인민군, 한국군, 주한미군이 정전협정을 할 수 있는 실질적 역할을 해오고 있다. 그래서 정전협정을 체결할 수 있는 당사자에서 중국을 제외할 수 있을지는 모르나 한국을 제외하는 것은 비현실적이다. 한반도 정전협정은 어디까지나 잠정적인 것이었고, 평화협정으로 교체되는 것이 통례이다. 그러나 한반도 평화협정은 지금까지 체결되지 않고 있다.[13]

2. 샌프란시스코 조약과 한반도

샌프란시스코평화체제는 미국이 주도한 제2차 세계대전 이후 동북아 냉전질서의 밑그림이다. 한국전쟁 중인 1951년 9월 4일에 체결된 '샌프란시스코평화조약'과 '미·일안보조약'은 한 몸체의 서로 다른 두 얼굴이다. 그 위에 한국전쟁 정전협정(1953.7.27.)과 한미상호방위조약(1953.10.1.)을 두 기둥으로 한 '한반도임시군사정전체제'가 얹혔다. 샌프란시스코평화체제를 통해 동북아에 한·미·일 대 북·

---

13) 이성구 외. (2013. 12.). 위의 자료집. 18쪽.

중·러의 적대적 냉전질서가 구축된 것이다.

한반도에서 전쟁이 벌어지는 동안 전쟁의 후방에서 일본은 미국에 의한 점령에서 벗어나 국제사회에 복귀한다. 샌프란시스코에서 평화조약이 체결되어 일본이 외교권을 회복한 것이다. 같은 날 체결된 미·일안보조약은 미국이 일본의 안전을 보장하는 대신, 일본이 미국에 기지를 제공한다는 내용이 있었다.[14] 샌프란시스코 조약 체결에서도 휴전협정에서와 마찬가지로 한국은 소외되었다.

한국의 국토 규정과 관련하여 씻을 수 없는 실수는 한국 측에도 있다. 1951년 3월 27일에 샌프란시스코 조약 초안을 미 국무부에서 한국 정부에 보내주었는데, 이 초안이 대통령 비서실 서랍 속에서 2주간이나 방치되었다. 이 때문에 '독도' 이름을 조약에 명기할 수 있는 검토 시간을 놓치고, 뒤늦게 양유찬 주미대사가 미 국무장관 '애치슨(Dean Acheson)'을 찾아가 '독도' 이름을 조약에 명기해 줄 것을 요구했으나 이루어지지 않았다.[15] 미 국무부에서 요구를 받아 주었다면, 해상에서 '이승만 라인'을 선포하고 호들갑을 떨 필요도 없었고, 오늘의 한일 간 독도 문제도 발생하지 않았을 것이다.

Ⅳ. 미국의 동북아 정책과 북한 핵 의제화: 남북한 관계 변화와 대북 핵 정책

1. 미국의 동북아 정책과 남북한 관계 변화

남북한은 정부 수립 이후 각자의 길을 달려오던 중 1972년 미·중 화해의 물결을 타고 협력의 길을 마련하게 되었다. 1972년 2월에 닉슨 미국 대통령이 중국을 방문하면서 한국전쟁에서 적국으로 맞섰던 미국과 중국은 역사적인 화해를 이루었

---

14) 양방웅. (2021). 위의 저서. 121쪽.
15) 양방웅. (2021). 위의 저서. 75-76쪽.

다. 닉슨 대통령의 중국방문은 냉전의 장벽을 뛰어넘을 디딤돌이었다. 미·중수교 (1979.1.1.)가 이루어지면서 샌프란시스코평화체제의 질서 밖으로 밀려났던 중국이 마침내 질서 안으로 들어온 것이다. 이 미·중 화해는 미·중 관계뿐만 아니라 남북한 관계에도 중대한 변곡점이 되었다.

이러한 미·중 화해의 흐름 속에서 남북한은 1972년에 '7.4 남북공동성명'을 발표했다. 이는 국내외를 놀라게 했던 획기적인 역사적 사건이었다. 남북한은 자주적·평화적 통일과 민족 대단결 원칙에 의한 통일을 지향하며 상호체제를 인정하자고 약속했다. 이는 후일 정치적으로 악용됐다는 비판을 받았지만, 당시에는 남북한 관계 개선에 중요한 신호등이었다. 그러나 남북한은 이념과 체제 경쟁을 하면서 각자의 길을 가면서 적대 관계를 유지했다. 박정희 정권(1963-1979)은 '10월 유신'을 단행하고 중화학공업화와 파쇼화의 길로 갔다. 북한은 주체사상을 헌법으로 받아들이며 이를 토대로 내적 발전을 추구하며 독재체제를 굳혀갔다.[16]

노태우 정부(1988-1993)는 북방정책을 의욕적으로 펼치고자 했고, '남북기본합의서'와 한반도 비핵화공동선언(1991.12.31.)을 채택했다. 이는 남북한 관계 개선에 중요했고, 당시 국제정세에 부응한 획기적 사건이었다. 다만 그것들을 현실적으로 이행되지 못했던 점이 아쉬움으로 남는다. 남북한은 국제적으로 두 개의 독립된 주권국가임을 인정(1991년 9월 1일에 동시 유엔 분리 가입)받고, 양자 차원에서는 통일 지향 특수관계를 확인하고 1991년 12월에 남북기본합의서를 채택하였다. 두 국가는 '비핵·평화 한반도'를 함께 천명(1991년 12월, 한반도비핵화공

---

16) 그것을 김일성의 '주체사상'이 종교처럼 뒷받침했고, 김정일의 선군정치가 이어받았다. 처음부터 북한은 국가로서의 생존과 운영을 위한 이념과 체계를 독특하게 세워나갔다. 북한은 주체사상을 국가의 존립과 경영의 기본으로 삼았다. 주체사상은 국가뿐만 아니라 개인의 사회적 행위까지도 지배했다. 김일성이 항일투쟁 때부터 착상해 1950년대부터 연설을 통해 강조했다는 주체사상은 북한에서 종교 같은 유일사상이 됐다. 미국 조지아대학 박한식 명예교수의 저서에 따르면, 주체사상은 정치에서 자주, 경제에서 자립, 국방에서 자위를 본질 개념으로 했다. 문화에도, 건축에도, 심지어 헤어스타일에도 '주체'가 등장했다. 주체는 국방에서의 자위로 핵 개발로 가는 사상적 토대가 됐다.

동선언)한 것이다. 불과 석 달 사이에 이루어졌지만 'UN 가입, 남북기본합의서, 한반도비핵화공동선언'의 대의를 온전히 살렸더라면, 30년이 지난 2020년대 한반도의 풍경은 완전히 달랐을 것이다.[17]

2. 미국의 북한 핵 의제화와 남한의 북한 핵에 대한 정책

노태우 정부는 북핵에 대한 입장 설명에서 비핵화 '요청'이라는 외교적 수사로 발표했다. 하지만 이는 미국의 정책을 포장하고 대변한 것이었다. 노태우 대통령의 4차 고위급회담에서 북쪽의 비핵지대화에 대한 제안은 상당히 이례적이었다. 그는 "우리 측은 그동안 핵에 대한 미국의 '시인도 부인도 하지 않은(NCND)' 정책을 존중한다는 입장 때문에 핵 문제만큼은 고위급회담에서 일절 언급을 자제해왔다"고 회고했다.[18]

사실 부시 행정부는 1990년 9월 1일에 개최된 남북고위급회담부터 "한국 정부가 북한의 핵문제를 회담에서 군비 통제의 하나로 다루는 게 바람직하다."는 의견을 제시했다.[19] 이는 그냥 뒤에서 지켜보는 수준이 아니라 미국이 한반도 비핵화와 관련해 모든 걸 챙기며 주도하겠다는 얘기였다. 속내가 어떻든 부시 대통령의 한반도 비핵화(조선반도 비핵화) 논의는 급물살을 타게 되었다. 한반도의 평화와 8,000만 시민, 인민의 삶을 인질로 잡을 '핵 문제'가 한반도에 자리를 잡게 되었다. 남과 북은 5차 고위급회담 직후인 1991년 12월에 판문점에서 열린 3차 대표접촉회의에서 마침내 '한반도비핵화공동선언'에 합의했다. 그리고 남과 북이 핵 재처리 및 우라늄 농축 포기도 합의했다.

---

17) 이제훈. (2023). *비대칭 탈냉전(1990-2020)*. 서울: 서해문집. 31쪽.
18) 이제훈. (2023). 앞의 저서. 80-81쪽.
19) 이제훈. (2023). 위의 저서. 84쪽.

사실상 북한은 1990년대에 한반도를 비핵화 지대로 발전시키는 데 긍정적인 태도를 보였다. 미국 대통령 부시가 1991년 9월 27일에 "세계 각지에 배치된 미국의 지상 해상 발사 전술핵무기를 모두 철수하겠다"고 발표하자, 북한은 바로 다음 날 "미국이 실지로 남조선에서 핵무기를 철수하게 되면 우리의 핵 담보협정(국제원자력기구 핵안전조치협정) 체결의 길도 열리게 될 것이라고 화답했다.[20] 이는 주한 미군 핵무기 철수를 기정사실화하는 전략이다. 북한은 부시 정권의 전술핵무기 철수 발표 이후 평양인민문화궁전에서 열린 4차 남북 고위급회담에서 '긴급제안'이라며 조선반도의 비핵지대화에 관한 선언(초안)을 내놓았다.[21] 그간 1-3차 회담에서 핵 문제를 비중 있게 다루지 않던 북한의 이 '긴급제안'은 이례적이었다. 그동안 남쪽은 4차 고위급 회담 이전에는 '핵문제의 의제화'를 애써 피했다. 이는 긴급 현안이 아니라는 이유와 함께 이를 본격적으로 내세우면 남북관계 진전이 어려우리라는 고려가 깔려 있었다.[22]

남북한의 관계는 김대중 대통령 취임(1998.2.25.)으로 큰 전환을 보게 되었다. 김 대통령이 제창한 '햇볕정책'을 기조로 대북 포용정책을 실천했다. 그는 북한 김정일 국방위원장과 한반도 분단 이후 첫 남북정상회담(2000.6.13-6.15.)을 열었다. 두 지도자는 회담 마지막 날 발표된 '6.15 남북공동선언'을 통해 남측의 연합제 안과 북측의 낮은 단계의 연방제 안이 서로 공통성이 있다고 인정하고, 이 방향에서 통일을 지향시켜 나가기로 했다며 통일방안까지 합의했다고 밝혔다.[23] 두 정상은 통일은 장기 과제로 두고 당장은 화해와 불가침과 교류협력을 위해 '해야 할 일' 가운데 '할 수 있는 일'을 추려 애써 실천하자고 다짐했다. 이러한 남북한의 협

---

20) 이제훈. '북핵문제', 미국이 남북관계에 심은 '트로이 목마'. 한겨레. 2021.06.14.(https://www.hani.co.kr/arti/opinion/column/ 999320.html, 검색: 2023.02.16.).

21) 이제훈. 위의 뉴스.(검색: 2023.02.16.).

22) 이제훈. (2023). 위의 저서. 80쪽.

23) 이제훈. (2023). 위의 저서. 84쪽.

력에서 북핵 문제 역시 대화를 통해서 풀어가겠다는 의지가 숨어 있다. 노무현 대통령(2003-2008)은 2007년에 북한을 방문하고 김정일 위원장과 역사상 두 번째 남북정상회담을 열었는데 6자회담 합의(9.19 공동성명) 이행을 언급함으로써 북한 핵 문제를 남북정상회담 결과에 처음으로 공식 반영했다. 문재인 대통령(2017-2022)과 북한 김정은 국무위원장은 2018년 4월 27일에 판문점, 5월 26일에 다시 판문점, 9월 18일-20일에 평양에서 잇달아 회담했다. 남북한은 세 차례의 회담을 통해 많은 것에 합의했다. 문재인과 김정은의 4.27 판문점 선언은 김대중-김정일의 6.15선언(2000), 노무현-김정일의 10.4 선언(2007)을 재확인하며 남북관계 개선, 한반도 비핵화, 평화체제 구축 등 13개 항에 합의했다.

남한의 대북 핵 개발에 대한 정책은 진보 성향의 정부들(김대중·노무현·문재인)은 북한과의 협력을 통해서 공존을 추구하며 다루었다. 이에 반해 이명박, 박근혜 윤석열 정부는 북한을 적대시하며 반핵 정책을 펼쳤다. 윤석열은 "북한의 핵이 우리를 위태롭게 하기에 이를 철저하게 막아야 한다."[24] 라고 하며 강경한 반북 정책을 실시하고 있다. 그 결과 북한과의 관계는 악화일로로 치닫고 있다.

V. 미국의 대북 핵무기 통제정책과 남한의 대북 핵 개발에 대한 정책 변화

유엔 총회는 핵확산금지조약(Non Proliferation Treaty·NPT)을 1969년 6월에 체결하였다. 이에 따라 핵보유국으로 인정받지 않은 나라가 핵을 보유하거나 핵보유국이 비핵보유국에 핵무기나 핵 개발기술을 이전하는 것은 금지되었다. 미국을 위시하여 영국·러시아·프랑스·소련·중국 5개 국가가 핵보유국으로 인정되었다. 한국은 1975년에 핵확산금지조약의 정식 비준국이 되었고, 북한은 1985년 12월에

---

24) [기획 연재] 3. 극우 정치와 반북 대결로 연명하는 윤석열. *주권연구소*. 2023.06.28.(https://www. jajusibo.com/62858, 검색: 2024.02.17.).

가입하였으나 1993년에 탈퇴 선언했다.

미국의 대북 핵 통제정책으로 빚어진 문제는 사실상 어제와 오늘의 얘기가 아니다. 1980년대 북핵 문제가 불거진 이후 40년이 넘는 오랜 역사를 갖고 있다. 이러한 역사를 추적해 보면 미국이 한반도 평화를 위해, 북한에 경수로 발전소 건축 대신 재래식 발전소로 대체했다면 어쩌면 북핵 문제가 이 지경까지 오지 않았을 수도 있었다는 추측을 해본다.

1. 미국의 핵 발전소 대신 에너지 수요를 위한 북한 경수로 건설 시도

1990년대에 들어와 국제사회는 북한이 핵 개발을 한다고 의심하면서 핵사찰을 요구했다. 그러자 북한은 핵 개발은 자국의 에너지 수요의 충족을 위한 목적이며, 핵시설 동결에 대한 보상으로 경수로 발전소 건설을 요구하였다. 세계 핵 질서를 주도하고 있는 미국은 핵질서의 안정을 위해 북한과의 핵 협상을 추진하여 제네바 합의(1994)를 통해 북한의 요구(안)를 수용하여 핵 동결의 대가로 경수로 발전소 건설을 약속하였다. 이는 막대한 재정이 요구되는 사업이었다. 미국·한국·일본이 재정을 공동부담하기로 하였고, '한반도에너지개발기구(Korean Peninsula Energy Development Organization·KEDO)'를 뉴욕에서 정식 출범하였다. 경수로 건설에 드는 비용은 총 46억 달러로 추정하였고, 이 재정의 70%를 한국이 원화로, 일본이 10억 달러(약 20%) 정도, 나머지 10%는 유럽연합이 8,000만 달러를 그리고 미국은 중유 비용 및 KEDO 소요 재원을 부담하기로 했다.[25] 경수로 건설의 역할분담 등에 관해 문제는 있었지만 제네바 협정을 따라 미국은 핵 동결 조치에 대한 대가와 에너지 문제를 해결하기 위해 매년 200만㎾ 전기를 생산할 수

---

25) 정준영. 우여곡절의 11년 KEDO경수로사업. *한겨레*. 2006.01.08.(https://www.hani.co.kr/arti/politics/defense/93628.html, 검색: 2024.02.16.).

있는 경수로 2기를 건설해 주고 완공할 때까지 매년 중유 50만t을 공급해 주기로 북한과 합의했다.[26] 이러한 합의는 2001년에 부시 정부가 새로 출발하면서 물거품이 되었다.

부시 정부는 북한 경수로 건설에 대한 견해를 클린턴 행정부와 달리했다. 클린턴 행정부는 북한에 경수로 제공은 무기급 플루토늄을 추출할 수 있는 고도의 재처리 시설을 갖추기가 어렵다고 보았다. 이와는 달리 부시 행정부는 당장은 아니지만 언젠가는 상당한 양의 플루토늄을 추출할 수 있을 것으로 보는 미국 전문가들의 견해를 수용했다.[27] 일부 공화당 상원의원들은 이를 유화로 간주하며 이 합의에 강력하게 반대했다. 한반도에너지개발기구의 첫 번째 이사인 보즈워스(Stephen Bosworth)는 나중에 "기본합의는 서명 후 2주 이내에 정치적 고아가 되었습니다."라고 말했다.[28] 경수로 불가론이 확산되면서 부시 정부는 제네바 합의를 재검토 대상으로 전환하였다. 북한이 핵무기개발을 시인하면서 2002년에 북핵 2차 위기가 발발하였다. 미국에서 원전을 재래식 발전소로 대체할 새로운 합의의 필요성이 제기되었다. 하지만 이에 대한 대책 없이 미국은 12월에 대북 중유공급을 중단했다. 북한은 2002년 12월 12일에 핵 동결 해제를 선언하고 2003년 1월 10일에 핵무기비확산조약에서 탈퇴했다. 한반도에너지개발기구는 2003년 12월에 대북 경수로사업을 중단하기로 결의하고 2006년 6월 1일 이 지원사업 중단을 공식 선언하였다. 북한은 1994년 6월에 국제원자력기구(IAEA)에서 탈퇴했고, 2005년 9월에 6자회담에서 복귀를 약속하고 2007년에 복귀했다.

---

26) 정준영. 위의 기사. (검색: 2024.02.16.).

27) 자유아시아방송(Radio Free Asia). 미국, 북한경수로 화력발전소로 대체할 것으로. 2004.(https://www.rfa.org/korean/in_focus/55761-20010506.html, 검색: 2024.02.16.).

28) Korean Peninsula Energy Development Organization(https://en.wikipedia.org/wiki/Korean_Peninsula_Energy_Development_Organization, 검색: 2024.02.16).

2. 북한의 핵 문제와 북·미관계의 파열과 함께 찾아 온 남북관계의 파탄

미국은 북핵 문제를 이유로 북한과 관계 정상화를 거부했고, 북·일 수교를 가로막았다. 미국은 소련이 무너지고 탈냉전 시대를 열었다. 그러나 미국은 북한에 대해서는 냉전의 사고를 견지했다. 한미 양국이 1992년에 중단했던 합동군사훈련(팀스피리트 훈련)을 다시 하는 도중에 북한은 2003년 1월에 핵확산금지조약(NPT)에서 탈퇴를 선언했다. 그것이 1차 북핵 위기의 시작이었다. 그런 맥락에서 북한의 생존 불안과 안보 피해의식이 핵 개발의 배경으로 보는 것이 합리적이다. (김일성은 6.25 직후부터 핵 개발을 모색했던 것으로 알려지고 있다.[29])

사실상 북한은 그동안 실질적인 핵보유국으로 올라섰다. 그러나 체제생존을 위해 불가피했다고 하더라도 잃어버린 것이 너무 많다. 체제 유지는 당분간 가능할지 모르지만 미래가 보증되지는 않는다는 점이다. 여기에서 남과 북이 서로 상생하는 길을 찾아야 하는데 아직 접점을 찾지 못하고 있다.

북한 핵 문제의 가장 근본적 책임은 물론 북한 정권에 있다. 그러나 일관되지 못한 미국과 한국의 대북정책에도 과오가 있었음을 인정하지 않을 수 없다. 우선 미국이 진정으로 북한을 포용하여 반세기 적대관계를 청산하고 한반도 평화를 위해 북한과 수교를 할 의향이 있느냐는 질문이 제기된다. 이러한 문제는 동서독 관계 개선에서 미국의 입장을 비교해 보면 알 수 있다. 1972년에 동서독이 기본조약을 체결하고 접근을 통한 변화를 추구할 당시 미국 정부는 동독을 승인하고 외교 관계를 수립하였다. 한국도 김대중 정부와 노무현 정부는 북한에 다가가 상호 협력하면서 평화적 공존의 관계를 유지하고자 노력했다. 김대중 정부의 '6.15 남북공동선언'에 따른 화해 협력에 힘입어 2000년 당시 클린턴 행정부는 북한과의 관계

---

29) 이낙연. (2023). *대한민국 생존전략*. 서울: 21세기 북스. 56쪽.

개선을 모색하였다. 노무현 대통령은 김정일 위원장과 역사상 두 번째 남북정상회담을 열었는데 6자회담 합의(9.19 공동성명) 이행을 언급함으로써 북한 핵 문제를 남북정상회담 결과에 처음으로 공식 반영했다. 이러한 발전이 있었음에도 남북정상회담의 합의된 사항들이 2007년 노무현 정부 말기부터 온전히 지켜지지 않았다. 이후 이명박 정부의 대북강경책으로의 전환은 10년의 남북 화해 협력 노력을 송두리째 날려 보냈다. 문재인 정부의 2018년 평창 동계 올림픽을 통한 비핵 평화 프로세스의 가동은 한반도 평화정착을 위한 실로 마지막 절호의 기회였다. 그러나 행사만 요란했을 뿐 북핵 문제 해결을 위한 남한과 미국의 대안 및 적극적인 의지가 보이지 않았다.[30]

클린턴 정부와 다르게 '아들 부시 행정부'의 출범 이후 대북강경책으로 회귀하여 그간의 노력을 원점으로 돌려놓았다.[31] 이는 아쉬운 대목이 아닐 수 없다. 오바마 행정부 역시 전략적 인내만 부르짖었지, 진전이 없었다. 그러나 트럼프 정부가 들어서면서 대북 핵 정책에 변화가 있었다. 2017년에 대통령에 당선된 후 등장한 트럼프는 김정은 정권과의 담판을 모색하고 2차례의 유례없는 '북·미정상회담'을 성사시켰다. 북·미는 서로 조금씩 다가가는 모습을 보였다. 트럼프는 2018년 6월 12일에 싱가포르에서 사상 첫 북·미회담을 가졌다. 그의 재임 기간에 김정은 위원장과 가까이하며 긍정적으로 언급했다.[32] 그러나 2019년에 트럼프와 김정은의 하노이 북·미정상회담이 '노딜'로 끝나자[33] 북·미 관계의 파열음과 함께 남북관계도 파탄으로 치달았다. 사실상 평양은 2000년 연말 워싱턴과 전략적 화해를 하기 직전까지 다가가고 있었다. 그러나 그들은 외교가 실패할 경우를 대비해 핵무기라는

---

30) 이낙연. (2023). 위의 저서. 4-5쪽.

31) 양무진. (2023). 이성구 외. 위의 자료집. 4쪽.

32) 트럼프, 北 WHO 이사국 선출에 "김정은 축하해"…당내서 빈축. 연합뉴스. 2023.06.04.

33) 매일경제, 2019년 2월 27-28일.

선택지도 열어 놓고 있었다.[34] 외교가 실패하자 2022년 여름 이후에는 남북한의 무력시위가 함께 격렬해졌다.[35] 한·미·일 군사훈련이 2022년 4월 12일에 시작되었고 핵 위협의 상징인 미국의 핵추진 항공모함 훈련이 동해에서 실시되었다.[36] 북한은 2022년 들어 전에 없이 빈번하게 미사일을 발사하며 긴장을 높였었다. 2022년에 대륙간탄도미사일(intercontinental ballistic missiles·ICBM)을 포함한 탄도미사일만 해도 69발이나 발사했다. 역대 최대 기록이었다. 다만 북한은 2022년까지 7차 핵실험을 하지는 않았다. 한미 정상은 고위급 확장억제전략협의체(EDSCG)도 재가동하기로 하였다.

트럼프도 미국 내 정치적 목적의 선을 넘지 못했다. 지금이라도 미국이 북한을 포용하여 대북정책의 전환을 꾀한다면 북한과 한반도의 정세는 크게 변할 수 있을 것이다. 그러나 지금까지 미국의 대북정책은 한반도 분단의 현상 유지만을 꾀할 뿐, 냉전 이후 형성된 북한과의 적대적인 관계를 청산할 생각은 없어 보인다.[37] 워싱턴의 초점은 오로지 북한의 비핵화에 맞추어져 있다.

미국은 처음부터 평양에 외교냐 핵개발이냐 양자택일을 강요하며 정치적 중간지대를 없애 버렸다.[38] 이 이중 경로 전략은 사실상 실패한 것이다. 미국은 외교를 통한 결정적인 기회들을 놓치고 북한의 행동들을 일부 잘못 해석함으로써 결국은 나쁜 결정들을 내렸다. 평양은 1990년대에 대미 정책에서 이중 경로 접근법적 외교를 우선했다.

---

34) 시그프리드 헤커, 엘리엇 세르빈. (2023). *핵의 변곡점*. 서울: 창비. 145쪽.

35) 시그프리드 헤커, 엘리엇 세르빈. (2023). 앞의 저서. 76-81쪽.

36) 통일뉴스(http://www.tongilnews.com, 검색: 2024.2.17.).

37) 양무진. (2023). 이성구 외 위의 자료집. 4쪽.

38) 영변 들어갔던 헤커 "北, 핵실험 필요…정치적 이유로 미뤄". 중앙일보. 2023.11.07.

3. 윤석열 정부의 대북 강공과 '강 대 강'으로 치닫는 남북관계

윤석열 정부의 출범과 더불어 한반도의 안보정세가 긴박하게 돌아가고 있다. 윤 대통령은 후보 시절부터 북한 선제공격론을 공공연하게 부르짖어 그렇지 않아도 대화가 중단된 채 냉각상태에 빠져 있던 남북관계를 얼어붙게 만들었다. 그리고 한 반도의 지정학적 리스크를 고려하지 않고 일방적인 한미동맹에 더 나아가 한·미·일 편중 구도에 탑승함으로써 북·중·러를 한 축으로 하는 대립구도를 심화시켜 한반도 안보에 위태로운 환경을 만들었다. 한반도를 둘러싼 복잡한 국제정세를 고려하지 않고 한미동맹만 강화하면 모든 것이 해결된다고 생각하는 윤석열 정부의 단순한 외교 전략을 수정 보완해야 한다. 물론 한미동맹은 중요하고 강화해야 하지만, 한 국은 중국·러시아·일본 등과도 균형적인 관계를 가져야 한다.

윤 정부의 큰 패착은 우리와 직접 관련 없는 러시아-우크라이나 전쟁에 깊숙이 빠져들어 러시아를 적으로 돌린 것이다.[39] 러시아는 우리와 경제적인 관계 및 역사적 관계도 깊었다. 그런데 러시아를 적대관계로 돌려 북한과 밀착하게 하는 외교적 우를 범한 것이다.

윤 정부가 미·중 갈등구조로 전개된 세계의 흐름 속에 미국에 올인하여, 경제적 손해 그리고 북한의 뒷배인 중국과 불편한 관계를 형성함으로써 동북아 조정자로서의 역할을 스스로 포기하였다. 한반도를 둘러싼 동북아시아가 한·미·일 대 북·중·러의 대결구도로 급속하게 재편되면서 일본의 입장을 대변하는 '신냉전'과 '인도-태평양 전략'으로 편입되어 일본의 하위 개념으로 빨려 들어가고 있다.

트럼프 정부 시대에 문재인 정부는 인도-태평양 전략에 반대 입장을 표명했다.

---

39) 지난 6월 6일(현지 시각) 블라디미르 푸틴 러시아 대통령은 주요국 통신사 대표들과의 대화에서 우크라이나 무기지원을 둘러싼 논쟁 중 "한국이 우크라이나에 직접 무기제공을 자제한 것을 평가"한다고 하였다. 반면 그는 서방의 우크라이나 무기지원에 대하여 핵무기 사용도 불사할 것이라고 엄포를 놓았다.

그런데 윤석열 정부는 아예 '한국형 인도-태평양전략'이라는 것을 발표해 버렸다. 그래서 한국 입장이 완전히 달라졌다. 이것은 진보-보수의 문제를 떠나 한국 외교의 기본적인 틀을 흔드는 것이다.

노태우 정부는 북방외교를 위해 남북관계를 개선하고자 했다. 그는 우리가 대륙으로 뻗어 나가기 위한 관문인 북한이 안정화되지 않으면 대륙과의 경제를 해결할 수 없다는 점을 알고 북방외교 정책을 추진했던 것이다. 그래서 진보-보수할 것 없이 어떻게든 남북관계를 다독이려고 했다. 그래서 지난 30년 가까운 세월 동안 지난(至難)한 노력을 해왔다. 그런데 윤석열 대통령은 외교문제에 대한 심사숙고 없이 미국의 인도-태평양 구조에 편입을 선언했다. 우리는 대륙의 끝자락에 있는 반도라서 대륙적 속성도 가지고 있는데, 이제 대륙과의 관계는 끊긴 셈이다. 마치 우리나라가 일본의 품에 안기는 형국이 된 것이다.[40] 일본은 해양국가로서 인도양과 태평양에서 자국이 중심이 되는 전략을 꾸리는 게 당연하지만 우리의 경우는 다르다. 이런 정도의 중대한 일을 국민의 여론을 타진하지 않고 일방적으로 결정한 것은 이는 실로 걱정스러운 사태이다.

4. 러시아-우크라이나 전쟁의 발발과 동북아의 긴장 고조

2022년에 발생한 러시아-우크라이나 전쟁은 국제정세를 혼미에 빠지게 하고 동북아에서 한·미·일 구도 대 북·중·러 구도를 심화시켜 한반도에 심각한 안보 위기를 불러오고 있다.[41] 위에서 살펴본 바와 같이 2024년에 한반도에 중국과 러시

---

40) 김성회 외. (2023). 아무도 행복하지 않은 나라. 서울: ㈜메디치미디어. 62-63쪽.

41) 우크라이나는 1994년 '부다페스트 안전보장 양해 각서'에서 미국과 러시아 등 6개국으로부터 '핵과 미사일'을 내놓으면 확실하게 체제를 보장해 주겠다는 약속을 받았다. 그러나 변화된 국제정세 속에서 지난 2022년 러시아의 우크라이나 침공 이후 이 약속은 흐지부지되고 우크라이나는 곤경을 겪고 있다(정세현. [2023] 정세현의 통찰. 푸른 숲, 273-274쪽.).

아와의 완충지대가 사라져 버려, 미국과 한국이 적절한 대응책을 마련하지 못한다면 북한의 7차 핵실험과 더불어 한반도에 무력충돌의 가능성이 그 어느 때보다 높아지고 있다. 이러한 안보 위기 속에서도 할 수 있는 여러 가지 해결책을 모색해야 한다. 평화의 길을 찾아보자는 것이다. 이에 대한 생각을 간단하게 아래 정리한다.

VI. 결론: 평화의 길을 모색하는 제안

한반도의 평화를 위해 균형 외교 모색이 절실히 필요하다. 미국의 동북아 정책의 변화와 한반도 정책에서 관철되고 있는 패권 전략을 파악하고 대응해야 한다. 해방 이후 미국의 국제 전략을 파악하고 대응하지 못한 전철을 밟아서는 안 되겠다. 러시아–우크라이나 전쟁 등 미·중 갈등이 고조화되고 동북아가 다시 한·미·일 대 북·중·러로 재편되는 상황에서 미국의 '인도-태평양 전략'에 따라 한국이 일본의 하위 개념으로 편입되는 구도를 극복해야 한다.[42] 지금 한반도는 한·미·일 대 북·중·러의 대결구도로 심화되고 있다. 미국은 한국 및 일본과의 공조를 강화하여 중국을 견제하려 하고 있다. 중국은 북한 및 러시아와의 공조를 강화하여 대응하고 있다. 이러한 대립 구도가 고착되어 버리면, 한반도는 긴장에서 벗어나기 어렵다. 한국은 한·미·일 공조를 강화하면서도 남북대화를 통해 긴장을 낮추고 미국·중국·일본·러시아 등 관련국에 대한 지렛대를 가져야 한다. 특히 2024년은 미국 대통령 선거가 있는 중요한 해이다. 미국 대통령 선거를 통하여 한반도 및 대북 핵 정책이 바뀌어 왔음을 볼 수 있었다. 남북한은 1990년 한반도 비핵화에 서명하고도 이를 실현시키지 못했고, 북한은 사실상 핵 보유를 인정받는 상황이며, 핵의 등치성을 위하여 남한에도 전술핵 및 핵무장을 하여야 한다는 주장이 미 공화당 일각에서

---

42) 김성회 외. (2023) 위의 저서. 75쪽.

제기되고 있다. 이러한 국제정세의 미묘한 흐름을 예의 주시하며 끊어진 남북 간의 대화를 즉각 복원해야 한다. 남북 간의 대화 및 긴장 완화 없이 한반도 평화를 보장할 수 없다. 한국은 또한 중국과도 건설적 관계를 유지할 필요가 있다. 각 국가는 안보와 국익을 위하여 외교관계에 있어서 서로 견제와 균형과 협력을 취하고 있다. 최근 중국의 왕이 외교부장이 한반도 평화프로세스가 가동되어야 한다고 발언한 점은 고무적이며, 이는 우리의 자주외교 역량을 강화할 기회이다.[43] 특히 미국이 북한과 수교하기를 바라며, 남한이 이를 김대중 정부처럼 도와야 한다. 미국이 북한과 수교한다면, 그것은 미국 전략 경쟁의 판을 바꾸는 게임체인저가 될 수 있을 것이다.[44] 물론 한반도 긴장도 완화될 것이다. 1993년 1차 북한 핵 위기가 시작된 이래 30년이 지났다. 그동안 미국은 북한과 간헐적으로 협상했고, 한국은 그때마다 미국과 협상하는 방식으로 관여했다. 그러나 모든 협상이 결과적으로 실패했다. 그 실패 원인을 되짚어보면 북한을 제대로 이해를 못한 데도 문제가 있다고 본다. 미국 빌 클린턴 행정부 시절 '페리 보고서'가 지적했듯이, 우리가 원하는 북한이 아니라 '있는 그대로의 북한'을 인정하고 상대해야 한다. 이에 대한 토대는 다음과 같다.[45] 첫째, 북한체제의 생존 욕구를 인정해야 한다. 둘째, 북한이 곧 붕괴할 것이라고 오판하지 말아야 한다. 셋째, 대북 압박 효과를 과신하지 말아야 한다. 넷째, 완벽주의적 접근의 함정에 빠지지 말아야 한다. 다섯째, 대북정책의 일관성과 중재력을 확보해야 한다. 예컨대 김대중 정부가 클린턴 행정부에 추진했던 북·미관계 주선이 그 예가 되겠다.

시그프리드 헤커 외(2023)의 저서 '핵의 변곡점'에 따르면 김일성은 냉전의 끝

---

43) 최근 2024년 5월 26-27일 한·중·일 정상회담이 서울에서 개최되었고 '한·아프리카 정상회의'에 이어 내년에 '한·중앙아시아 5개국 정상회의'가 창설되어 외교의 다변화를 이루고 있다.
44) 이낙연. (2023). 위의 저서. 101쪽.
45) 이낙연. (2023). 위의 저서. 105-108쪽.

자락에서 붕괴하고 있는 소련과 고압적인 중국의 그늘에서 벗어나기 위한 정책을 수립했다. 김정일은 그 정책을 이어받아 관계 정상화에 핵 개발을 더한 이중 경로 전략을 채택했다. 김정은은 북한의 핵미사일 프로그램을 크게 확장하면서도 2012년과 2019년 사이 뚜렷하게 개선된 관계를 대가로 미국과 핵 문제를 해결하기 위한 몇 가지 진지한 조치를 취했다. 불행하게도 실패한 하노이 북·미정상회담은 미국을 협상테이블로 다시 불러오지 못했고 그로 인해 관계 정상화는 요원한 상태로 남게 되었다. 그 대신 2021년 여름쯤부터 북한의 러시아와 중국에 대한 지지 양상이 의미심장하게 더욱 두드러지면서 북한의 정책이 변하고 있다.[46] 따라서 변화된 남북관계와 동북아정세를 외교적으로 해결할 수 있는 포괄적인 협상력과 자주성을 시급히 해결해야 한다.

북한과 대화할 역량을 키우고 북한과 상시적으로 대화할 체제와 통로를 갖추어야 한다. 북한에 대한 지렛대도 협상의 역량도 북한과 대화해야 생긴다. 그런 지렛대나 역량을 가져야 한국이 미국 등 관련국에 주도력이나 중재력을 갖게 된다. 북한과 대화하지 않고 큰소리만 친다고 문제가 해결되는 것도 아니고 미국 등 관련국에 할 말을 할 수 있는 것도 아니다. 그런데도 최근 한국의 보수 정부들은 주도나 중재의 시도조차 하지 않고 북한에 큰소리만 쳐왔다. 그렇게 하여 남북관계가 개선된 것이 무엇이며, 이렇게 하여 꽁꽁 막힌 남북관계를 어떻게 풀 것인가? 남북관계에 대한 비전과 상생의 전략을 마련해야 할 때이다.

한국은 국력에 걸맞은 대미 자주성 확보를 해야 한다. 지금까지 비핵화 협상은 미국이 주도했다. 한국의 역할은 제한적이었다. 그러나 거기에 근본적인 잘못이 있었다. 한국은 한반도 평화의 최대 당사자이면서도, 북한 비핵화를 위한 주도력이나 중재력을 거의 행사하지 못한 것이 잘못이다. 한국은 국력에 걸맞은 대미 자

---

46) 시그프리드 헤커 외. (2023). 위의 저서. 7-8쪽.

주성을 가져야 한다. 자주성을 침해하는 전시작전권, 핵 개발권, 우주항공권 등 다양한 제약을 철폐하여야 한다. 평화통일의 걸림돌이 되는 군산복합체를 극복하는 다양하고 장기적인 전략을 세워야 한다. 네오콘, 한미 워킹 그룹 등 군산복합체를 대변하는 세력에 대한 대응책을 모색해야 한다.

미국은 최근 10여 년 동안 북한 문제에서 거의 손을 놓다시피 하여 왔다. 부시-오바마-트럼프 역대 세 정부는 북한에 대한 오도된 가정과 깊은 의심 때문에 평양이 외교 노선에 주력하는 시기에도 위험을 완화하고 북한 핵 프로그램의 제도를 바꿀 기회를 놓쳤다.

지난 20년간의 정책은 대증적이었고 대개는 정치적 동기에 의해 좌우되었다. 역대 세 정부는 평양의 현실적인 위기를 관리하기보다 오로지 핵 위협을 제로로 만들겠다는 '비핵화'에 집중했다. 이런 논리에 영향을 받은 워싱턴은 중요한 결정 지점마다 거듭하여 빗나간 수를 두었다. 북한 핵 프로그램을 억제할 기회가 왔을 때에도 그렇게 하지 못했다. 그 결과는 워싱턴이 원하는 바와는 정반대였다. 북한이 상대적으로 자유로운 상태에서 핵 프로그램을 확장할 기회를 얻었던 것이다.[47]

바이든 행정부도 북한 문제에 그다지 관심이 없다. 이러한 상황에서 한반도가 평화 속에서 상생할 수 있도록 한국 정부가 대안을 제시하고 역할을 수행해야 한다.

그러나 이제 우크라이나 사태를 지켜본 북한이 CVID(완전하고 검증가능하며 돌이킬 수 없는 비핵화 원칙)를 시행할 리가 없다. "우리에게 가장 좋은 것은 미국을 설득하여 협상을 통해 북한이 핵을 포기하도록 하는 것이다." 그런데 북한은 남한이 뭘 해주어야 핵과 미사일을 놓겠다는 것이 아니다.

"미국이 수교를 약속하고, 군사적으로 치지 않겠다는 평화협정을 체결해 주는 한편, 미국의 영토에 북한의 대사관을, 북한의 영토에 미국의 대사관을 설립해야

---

47) 시그프리드 헤커, 엘리엇 세르빈, (2023) 핵의 변곡점. 서울: 창비 542-544쪽.

핵과 미사일을 내려놓겠다"는 것이다.

우리 힘만으로 해결할 수도 없지만, 미국만 믿고 바라볼 수만도 없는 현실이다. 미국과 북한의 핵협상이 지지부진하여 시간이 흘러 사실상의 핵보유가 되어버린 상황에도 대응할 전략을 마련해야 한다.

북한과의 관계에서 군사적인 긴장완화와 더불어 경제협력을 연결할 수 있다. 그렇게 되면 당분간 통일이라는 단어는 사실상 사라지겠지만, 남과 북의 관계를 국가 대 국가의 관계로 인정하고 발전시켜야 한다. 미국처럼 50개 주가 하나의 국가를 이뤄 워싱턴에 있는 중앙 정부의 말을 듣는 남북연합으로 발전하는 것이 아니다. 남북연합은 유럽연합(EU)과 같은 국가 형태라고 볼 수 있다. 유럽연합에 속한 국가들은 각각 국기도 국명도 그대로 사용하고 각자의 군대도 가지고 있지만 경제적으로 밀접한 관계를 맺어 서로 도우며 산다.

또 동남아시아 국가들의 연합체인 아세안(ASEAN)도 불교, 이슬람, 가톨릭 등 종교도 다르고 정치체제도 다르고 언어도 각양각색이지만 지리적으로 붙어 있기 때문에 각자 자기의 정체성을 그대로 유지하면서 경제적으로 밀접한 관계를 맺어 서로 윈윈(win-win)하며 살아가고 있다.

남 북한도 결국 그런 식으로 가야만 피차 편하게 살지 않을까? 극단적으로 얘기하면 통일이라는 말을 계속 입에 달고 살면 서로 적대적으로 나갈 수밖에 없다. 유엔(UN)에도 어차피 서로 독립적으로 가입되어 있는 두 나라다. 그러니까 적어도 우리 한국을 상대로는 핵을 쏠 수 없고 대외적인 자기 방어 수단으로만 사용하도록 해서 우리가 군사적으로 불안해하지 않도록 해야 할 것이다. 결국 그런 남북연합으로 가야 할 것이다.[48] 앞으로 10여 년이 흐르면 통일이 아니라 연합이 오히려 현실적인 선택이라는 쪽으로 국민들 생각도 바뀔 것이다. 더구나 지금 20-30대의 젊은이들은 통일에 관심이 없다. 그들이 나이 들어 나라의 주인이 될 때를 생각해서도 남북관계는 연합형태로 갈 수밖에 없다고 본다. 그런 방향으로 정책을 수립

하고 추진해야 할 것이다.[49]

　　정부가 한반도에 관심이 낮은 미국만 쳐다보며 노력하지 않는다면 비핵화와 평화는 어느 세월에 이룰 것인가? 한반도 평화와 비핵화에 대한 대안을 마련하는 여론 형성에 정부뿐만 아니라 국민도 적극적으로 참여해야 한다. 한반도 평화의 이익을 가장 많이 얻을 나라도, 긴장의 피해를 가장 크게 겪을 사람도 한국이고 한국 국민이다. 한국 정부와 한국 국민은 한반도 평화를 위한 주도권을 구축하는 데 최선을 다해야 한다.

---

48) 남북한은 독립적인 현 체제를 유지하면서 유럽연합(EU)보다는 낮은 단계이나, 아세안(ASEAN) 보다는 높은 수준의 낮은 단계의 연합체를 구성한다. 우선 기본 틀은 평화 공존을 이루며 교류협력을 통하여 먼 후일에 통일을 기하자는 것이다. 남북연합 건설의 가능성을 낙관할 수 있는 것은 아니나 지난 70여 년의 지난한 통일을 향한 과정을 반추해 볼 때 하나의 대안으로서 검토 가능하다. 낮은 단계의 연합 건설 과정은 2007년 10.4 선언 이후 시작됐으나 이후 몇 달 못 가서 중단되고 몇 차례의 굴절을 거쳐 오히려 남북대결이 강화되었다. 남북연합은 경제 분야의 협력을 높여 상생 발전하고 자원협력과 국제협력의 틀을 마련한다. 한때 진행되었던 한국, 러시아, 북한의 시베리아 공동개발은 한 예이다. 지금은 중단되고 있으나 남북철도, 유라시아 철도 건설과 물류단지 건설 , 중앙아시아와의 경제 문화 공동협력, K-Pop 및 K-영화,K-문화 등 대중문화의 교류, 동아시아 평화기구의 설립을 통하여 한반도 평화와 동북아 평화를 선도해야 할 것이다.〈평화, 번영, 통일 포럼〉 창립기념회자료집 (2023.12.12. 김홍섭) 37-42쪽.

49) 정세현. (2023). 정세현의 통찰, 푸른 숲, 276-291쪽.

참고 문헌

시그프리드 헤커, 엘리엇 세르빈. (2023). *핵의 변곡점.* 서울: 창비.

양병웅. (2021). *뒤뜰에 감춰진 한국 근현대사.* 서울: 다산책방.

오로지 외. (2023). *두 얼굴의 미국과 한국전쟁.* 서울: 유엔스토리.

이낙연. (2023). *대한민국 생존전략.* 서울: 21세기 북스.

이성구 외. (2023.12.12). 평화·번영·통일 포럼 창립기념토론회. 서울 관악 도서관. 토론회 자료.

이성회 외. (2023). *아무도 행복하지 않은 나라.* 서울: ㈜메디치미디어.

이제훈. (2023). *비대칭 탈냉전(1990-2020).* 서울: 서해문집.

정병준·정용욱·김광운 외. (2018). 한국현대사 1. *해방과 분단, 그리고 전쟁.* 서울: 푸른 역사.

정세현. (2023). *정세현의 통찰.* 푸른 숲.

KBS 다큐멘터리. (2021). 1950 *미중전쟁.* 서울: ㈜ 도서출판 책과함께

인터넷 자료

Division of Korea(https://en.wikipedia.org/wiki/Division_of_Korea, 검색: 2024.6.7.).

태평양미국육군총사령부 포고 제1호(http://contents.history.go.kr/front/hm/view.do? levelId=hm_144_0020, 검색: 2024.2.10.).

미소공동위원회의 최종적 결렬과 한국문제의 유엔 이관(https://db.history.go.kr/diachronic/level.do?levelId= nh_052_0050_0010_0010_0010, 검색: 2024.06.07.).

Korean Peninsula Energy Development Organization(https://en.wikipedia.org/wiki/Korean_Peninsula_Energy_Development_ Organization, 검색: 2024.2.16.).

신문, 방송 등

매일경제. 2019.02.27-28.

연합뉴스. 2023.06.04.

자유아시아방송(Radio Free Asia). 2004.

주권연구소. 2023.06.28.

통일뉴스.

한겨레. 2021.06.14.

한겨레. 2006.01.08.

제3부

평화·통일·통합을 위한 정책

- 한반도의 봄을 위한 경제적 상호의존의 증대와 평화 구축
- 독일 통일과 동서방 국가들과의 통합 정책: 서독 정치 지도자들을 위주로

한반도의 봄을 위한 경제적 상호의존의 증대와 평화 구축[1]

오종문

I. 문제제기와 연구목적

한반도의 사계절은 어디에 속할까? 남북관계를 돌아보면 단절과 협력의 시대를 오가며 봄, 여름, 가을, 겨울을 거쳐 왔다. 지금은 냉혹한 겨울의 시기를 보내고 있지만, 봄을 준비하고 예비하면 희망찬 새 계절이 도래할 것이다. 계절의 변화에는 따스한 바람과 차가운 바람이 불기도 한다. 한반도에 따스한 새바람을 일으키기 위해서는 남북한이 함께 협력해야 한다. 교류가 훈풍을 불게 할 수 있다. 물론 매서운 바람이 불 때가 있고 따스한 바람이 흐르기도 할 것이다. 한반도의 봄을 오게 하기 위해서는 바람을 견딜 자세가 필요하다. 이러한 협력은 한반도만의 이야기가 아니다. 전 세계적으로 갈등도 많지만, 교역의 발전은 협력의 수준을 높이고 있다.[2] 교역

---

1) 이 글은 필자의 논문 "북한의 경제적 상호의존과 군사분쟁의 상호인과성 분석"(오종문. [2019]. 북한의 경제적 상호의존과 군사분쟁의 상호인과성 분석. 북한연구학회보. 제23권 제2호. 159-198쪽.) 일부를 수정·보완한 것임을 밝힙니다.

2) 전 세계 GDP 대비 무역총액이 차지하는 비중은 1970년 25.99%, 1980년 41.79%, 1990년 38.34%, 2000년 47.08%, 2010년 56.60%, 2015년 56.36%로 1970년에 비해 2015년에 약 2배 이상 증가했다. worldbank(https://data.worldbank.org/region/world?view=chart, 검색: 2018.04.21.).

은 국가의 영역을 넘어섰다. 개인 간 거래로 국가 경제가 활성화되고 있다. 지금은 AI를 중심으로 한 디지털 기술 협력이 세계를 움직이고 있다. 개인적으로 관심 있는 제품을 AI가 추천해 주기도 하고 외국에 있는 제품을 핸드폰을 통해서 24시간 쇼핑할 수 있다. 미국 아마존을 통해 거래한 상품이 일주일 내에 집에 도착하며, 중국의 알리 익스프레스는 5일 배송을 내걸고 5일 이내에 제품을 받지 못하면 지연금을 주기도 했다. 국내 제품도 사이버 거래를 통해 전 세계로 배송되면서 세계는 더욱 가까워지고 있다. 국가별로 화폐와 언어는 달라도 디지털 기술의 발전은 삶을 더욱 편리하게 만들고 있다. 경제적 이익을 위해서 협력은 더욱 발전할 것으로 보인다. 이데올로기로 대변되던 사회주의와 자본주의 진영 간 구분은 경제적 이익을 위한 외교적 관계로 재편되기도 했다.[3] 북한도 시대 변화에 따라 자본주의 국가들과의 대외경제 관계를 확대시켜 나갔다. 탈냉전의 영향으로 북한은 체제안정과 생존에 중점을 두고 실리외교를 추진하기도 했다. 자유주의 국가들과 외교관계를 형성하기 시작했다.

자유주의자들은 국가 간 관계에서 협력의 중요성을 강조하며 이를 가장 잘 달성할 수 있는 환경을 제안한다.[4] 전 세계적인 상호의존의 증대, 지식과 의사소통의 확대 그리고 민주주의 가치가 확산되면 협력은 증가할 수 있다. 자유주의적인 가치하에 북한과의 협력은 평화와 정의를 실현시켜 나가는 한 가지 길일 것이다. 그러나 현실주의자들은 경제협력의 이점에 대해서 비판하면서 국가 간 상대적인 이익의 차이가 군사분쟁을 발생시킬 수 있다고 주장한다. 경제적 상호의존이 교역국 간에 이익 불균형과 상대적 이득에 대한 갈등을 발생시킬 수 있다고 제시한다. 국가들은 공동의 이익을 향유하더라도 그 이익을 누가 더 많이 또는 적게 얻을 것인

3) 파스칼 보니파스. (2016). 정상필 역. *지정학에 관한 모든 것*. 서울: 레디셋고. 1-396쪽. (13쪽).
4) 존 베일리스·스티브 스미스 편저. 하영선 옮김. (2006). *세계정치론*. 서울: 을유문화사. 1-828쪽. (15-16쪽).

가에 대한 염려로 분쟁이 발생할 수 있기 때문이다. 이에 국가들은 상대적인 이득에 대한 염려로 협력이 깨질 수 있으며, 국가 간 교역을 통해 발생한 이득이 군사력 증강에 사용될 수 있다고 여긴다.[5]

국가의 목표는 협력을 통해 달성될 수 있지만, 갈등의 가능성도 상존한다. 국제 정치경제학에서 국가 간 협력과 분쟁에 대한 주제는 자유주의자들과 현실주의자들 간에 뜨거운 논쟁거리이다. 이렇게 자유주의와 현실주의가 경제적 상호의존과 분쟁에 미치는 영향에 대해서 주장하는 바는 다르지만, 분쟁이 무역에 미치는 효과에 대해서는 인정한다. 분쟁이 발생하면 일시적으로 무역이 중단되거나 급격하게 감소하게 된다고 보기 때문이다.[6] 이러한 현상은 경제적 상호의존과 군사분쟁에 대한 자유주의와 현실주의 이론에 깊은 함의를 준다. 자유주의는 정치 지도자들이 전쟁으로 인해 국가의 복리후생이 줄어드는 것에 대한 두려움으로 전쟁이 발생할 행위를 억제한다고 주장하며, 현실주의는 전쟁이 발생한 후 적들 간의 무역은 상대적 이익에 대한 염려로 중단되거나 급감한다고 보고 있다.[7] 이렇게 자유주의와 현실주의는 전쟁이 발생하면, 이익에 대한 손실과 염려로 전쟁을 억제시키거나 무역이 중단 또는 급감하게 된다고 제시하고 있다.

한반도에 겨울이 지나 봄이 오게 하는 방법으로는 어떠한 방법이 있을까? 본 연구는 북한의 경제적 상호의존과 군사분쟁의 상호인과성을 통해 이를 알아보려 한

---

5) 힘의 균형을 주장하는 사람들은 군사력이 앞서는 국가가 국제분쟁이 발생했을 때 무력을 사용할 가능성이 크다고 본다. 군사력이 강하면 물리적인 힘을 사용하더라도 상대국보다 전쟁에 대한 피해가 적게 발생할 수 있기 때문이다. 이재철. (2006). 경제적 상호의존과 국제 분쟁의 상관관계: 경제적 상호의존의 측정 문제. *국제정치논총*. 제46집 3호. 108쪽. 반대로 상대국보다 군사력이 약하면 전쟁에서 패배할 가능성이 높으므로 군력이 약한 국가는 전쟁을 일으킬 가능성이 상대적으로 낮다. 즉, 양국 간의 국력의 차이가 크게 발생하면 분쟁의 발발 가능성은 감소하게 된다. 이진명. (2013). 동북아시아에서 경제적 상호의존과 분쟁. *국제정치논총*. 제53집 3호. 69-102쪽, (87쪽).

6) Barbieri, Katherine and Jack. S. Levy. (1999). Sleeping with the Enemy: The Impact of War on Trade. In: *Journal of Peace Research*. Vol. 36, no. 4. pp. 463-479, (p. 464).

7) Barbieri and Levy. (1999). Ibid, p. 476.

다. 경제적 상호의존과 군사분쟁이 상호인과성이 있다면, 두 변수는 분석모형에 따라 독립변수가 되거나 종속변수로 교차적으로 투입하여 분석할 수 있다. 오닐과 러셋 그리고 벌바움(Oneal, Russett, Berbaum)은 변수의 인과적 영향을 분석하는 것이 경제적 상호의존과 군사분쟁 간의 관계를 설명하는 데 필요하다고 주장한다.[8] 과연 북한의 경제적 상호의존과 평화는 어떠한 연관성을 보일까? 경제와 평화는 양립될 수 있을까? 아니면 경제는 분쟁과 연결되어 있을까?

현실주의와 자유주의자들 간에 경제적 상호의존과 군사분쟁 간 논쟁이 지속되고 있다. 현실주의와 자유주의는 평화를 추구하지만, 그 방향은 다르다. 현실주의는 힘을 통한 평화를, 자유주의는 협력을 통한 평화를 추구한다. 본 연구는 한반도의 봄을 위해서 자유주의적 입장에서 북한의 경제적 상호의존과 군사분쟁이 상호인과성을 가진다고 가정하며 가설을 세웠다. 가설은 아래와 같다.

가설 1. 북한의 군사분쟁이 발생하면 경제적 상호의존은 감소할 것이다.
가설 2. 북한의 경제적 상호의존이 증가하면 군사분쟁 발생은 줄어들 것이다.

II. 경제적 상호의존과 군사분쟁 이론

전 세계적으로 국가 간 교역이 발전하면서 경제적 상호의존도 증가했다. 각 국가가 가진 자원과 특성에 따라 산업이 형성되고 발전된다. 북한은 자원이 풍부하고 노동력과 인건비가 저렴하다 보니 제품을 생산하는 데 다른 국가에 비하여 비교우위를 가지고 있다. 이에 남한 기업은 북한 자원에 투자했으며, 개성공단을 통

---

8) Oneal, John R. and Bruce Russett and Michael L. Berbaum. (2003). Causes of Peace: Democracy, Interdependence, and International Organizations, 1885-1992. In: *International Studies Quarterly*. Vol. 47, no. 3. pp. 371-393.

해서 제품을 생산하며 이익을 창출했다. 한국의 기술력과 자본이 북한의 자원과 노동력과 결합되면 한반도는 경제적으로 재도약할 수 있는 기회를 얻을 수 있다. 남북한 간 경제적 이익의 확대는 갈등 발생을 억제하는 데에도 긍정적인 영향을 미쳤을 것으로 보인다.

자유주의자들은 국가 간 경제적 상호의존의 발전은 지역통합과 평화를 촉진시킨다고 주장한다. 오닐과 러셋(Oneal and Russett)은 1885년부터 1992년까지의 연구를 통해서 국가 간 분쟁이 발생했더라도 무역은 군사분쟁을 감소시키는 데 실질적인 효과가 있음을 제시했다. 경제적 상호의존이 높은 국가들 간에 전쟁이 발발하면 교역 중단으로 인한 경제적인 손실이 더 크기 때문에 군사적 갈등은 감소하게 된다.[9] 자유주의는 무역이 양국에 경제적인 이익을 발생시켜 평화를 촉진시키기 때문에 분쟁 발생은 무역에 부정적인 영향을 미칠 수 있다고 주장한다.[10] 교역국 간에 경제협력은 상호이익으로 연결되어 있어서 평화를 유지시켜 주지만, 분쟁 발생은 경제협력을 크게 감소시키거나 중단될 수 있기 때문이다.

자유주의 경제학자들은 상호의존을 공동의 이익, 즉 모두가 이득을 보며 더 나아지는 포지티브섬(positive-sum)으로 여긴다.[11] 국가들이 상호협력을 제로섬게임(zero-sum game)으로 생각하지 않는 이유는, 모든 행위자들이 정책에 대한 협력을 하지 않을 때보다는 상호협력을 통해 더 큰 이득을 본다고 생각하기 때문이다.

---

9) Mansfield, Edward D. and Brian M. Pollins, eds, (2003). Economic Interdependence and International Conflict. Michigan: University of Michigan Press.; Krustev, Valentin L. (2006). Interdependence and the Duration of Militarized Conflict. In: *Journal of Peace Research*. Vol. 43, no. 3. pp. 243-260, (p. 244) 재인용.

10) Oneal, John. R and Bruce Russett. (1997). The Classical Liberals Were Right: Democracy, Interdependence, and Conflict, 1950-1985. In: *International Studies Quarterly*. Vol. 41, no. 2. pp. 267-293.

11) Polachek, Solomon W. (1980). Conflict and Trade. In: *Journal of Conflict Resolution*. Vol. 24, no. 1. pp. 55-78, (p. 210.)

경제교류를 확대하는 것에 대해 고전적 자유주의자(classical liberals)는 자유주의가 자유와 번영을 증가시키며, 민주주의(democracy)와 자유방임주의(laissez-faire) 경제는 전쟁을 감소시킨다고 주장한다.[12] 그 결과 세계정치의 주요 행위자들은 장기적인 협력이 주는 이점을 생각하여 상호 배신에 따르는 대가를 치르지 않으려고 한다.[13] 국가 간 협력이 주는 긍정적인 요인이 배신에 따른 대가보다 더 크다고 생각하기 때문이다. 이러한 측면에서, 남북한 간의 신뢰 속에 경제협력이 지속적으로 이루어지고 개성공단이 1단계에서 3단계까지 확장 발전됐다면 경제 통합에도 긍정적인 영향을 미쳤을 것이다. 하지만 현실은 개성공단이 폐쇄된 상태에 있다. 남북한 경제협력이 원래 구상한 대로 더 크게 발전하지 못한 것이 갈등을 감소시키는 데 한계로 작용한 것으로 보인다.

남북한 간의 경제적 상호의존이 주는 이점은 한반도에 통일의 바람이 불게 만들 것 같았지만, 현재는 교역 중단을 넘어 대화마저 단절된 상태로 흘러가고 있다. 2024년 5월에는 남한의 대북 삐라에 맞서 북한에서는 오물풍선을 보내기도 했다. 갈등의 심화는 풍선전쟁으로 이어졌다. 전 세계는 교역의 발전으로 국가들을 하나 되게 하고 평화가 증진될 것으로 보았다. 하지만, 국가 간 갈등은 1990년대 이후 오히려 더 크게 증가하면서 테러와 인종분규, 이주민의 발생이 증가하고 있다. 최근에는 이스라엘 전쟁과 우크라이나 전쟁으로 전 세계가 분쟁으로 경제적인 피해를 보고 있다.

국가들 간의 경제적 상호의존성은 높아졌지만, 전쟁도 증가하는 추세에 있다. 현실주의는 교역하는 국가 간에 경제적 의존이 높아지면서 군사적 갈등이 발생될 수 있다고 주장한다. 무역을 통한 상대적 이익에 대한 갈등이 대립과 분쟁으로 이어질 수 있기 때문이다. 양국 간 경제적 상호의존이 발생하면 평화로 귀결되는 것

---

12) Oneal, John. R and Bruce Russett. (1997). Ibid.

13) Drezner, Daniel W. (2011). *Theories of international politics and zombies*. Princeton: Princeton University Press. pp. 1-192, (p. 47).

이 아니라 불평등과 착취 등이 발생하면서 갈등이나 분쟁이 발생할 수 있는 것이다.[14] 그 결과 무역이 분쟁에 미치는 영향, 중요성, 규모가 작거나,[15] 비대칭적인 교역 관계가 지속되면 분쟁이 발생할 가능성도 커질 수 있다. 국가 간 무역의 발전은 오히려 갈등의 발생을 증가시킬 수 있고 갈등은 다시 무역 발전에 부정적인 영향을 미치게 되면서,[16] 무역은 분쟁을 증가시킬 수 있으며 분쟁은 무역을 감소시킬 수 있게 되는 것이다.[17]

그리코(Grieco)는 왈츠의 상대적 이익(relative-gains)에 대한 가설을 근거로 내세워 상대적 이득은 장기적으로 협력의 단기적 이익을 무시할 수 있다고 강조한다. 국가들은 협력이 창출할 외부 효과를 기대하기 때문에, 다른 국가에 불평등하게 이익을 주는 장기 계약을 피하게 된다고 주장한다.[18] 조앤 고와(Joanne Gowa)는 무역이 분쟁에 미치는 영향은 부수적인 현상이며 다른 요인들이 분쟁의 원인이라고 강조한다. 그는 무역이 경제적 효율성을 증가시킬 수 있기 때문에 국가들은 자원을 군사적인 목적으로 유용할 수 있다고 주장한다.[19]

현실주의에서는 국제정치를 무정부 상태로 보기 때문에 국제정치에는 정치적

---

14) 고경민. (2008). 동북아 평화번영과 한국 지방외교. 통일정책연구. 제17권 1호. 113-141쪽. (134쪽).

15) Buzan, Barry. (1984). Economic Structure and International Security: The Limits of the Liberal Case. In: *International Organization*. Vol, 38, no. 4. pp. 597-624.

16) 국가 간에 교역이 비대칭적으로 이루어지는 비대칭적인 상호의존 관계는 분쟁을 발생시킬 수 있다. Gasiorowski, Mark J. (1986). Economic Interdependence and International Conflict: Some Cross-National Evidence. In: *International Studies Quarterly*. Vol. 30, iss. 1. pp. 23-38.

17) Keshk, Omar M. G. and Brian M. Pollins and Rafael Reuveny. (2004). Trade still follows the flag: The Primary of Politics in a Simultaneous Model of Interdependence and Armed Conflict. In: The *Journal Of Politics*. Vol. 66, no. 44. pp. 1155-1179.

18) Schneider, Gerald and Katherine Barbieri and Nils Petter Gleditsch. (2003). Does Globalization Contribute to Peace A Critical Survey of the Literature. In: Gerald Schneider, Katherine Barbieri, Nils Petter Gleditsch, ed., *Globalization and Armed Conflict*. Maryland: Rowman & Littlefield. pp. 1-384. (p. 12).

19) Schneider, Gerald and Katherine Barbieri and Nils Petter Gleditsch. (2003). Ibid. p. 12.

권위가 부재하다고 여긴다. 국가 간에 신뢰는 결여되어 있어 자국의 힘을 극대화하기 위해 노력할 수밖에 없다는 것이다. 교역 상대국 간 규범의 위반과 자국의 약점을 경제적으로 악용하려는 것도 협력을 어렵게 한다고 생각한다.[20] 북한에 대한 부정적인 인식과 신뢰의 결여는 협력이 이루어지기 힘든 여건을 조성시키고 있다.[21] 북한과의 협력을 재개하기 위해서는 국가 간 신뢰부터 회복해야 한다. 서로를 향한 부정적인 인식도 신뢰 회복에서 개선될 수 있다. 평화를 위해 힘의 경쟁이 우선되어야 할까? 아니면 협력을 통한 평화를 만들어가야 할까? 분쟁의 시대에 평화는 더욱 소중하게 다가온다.

Ⅲ. 경제적 상호의존과 군사분쟁 연구 설계

1. 연구범위

북한의 경제적 상호의존과 군사분쟁의 상호인과성을 분석하기 위해서 두 변수를 독립변수와 종속변수로 교차적으로 두면서 모형을 구축한다. 연구의 시간적 범위는 1970년도부터 2015년도까지이다.[22] 1970년도부터 1990년도까지 북한의

---

20) 존 베일리스, 스티브 스미스 (2006). 하영선 옮김. *세계정치론*. 서울: 을유문화사. 317쪽.

21) 현실주의자들은 북한이 경제적 상호의존으로 인해 발생한 이득을 군사력 증강에 사용할 수 있다고 주장한다. 상대적인 이익에 대한 염려가 분쟁을 발생시킬 수 있다고 생각한다.

22) 마게와 마수드(Magee and Massoud)는 1950년도부터 2004년도까지의 137개 국가에 대하여 경제개방과 국제분쟁 간의 관계에 대해서 분석했다(Magee, Christopher S P and Tansa George Massoud. (2011). Openness and internal conflict. In: *Journal of Peace Research*. Vol. 48, no. 1. pp. 59-72). 로스트와 폴라체크 그리고 창(Robst and Polachek and Chang)은 1966년부터 1992년까지 갈등과 협력에 대해서 최소제곱법 다변량 회귀분석(ordinary least squares multivariate regressions) 방법을 사용하여 분석했다(Robst, John and Solomon Polachek and Yuan-ching Chang. (2007). Geographic Proximity, Trade, and International Conflict/Cooperation. *Conflict Management and Peace* Science. Vol. 24. pp. 1-24).

대외관계는 주로 사회주의권 국가와의 관계에 초점이 맞추어져 있었다. 1980년대 말과 1990년대 초에는 소련 및 동구권 공산 정권의 붕괴로 동서 냉전이 종식되면서 북한에 우호국들이 사라지거나 체제를 전환하게 되었다. 이에 1990년도부터 2015년까지 북한의 대외관계는 자본주의 국가들과 관계를 형성하면서도 북·중 간 전략적 밀월관계가 강화된 시기이다. 그리고 1990년도부터 2015년까지는 남북한 간의 경협과 교역이 진행되던 시기라는 점에서 분석에 의미를 가진다. 북한의 대외관계는 제재하에서도 국제 정세 변화와 직접적으로 연결되어 있다는 점에서 경제적 상호의존과 군사분쟁이 어떠한 영향을 주고받았는지 살펴보려 한다.

공간적 범위는 전 세계 국가 중 북한과 교역이 있었던 77개 국가로 한정한다. 이에 시간의 순서로 기록되고 국가별 특성에 따라 변수가 횡단면으로 구성되기 때문에 시계열데이터(time-series data)와 횡단면데이터(cross-sectional data)를 하나로 합친 패널 데이터(panal data)를 이용해 패널 모형(panal model)을 분석한다.

북한의 경제적 상호의존과 군사분쟁을 분석하는 독립변수는 t-1기를 적용하여 종속변수에 미치는 영향력을 살펴본다. 그레인저는 과거의 독립변수 X는 현재의 종속변수 Y를 더 정확하게 예측한다고 주장한다.[23] 오닐과 러셋도 독립변수를 과거 값으로 두고 현재의 분쟁이 발생한 것을 분석하는 것은 더 나은 결과 값을 도출한다고 제시한다.[24] 예를 들어 1990년도에 북한의 군사분쟁(경제적 상호의존)이 발생하면 그 해의 경제적 상호의존(군사분쟁)에 영향을 미친다. 그 결과 같은 연도를 기준으로 독립변수와 종속변수를 두고서 분석하면 이미 종속변수에 독립변수가 미치는 영향이 포함되어 편향된 값이 도출될 가능성이 크다. 독립변수를 1년

23) Granger, C.W.J. (1969). Investing Causal Relations by Econometrics Models and Cross-spectral Methods. In: *Econometrica*. Vol. 37, no. 3. pp. 424-438.

24) Oneal, John R. and Bruce Russett and Michael L. Berbaum. (2003). Causes of Peace: Democracy, Interdependence, and International Organizations, 1885-1992. In: *International Studies Quarterly*. Vol. 47, no. 3. pp. 371-393. (p. 372).

늦추는(lag) 것은 독립변수와 종속변수 간의 인과관계에 신뢰성을 높여 동시편의(simultaneity bias)[25] 를 줄일 수 있기 때문에 독립변수를 t-1기로 두고 종속변수를 t기로 두고 분석한다.

2. 모형, 변수 설정

연구 모형의 독립변수 겸 종속변수는 북한의 경제적 상호의존과 군사분쟁이다. 통제변수는 북한을 중심으로 교역하는 국가 간의 거리, 독재국가, 외교관계, 경제개방, 강대국, 무역, 북한 GDP 변수를 선정하여 각 패널 데이터와 분석 모형에 맞게 종속변수에 미치는 변수를 통제한다. 자료 Ⅰ은 누락된 무역 자료에 다른 기관의 자료들을 참고하여 보충 한 후 시계열을 구성하여 집계한다. 이에 〈모형 1-1〉은 군사분쟁이 경제적 상호의존에 미친 영향을 분석하며, 〈모형 2-1〉은 경제적 상호의존이 군사분쟁에 미친 영향을 분석한다. 자료 Ⅱ는 북한과 세계 국가 간 교역에서 누락된 무역액(0으로 되어 있는 값)은 제외하고 실질적인 자료를 기준으로 패널 데이터를 구성한다. 그리고 북한이 전 세계 국가들을 대상으로 한 대외무역 변수와 강대국 변수 대신 북한의 무역과 GDP를 추가하여 북한의 경제적인 상황에 따라 경제적 상호의존과 군사분쟁에 미치는 영향력을 분석한다. 이러한 기준하에 연구 모형은 아래와 같다.

〈모형 1-1〉: 북한의 군사분쟁이 경제적 상호의존에 미치는 영향(t-1)

$$경제적 상호의존_{ij,t} = a + \beta_1 군사분쟁_{ij,t-1} + \beta_2 Ln 거리_{ij,t-1} + \beta_3 독재국가_{ij,t-1}$$
$$+ \beta_4 경제개방_{j,t-1} + \beta_5 외교관계_{ij,t-1} + \beta_6 강대국_{i,t-1} + \varepsilon_{ij,t}$$

25) Gartzke, Erik and Quan Li. (2003). Measure for Measure: Concept Operationalization and the Trade Interdependence-Conflict Debate. In: *Journal of Peace Research*. Vol. 40, no. 5. pp. 553-571. (p. 560).

⟨모형 2-1⟩: 북한의 경제적 상호의존이 군사분쟁에 미치는 영향(t-1)

$$군사분쟁_{ij,t} = a + \beta_1 경제적 상호의존_{ij,t-1} + \beta_2 Ln거리_{ij,t-1} + \beta_3 독재국가_{ij,t-1}$$
$$+ \beta_4 경제개방_{j,t-1} + \beta_5 외교관계_{ij,t-1} + \beta_6 강대국_{i,t-1} + \varepsilon_{ij,t}$$

⟨모형 1-2⟩: 북한의 군사분쟁이 경제적 상호의존에 미치는 영향(t-1)

$$경제적 상호의존_{ij,t} = a + \beta_1 군사분쟁_{ij,t-1} + \beta_2 Ln무역_{ij,t-1} + \beta_3 Ln 북한 GDP_{ij,t-1}$$
$$+ \beta_4 Ln거리_{ij,t-1} + \beta_5 독재국가_{ij,t-1} + \beta_6 경제개방_{ij,t-1} + \beta_7 외교관계_{ij,t-1} + \varepsilon_{ij,t}$$

⟨모형 2-2⟩: 북한의 경제적 상호의존이 군사분쟁에 미치는 영향(t-1)

$$군사분쟁_{ij,t} = a + \beta_1 경제적 상호의존_{ij,t-1} + \beta_2 Ln무역_{ij,t-1} + \beta_3 Ln 북한 GDP_{ij,t-1}$$
$$+ \beta_4 Ln거리_{ij,t-1} + \beta_5 독재국가_{ij,t-1} + \beta_6 경제개방_{ij,t-1} + \beta_7 외교관계_{ij,t-1} + \varepsilon_{ij,t}$$

1) 종속변수: 군사분쟁 / 경제적 상호의존[26]

군사분쟁: 군사분쟁과 관련된 자료는 전쟁의 상관관계 프로젝트(Correlates of War·COW)에서 구축된 양 국가 간 군사분쟁(Dyadic Militarized Interstate Disputes·MID) Data 2.1EE와 3.10을 중심으로 사용한다.[27] COW의 MID 2.1EE는 1816년부터 1992년까지 자료를 제공하고 있으며, MID 3.10은 1993년도부터 2001년도까지 군사분쟁에 대한 자료를 제공하고 있다. 2002년도부터는 군사분쟁과 관련된 자료를 취합할 수가 없어서 2002년도부터 2015년도까지는 국내 주요 뉴스 자료와 군사분쟁과 관련된 자료를 기준으로 집계한다. 그리고 기존의 MID 자료에서는 1996년 북한의 강릉 잠수함 침투사건, 1998년 북한 반잠수정 침투에 대한 남한의 반잠수정 격침, 1999년 제1연평해전 등이 제외되어 있어서 추가로 코딩한다.

---

26) 경제적 상호의존과 군사분쟁 변수는 종속변수이자 독립변수로 투입되어 두 변수 간의 내생성과 서로 어떠한 영향을 미치는지 분석한다.

27) correlatesofwar(http://www.correlatesofwar.org/, 검색: 2017.05.23.).

COW에서 군사분쟁은 0과 1이라는 이분변수(dichotomous variable)로 집계되어 있는데, 군사적 위협(threat to use of force=2), 군사적 시위(display of force=3), 군사력 사용(use of force=4), 전쟁(war=5) 중 어느 하나가 발생할 경우 1로 코딩한다.[28]

경제적 상호의존[29] : 북한과 교역국 간의 경제적 상호의존은 바비에리의 경제적 상호의존 모형을 기준으로 측정한다.[30] 경제적 상호의존은 국가 간 대외무역액을 통해 구할 수 있는데 IMF,[31] UNCOMTRADE,[32] 국가통계포털(KOSIS)[33] 등과 같은 자료를 활용한다. 하지만 북한은 대외무역에 대한 자료를 국제사회에 직접 제출하지 않고 있어서 거울통계(mirror statistic) 방법을 사용하여 간접적으로 집계할 수밖에 없다.[34] 그 결과 북한의 대외무역 자료에는 누락된 자료가 많으며 분석 시 주의를 요한다. 그럼에도 불구하고 북한의 무역자료는 상대적으로 신뢰할 수 있는 객관적인 자료이며, 북한경제를 이해하기 위한 실마리로 여겨지고 있다.[35] 하지만 무역액을 집계하는 문제는 북한만의 특수한 사례는 아니다. 생각보다 많은 국가들

---

28) 본 연구에서는 북한-중국, 북한-남한, 북한-미국과 같이 북한을 중심으로 집계한다. 이는 북한이 어떠한 변수에 의해서 군사분쟁이 발생하고 억제될 수 있으며, 경제적 상호의존에 직접적으로 어떠한 영향을 미치는지 중심적으로 살펴볼 수 있기 때문이다.

29) Barbieri, Katherine. (1996). Economic Interdependence: A Path to Peace or a Source of Interstate Conflict. In: *Journal of Peace Research*. Vol. 33, no. 1. pp. 29-49. (pp. 36-37).

30) 경제적 상호의존은 북한과 거래하는 국가들과의 무역액을 기준으로 북한과 전 세계 국가들과의 관계를 측정한다.

31) IMF(https://www.imf.org/en/Research, 검색: 2017.03.08.).

32) UNCOMTRADE(https://comtradeplus.un.org/, 검색: 2017.03.08.).

33) KOSIS(https://kosis.kr/index/index.do, 검색: 2017.03.09.).

34) 북한과 중국이 교역을 하면 중국에서는 북한과의 무역을 집계해서 기관에 신고하기 때문에 역으로 추정이 가능하다. 북한이 중국에 A라는 상품을 수출하면 중국은 A 상품을 수입했다는 식으로 무역액을 집계할 수 있다.

35) 이석, 이재호, 김석진, 최수영. (2010). 1990~2008년 북한무역통계의 분석과 재구성. 서울: 한국개발연구원. 1-261쪽. (5쪽).

이 IMF에 양국 간 교역을 보고하지 않기 때문이다.[36] 다만, 북한의 통계를 상대적으로 살펴봐야 한다는 점에서 주의를 요구한다.

경제적 상호의존은 바비에리(Barbieri)의 방법을 적용한다. 바비에리는 교역집중도, 교역현저성, 교역대칭성을 통해서 상호의존성을 구한다. 바비에리는 오닐과 러셋과 다르게 보다 구체적으로 제시하고 있다는 점에서 본 방법을 채택해서 구한다. 상호의존성은 제곱값을 취한 값에 교역현저성과 교역대칭성을 곱하여 구할 수 있다. 교역현저성은 교역 국가 간의 상대적 크기 또는 중요성과 교역대칭성은 무역관계의 평등성을 알 수 있으므로 두 지수를 곱하여 1에 가까우면 양국 간에 상호의존성이 높다는 것을 알 수 있다.

$$상호의존성_{ij}(economic\ dependence) = \sqrt{교역현저성_{ij} \times 교역대칭성_{ji}}$$

2) 통제변수

경제적 상호의존과 군사분쟁에 미치는 영향력을 통제하기 위해서 거리, 독재국가, 경제개방, 외교관계, 강대국, 무역, 북한 GDP 총 7개 변수를 둔다. 이러한 통제변수는 북한의 대외무역을 집계한 방법에 따라 변수를 다르게 투입하여 종속변수에 미치는 영향력을 분석한다.

거리: 국가 간의 거리는 국제정치경제학(international political economy)에서 군사분쟁의 발생과 경제적 상호의존의 발전에 큰 영향을 미친다고 주장한다. 국가 간 거리가 가까우면 경제적인 이익 차이로 군사적인 갈등이 발생할 가능성이 높지만, 한편으로는 지리적인 이점을 기반으로 국가 간 운송이 발달하고 협력이 증대하여 군사분쟁의 발생을 억제시키기도 한다.

북한과 전 세계 국가와의 거리는 글리치츠치(Gleditsch)가 제공하는 'capdist'

---

36) Gelpi, Christopher F. and Joseph M. Grieco. (2008). Democracy, Interdependence, and the Sources of the Liberal Peace. In: *Journal of Peace Research*. Vol. 45, no. 1. p. 20. pp. 17-36.

자료를 사용한다.[37] 국가 간 거리를 측정할 때 수도는 각 나라의 경제와 정치의 중심이자 주요한 결정이 이루어지는 곳이기 때문에 이를 기준으로 집계한다. 북한과 교역하는 국가와의 거리는 로그를 취하여 이분산성을 줄여주고 안정적으로 나타내도록 한다.

독재국가: 독재국가 체제에 대한 구분은 COW의 체계적 평화를 위한 센터(Center for Systemic Peace)[38]의 정치 시계열 시리즈 Ⅳ(Polity Ⅳ Annual Time-Series, 1800-2015) 자료를 바탕으로 이분형으로 집계한다. 민주주의와 독재의 값을 기준으로 북한과 무역하는 상대국가가 동일하게 독재국가이면 1로 코딩을 하며, 상대방 국가가 민주주의 국가에 속하면 0으로 코딩하여 구분한다.

경제개방: 북한과 교역하는 국가의 경제개방은 수출액과 수입액에서 실질 GDP를 나누어 측정한다.[39] 실질 GDP는 국제연합무역개발협의회(UNCTAD)에서 제공하는 자료를 사용한다.[40] 북한의 경제개방이 증가하면 경제적 상호의존 증가와 군사분쟁 감소에도 영향을 미칠 것으로 생각된다.

$$개방_{i,t} \cdot 경제개방_{j,t} = \sqrt{(\frac{X_{iw,t} + M_{iw,t}}{GDP_{i,t}}) \cdot (\frac{X_{jw,t} + M_{jw,t}}{GDP_{j,t}})}$$

외교관계: 북한의 외교관계에 대한 자료는 COW의 'Diplomatic Exchange data set'의 자료를 활용한다.[41] COW는 외교관이 없으면 0, 일시적으로 대사를 대신하는 외교관과 카운슬러, 대사관이 추방되거나 다시 주재하면 1, 장관 거주는 2,

37) ksgleditsch(http://ksgleditsch.com/mindist.html, 검색: 2017.10.15.).

38) Systemic Peace(http://www.Systemic Peace.org/inscrdata.html, 검색: 2017.03.10.).

39) 경제개방을 측정하는 방법은 양국의 경제개방을 곱한 후 제곱근을 취해서 나타내는 바비에리의 방법을 적용한다. Barbieri, Katherine and Richard Alan Peters II. (2003). "Measure for mismeasure: A Response to Gartzke & Li. In: *Journal of Peace Research*. Vol. 40, no. 6. pp. 713-719. (p. 717).

40) unctad(http://unctadstat.unctad.org, 검색: 2017.03.04.)

41) correlates of war(http://www.correlatesofwar.org/, 검색: 2017.05.23.).

대사관은 3, 이외에 다른 변수들은 9로 처리했다. 하지만 2005년도 이후의 자료는 제공하고 있지 않아서 외교부의 재외공관 현황을 보고 추가한다.[42]

COW의 자료에서 외교관 기준이 2와 3일 경우에는 1로 코딩을 하며, 그 이외에는 0으로 코딩한다. 2005년도 이후는 북한에 상주하고 있는 국가의 대사관, 총영사관, 대표부가 있거나 북한이 다른 국가에 재외공관을 설치하고 파견하고 있다면 1로 코딩을 하며, 아니면 0으로 표기하여 구분한다.

강대국: 강대국 변수는 COW에서 1816년부터 2016년도까지 제공하고 있다. COW가 강대국으로 제시하고 있는 미국, 러시아, 중국, 일본 등을 채택하여 1로 코딩을 하고 그렇지 않은 국가는 0으로 기입한다. 강대국이 북한의 군사와 경제에 크게 작용하고 있기 때문에 종속변수에 미치는 영향력도 클 것으로 보인다.

무역: 북한과 교역국가와의 무역을 측정하는 방법은 북한의 수출입 총액에 북한과 교역하는 국가와의 수출입액을 나눈 후 로그를 취하여 나타낼 수 있다. 이를 통해 북한과 전 세계 국가와의 무역 변화에 따라 군사분쟁에 미치는 영향력을 살펴볼 수 있을 뿐만 아니라 북한의 군사분쟁에 따라 대외무역에 미치는 영향력을 분석할 수 있다.

$$\text{무역}_{ij} = \frac{\text{국가간 교역}\, ij}{\text{총교역}\, i}$$

북한 GDP: 북한의 GDP가 증가할수록 경제적 상호의존에는 긍정적인 영향을 미칠 수 있다. 반면에 북한과 교역국과의 경제적인 관계가 심화되면 갈등으로 인한 비용을 발생시키지 않으려고 분쟁은 감소할 것으로 보인다. 이에 북한 GDP를 변수로 투입하여 경제적 상호의존과 군사분쟁에 미친 영향을 살펴본다. 북한의 GDP는 UNCTADstat[43]의 자료를 사용하여 북한(i)의 실질 GDP를 집계한 후 로

---

42) mofa(http://www.mofa.go.kr, 검색: 2017.03.15.).
43) UNCTAD는 전 세계 국가의 실질 GDP를 백만 달러를 기준으로 제공하고 있다.

그를 취해서 나타낸다.

Ⅳ. 경제적 상호의존과 군사분쟁 분석

1. 경제적 상호의존과 군사분쟁 기초통계 분석[44]

〈표-1〉의 자료 Ⅰ에서 경제적 상호의존의 최솟값은 0, 최댓값은 0.29, 평균값은 0.02로 최솟값과 최댓값의 차이가 크며, 특정 국가에 경제적으로 의존하는 비중이 높았다. 북한과 세계 국가 간 경제적 상호의존이 낮은 상태에서 점차 증가하게 되면 북한의 군사분쟁을 감소시키는 데 유의미한 영향을 미칠 수 있다는 것을 보여준다.

자료 Ⅱ의 기초통계 분석에서도 경제적 상호의존 변수의 최솟값은 0, 최댓값은 0.29, 평균값은 0.03으로 자료 Ⅰ과 비슷하게 나타났다. 북한과 남한, 중국 그리고 러시아는 누락된 교역을 제외하더라도 이들 국가와의 무역관계는 지속되고 발전해 왔기 때문에 큰 영향을 미치지 않은 것으로 보인다.

북한은 전 세계 국가들을 대상으로 군사분쟁과 위협을 가하는 것처럼 보이지만, 실질적으로는 한국, 미국, 일본, 중국을 상대로 군사분쟁을 발생시켰다.[45] 즉, 북한과 이해관계가 있거나 군사적인 대립 관계에 있는 국가들 중심으로 군사분쟁이 발생했다. 전 세계적으로 분쟁을 일으키기 위한 군사력과 경제력이 뒷받침되지 않는다. 아무리 미국이라도 모든 국가를 대상으로 동시 다발적으로 전쟁을 수행할 수

---

44) 변수에 대한 다중공선성(VIF) 검사 결과에서는 모두 10 이하로 나타나서 독립변수 간 상관관계는 낮게 나타났다.

45) 북한의 t시점 기준 군사분쟁은 총 57회로 한국(33회), 미국(8회), 일본(7회), 중국(6회)을 중심으로 발생했다. 전체적으로는 1990년대 이전에 13회, 1990년대 이후에는 44회로 총 57회 발생시킨 것으로 나타났다. correlates of war(http://www.correlatesofwar.org/, 검색: 2017.05.23.).

없을 것이다. 우크라이나 전쟁에 대한 군사적인 지원에 대해서도 미국의 부담은 커지고 있는 상황이기 때문이다.

자료 Ⅰ과 비교하면, 군사분쟁의 평균값은 0.01로 분쟁의 발생 확률도 낮아졌고 평균값도 다소 변화가 발생했다. 물론 평균값과 발생 횟수의 차이가 크지 않아 통계적으로는 큰 차이를 발생시키지 않을 것으로 보인다.[46]

〈표-1〉의 변수 중에 북한 GDP의 최솟값은 1970년에 10.81, 최댓값은 2014년에 73.45, 평균값은 31.12를 기록했다. 북한의 GDP는 2004년 이후 급격하게 증가하는 모습을 볼 수 있다. 2000년대 중반 이후 2002년 7·1경제관리 개선조치, 2003년 종합시장의 허용, 북·중관계 및 남북관계의 개선에 따른 경제적 상호의존 확대 등이 영향을 미치면서 북한경제는 발전하는 모습을 보였다.[47] 개성공단이 조성되고 가동이 중단될 때까지 정부와 민간에서 투자한 돈은 1조 190억 원(공공투자 4,577억 원, 민간투자 5,613억 원)이었다. 개성공단 설립은 북한경제를 활성화하는 데 일조하였고 대외무역이 증가하는 데에도 영향을 미쳤다. 남한의 북한에 대한 경제협력과 대외관계가 활성화되었다면, 남한을 적대적 국가로 보고 헌법을 수정해서 명시하거나 도발하는 행위도 크지 않았을 것으로 여겨진다. 교역의 중요성을 볼 수 있다.

---

46) 전 세계적인 분쟁의 발생은 1970년대(1970-1979년) 247회, 1980년대(1980-1989년) 365회, 1990년대(1990-1999년) 288회, 2000년대(2000-2009년) 298회 발생했다. 분쟁은 1990년대 들어오면서 줄어드는 경향이 있지만, 2000년대부터 분쟁의 발생이 다시 증가하는 추세에 있다. 북한의 군사분쟁만 증가한 것이 아니다(correlates of war〈http://www.correlatesofwar.org/data-sets/MIDs〉, 검색: 2018.04.21.).

47) 양문수. (2007). 2000년대 북한경제의 구조적 변화. KDI 북한경제리뷰. Vol.9 no.5. 3-23쪽. (4쪽).

〈표-1〉 경제적 상호의존과 군사분쟁 변수 기초통계

자료 Ⅰ					
변수	개체수	평균	표준오차	최솟값	최댓값
군사분쟁t	3,541	0.016(57)	0.12	0	1
군사분쟁$t-1$	3,464	1) 0.016(56)	2) 0.34	0	1
경제적 상호의존t	3,541	3) 0.02	4) 0.03	0	0.29
경제적 상호의존$t-1$	3,464	5) 0.03	6) 0.03	0	7) 0.29
거리$t-1$	3,464	8) 8.35	9) 1.27	0.69	9.4
독재국가$t-1$	3,464	10) 0.37(1,273)	11) 0.48	0	1
경제개방$t-1$	3,464	12) 3.66	13) 39.04	14) 0	15) 1834.171
외교관계$t-1$	3,464	16) 0.44(1,522)	17) 0.50	0	1
강대국$t-1$	3,464	18) 0.08(273)	19) 0.27	0	1
자료 Ⅱ					
변수	개체수	평균	표준오차	최솟값	최댓값
무역$t-1$	2,958	14.05	4.34	0	22.60
군사분쟁t	3,003	0.01(45)	0.12	0	1
군사분쟁$t-1$	2,958	0.01(44)	0.12	0	1
경제적 상호의존t	3,003	0.03	0.03	0.000033	0.29
경제적 상호의존$t-1$	2,958	0.03	0.04	0	0.29
북한 GDP$t-1$	2,958	31.12	16.94	10.81	73.45
거리$t-1$	2,958	8.33	1.30	0.69	9.4
독재국가$t-1$	2,958	0.33(976)	0.47	0	1
경제개방$t-1$	2,958	2.54	16.71	0	666.96
외교관계$t-1$	2,958	0.46(1,362)	0.50	0	1

주: 1. 자료 Ⅰ의 ( )는 군사분쟁 발생, 독재국가, 외교관계 형성국가, 강대국을 1로 코딩한 횟수.

   2. 자료 Ⅱ의 ( )는 군사분쟁 발생, 독재국가, 외교관계 형성국가를 1로 코딩한 횟수.

출처: 오종문. (2019). 북한의 경제적 상호의존과 군사분쟁의 상호인과성 분석. 북한연구학회보.
제23권 제2호. 159-198쪽, (176-177쪽).

2. 경제적 상호의존과 군사분쟁 관계 회귀분석

〈표-2〉에서 북한과 세계의 경제적 상호의존과 군사분쟁 관계 회귀분석 결과 두 변수 간에 상호인과성이 나타났다. 북한이 군사분쟁을 발생시키면 경제적 상호의존은 감소하고, 경제적 상호의존이 증가하면 군사분쟁이 발생할 확률이 감소했다. 이에 경제적 상호의존과 군사분쟁 관계의 '가설 1. 북한의 군사분쟁이 발생하면 경제적 상호의존은 감소할 것이다.'와 '가설 2. 북한의 경제적 상호의존이 증가하면 군사분쟁 발생은 줄어들 것이다.'가 검증됐다. 군사분쟁이 발생하면 경제적 상호의존의 발전을 저해시키고, 경제적 상호의존이 증가하면 지역통합과 평화를 촉진시킨다는 자유주의의 주장을 뒷받침한다.

북한과 교역국 간의 단편적인 대외적인 관계보다는 양국 간 경제협력을 통한 경제적 상호의존의 확대가 북한의 군사분쟁 발생을 억제시키는 데 더 큰 영향을 미친다. 국가 간 군사분쟁이 발생해도 협력의 수준이 커지면 경제적인 이익이 분쟁의 비용보다 크기 때문이다. 이에 따라 북한과 교역국 간에 대외관계가 증대되고 협력의 수준이 높아지면 군사분쟁이 발생할 가능성을 감소시킬 수 있다. 특히 북한과 교역국 간에 경제적 상호의존의 증대는 군사중심이 아닌 경제중심 협력체로 서로 발전해 나갈 수 있다는 점에서 의미가 크다. 이와 함께 북한의 외교관계가 확대되고 경제개방을 통한 전 세계 국가와의 협력이 활성화된다면, 평화와 번영의 한반도를 함께 만들어 갈 수 있다.

국가 간에 정치적인 성향과 교역 형태, 복잡한 상호의존 등에 의해서 경제적 상호의존과 군사분쟁이 발생할 수 있다. 국가 간 분쟁이 발생하더라도 양국 간에 이익을 위해서 상호의존은 형성될 수 있다. 오히려 UN 대북제재를 통한 경제적인 압

박과 지원 중단은 북한의 군사적인 도발을 증가시킬 수 있다.[48]

통제변수 중 국가 간 거리가 증가할수록 경제적 상호의존과 군사분쟁이 발생할 가능성이 감소하는 것으로 나타났다. 북한과의 거리가 가장 가까운 국가 순서로는 중국(0.69), 한국(3.58), 러시아(3.87), 일본(6.68), 홍콩(7.2) 등이 있는데, 이들 국가 중 북한이 군사분쟁을 일으킨 국가는 중국, 한국, 일본으로 북한과 근접하면서 정치적인 갈등이 큰 국가들을 중심으로 분쟁이 발생할 가능성이 크다는 것을 알 수 있다.[49]

독재국가 변수는 경제적 상호의존을 증가시키지만, 통계적으로는 유의미하지 않았다. 반면에 군사분쟁의 발생 가능성은 경제적 상호의존을 감소시키며 통계적으로도 유의미했다. 독재국가 중에 중국과 러시아를 제외하고 북한의 대외무역에 가장 큰 영향을 미친 국가는 태국, 이집트, 사우디아라비아, 바레인, 베네수엘라, 쿠바, 싱가포르, 인도네시아 등이 있다. 특히 사우디아라비아는 북한과 외교관계를 맺고 있지 않음에도 교역이 크게 증가했다. 북한의 사우디아라비아에 대한 주요 수출입 3대 품목을 살펴보면, 2015년 북한 수출 중에 원자로, 보일러, 기계 그리고 정비 품목(HS84)을 가장 많이 수출했다. 그리고 HS85 전자기기와 장비 제품에 대해서도 수출했다. 북한에 대한 대북제재가 실시되고 있음에도 주요한 상품에 대한 수출입이 이루어졌다. 지금은 북한에 대한 제재가 더욱 강화되면서 과거와 같은 교역이 진행되기 어려운 상황에 있지만, 자유주의 국가와 권위주의 국가(독재국가) 간의 대립과 갈등이 커지면서 북한과 우호적인 국가들 간의 거래가 다시 증가할 것으로 보인다.

경제개방은 경제적 상호의존과 군사분쟁의 발생을 감소시키는 경향이 있지만 통계적으로는 유의미하지 않았다. 북한의 경제개방이 더 확대되어야 할 것으로 보

---

48) 북한의 군사분쟁은 대부분 미사일 발사로 인한 주변 국가에 대한 위협이 크다. 이러한 미사일 발사가 한국이나 미국, 일본 등의 영토에 직접적인 영향을 미친 것은 많지 않다. 오히려 공해상에 미사일을 발사하고 실험한 것이 위협으로 간주되었다.

49) ksgleditsch(http://ksgleditsch.com/mindist.html, 검색: 2017.10.15.).

인다. 경제개방과 경제적 상호의존을 살펴보면, 북한은 폐쇄경제보다는 개방경제를 추구하려는 것으로 보인다. 외국에 대한 무역의존도가 50%가 넘기 때문이다. 물론 중국, 남한, 러시아에 의존하는 비중이 크게 작용하지만, 대북제재하에서 이러한 비중을 차지했다는 것은 북한도 대외관계를 형성하고 발전시켜 나가고 싶어한다는 것을 알 수 있다. 하지만 지금은 북한에 대한 제재가 더욱 강화되어 무역의존도가 이보다 낮은 수준에 있다. 대북제재가 작용하지 않았다면, 북한도 경제개방을 제한적으로 확대 발전시켜 나갔을 것으로 보인다. 이는 북한의 경제특구와 경제개발구 전략을 통해서도 알 수 있다. 북한의 지역적인 특색을 활용해서 수출입을 특화하여 교역을 발전시켜 나갔을 것이다.

북한의 대외 무역의존도는 2000년대에 20%에서 2014년에는 50%로 정점을 찍은 후 2015년에는 48%를 기록하며 대외무역에 상당히 의존하는 개방된 경제구조를 가지고 있었다.[50] 북한 대외경제정책의 5가지 특징은 다음과 같다.

"첫째, 외부 세계와의 경제·기술 교류의 중요성을 강조하고 있다. 둘째, 경제특구를 중심으로 경제개방정책을 추진하고 있으며, 이 정책의 핵심은 북한경제 내부의 변화를 최소화하면서 경제문제 해결에 필요한 자본과 선진기술을 유치하는 것으로 판단된다. 셋째, 북한은 무역의 다양화·다각화 필요성을 강조하고 있다. 넷째, 중앙정부 차원에서의 경제적 상호의존 확대 노력과 병행하여, 국경 인근의 지방정부와의 협력을 강화하기 위한 노력이 강조되고 있다. 다섯째, 국제사회로부터 외교적 고립이 해소되지 않는 현 상태에서는 중국과의 경제적 상호의존을 확대함으로써 직면한 경제문제를 해결하고 김정은 체제의 경제적 통치기반을 안정화시키겠다는 의도를 보여주고 있다."[51]

50) 정민규. (2019). *북한투자의 시대*. 서울: 라온북. 1-433쪽. (37-38쪽).
51) 양문수, 이석기, 이영훈, 임강택, 조봉현. (2012). 2000년대 북한경제종합평가. 서울: 산업연구원. 1-565쪽. (24쪽).

북한 정권은 외부 세계와의 관계를 이어가면서 경제개발구와 경제특구를 중심으로 경제를 발전시켜 나가고 싶어 한다. 하지만 UN과 미국의 독자적인 대북제재 등이 강화되면서, 북한에 우호적인 중국과 러시아와 같은 권위주의 국가와의 경제적인 교류와 대외관계가 역으로 확대되고 있다. 제재가 오히려 이념적인 대립을 낳고 북·중·러 관계를 더욱 밀접하게 만들어주고 있다.

외교관계는 북한의 군사분쟁 발생 확률을 크게 낮추는 것으로 나타나 그 중요성을 확인할 수 있다. 북한 외교는 국제체계 내 모든 행위자를 연결하는 "전 세계 환경, 동북아시아 지역환경, 두 국가 사이 상호작용의 전체 양태인 쌍방체계 등 국제환경과 정치구조, 경제력, 군사력, 이데올로기, 역사적 경험 등으로 형성된 국내환경으로부터 영향을 받아 왔다."[52] 외교부의 재외공관 현황에 의하면, 한국은 총 163개국 북한은 총 54개국에 상주 대사관, (총)영사관, 대표부를 파견하고 있다. 이 중 아주 지역에 남한은 대사관은 24곳, 총영사관은 21곳, 대표부는 아세안에 1곳을 보내고 있으며, 북한은 대사관은 14곳, 총영사관은 2곳을 파견하고 있다.[53] 북한은 전 세계 행위자들과의 외교적인 관계가 UN대북제재의 영향을 받고 있지만, 해외에 대외공관을 설치하며 활동하고 있다는 것을 알 수 있다.

북한은 1970년대 들어 자주노선을 견지하며 자본주의 국가와의 외교관계를 수립하고 남북대화, 미국에 대한 직접접촉 제의, 국제기구 가입의 급속한 확대, 비동맹운동과 77그룹 가입 등 외교정책의 세계화를 추구했다.[54] 은둔의 국가를 추구하기보다는 세계적인 국가를 지향했다. 하지만 현실은 폐쇄적인 국가가 되었다.

---

52) 정규섭. (1999). *북한외교의 어제와 오늘*. 서울: 일신사. 1-427쪽. (17쪽).

53) mofa(http://www.mofa.go.kr, 검색: 2017.03.15.).

54) 정규섭. (1999). 위의 책. 121쪽.

"우리 나라는 총결기간 66개의 나라와 새로 외교관계를 맺었으며 세계의
수 많은 나라들과 경제문화적 교류와 협조를 확대발전시켰습니다. 오늘 우
리 공화국은 국제무대에서 떳떳한 자리를 차지하고 완전한 자주권을 행사
하고 있으며 조국의 영예와 민족의 존엄을 확고히 지켜나가고 있습니다."[55]

특히 북한은 1970년대부터 유엔총회와 유엔회의 참석을 통해 고려연방제 등 통
일방안을 선전하는 데 주력했으며, 1991년 9월 남북한이 동시에 각각 유엔회원국
으로 가입하여 지금까지 활동하고 있다. 북한도 국가수립 이후 국제사회의 일원으
로 국가안전 유지, 국제적 위신 증대, 경제적 번영과 같은 핵심적인 국가이익을 추
구해 오고 있다.[56] 북한과의 외교관계를 다시 복원하여 한반도의 대외적인 국가이
익을 공유해 나가야 한다.

강대국 변수는 북한이 군사분쟁을 일으킬 확률을 높이는 것으로 확인됐다. 북
한은 강대국 중에서 미국과 일본과는 군사분쟁이 발생한 반면에 중국과 러시아와
는 군사분쟁이 발생하지 않았다. 이념적인 성향에 따라서 북한의 군사분쟁 발생
은 다르게 나타났다.

강대국의 영향력은 시대와 국가별 상황에 따라 달라질 수 있기 때문에, 자료 II
에서는 강대국 변수를 제외하고 이러한 영향력을 대신해서 볼 수 있는 북한의 무역
과 GDP를 추가했다. 회귀분석 결과 북한과 세계 국가 간의 무역은 경제적 상호의
존을 증가시키고 통계적으로 유의미했지만, 무역은 군사분쟁의 발생 가능성을 높
이고 통계적으로는 유의미하지 않았다.[57] 북한의 대외무역만 증가하기보다는, 교

---

55) 조선중앙통신사. (1981). *조선중앙년감 1981*. 평양: 조선중앙통신사. 1-704쪽. (62쪽).

56) 정규섭. (1999). 위의 책. 20쪽.

57) 무역 변수는 북한이 77개의 국가들과의 대외무역액을 기준으로 집계되었다. 양국 간의 무역액을 곱
해서 나타낸 것이 아니라 북한과 교역이 있었던 국가를 기준으로 측정됐다.

역하는 국가들과의 교역도 함께 증가해야 한다. 그리고 중국과 러시아 등 특정한 국가에 의존하기보다는 다양한 국가들과의 경제적인 관계 속에서 대외무역이 발전해야 군사분쟁이 발생할 가능성이 낮아질 것으로 보인다.

북한은 무역의 다양화·다각화 필요성을 강조하면서 대외경제관계를 확대·발전시켜 나가기를 원한다. 대북제재를 회피하는 방법이기도 하다. 북한과의 경협과 투자가 어려운 상태에서는 경제·기술과 관련한 지식적인 교류를 통해서라도 신뢰관계를 형성하고 교역 재개를 통해서 상호의존을 확대·발전시켜 나가야 한다.

북한 GDP는 경제적 상호의존을 감소시키고 군사분쟁이 발생할 확률은 증가시키는 것으로 나타났다. 북한 GDP의 성장은 경제적 상호의존의 발전에 부정적인 영향을 미치고 있는 것으로 나타났지만, 그 값은 −0.0001로 큰 영향을 미치지 못하고 있다. 경제적 상호의존은 무역액을 기초로 하여 집계되었는데, 북한 GDP와의 연관성은 낮아 보인다. 북한 GDP에서 대외무역이 차지하는 비중도 실질적으로는 크지 않아서 경제적 상호의존의 발전에 미치는 영향력은 제한적이다. 이에 UN 대북제재에도 불구하고 북한의 경제에 미치는 영향력은 크지 못하다. 오히려 북한은 자력갱생과 과학기술을 통한 '단번도약'을 강조하면서 내부 경제력을 높여나가고 있다.

북한 사회과학원 경제연구소 리기성 교수는 2018년 10월 12일 보도된 일본 교도통신과의 인터뷰에서 북한의 국내총생산(GDP)이 2016년 2,960억 달러(약 335조 3,700억 원)에서 2017년 3,070억 달러(약 347조 8,300억 원)로 증가했다고 밝혔다. 리 교수가 밝히고 있는 2016년 총인구 2,528만 7,000명을 기준으로 하면 1인당 국내총생산(GDP)은 1,214달러로 미얀마와 비슷한 수준이다.[58] 북한의 경제수준이 UN 대북제재와 미국 경제제재하에서도 미얀마와 비슷한 수준이라는 것은

---

58) 한국은행은 2017년 북한의 광업과 제조업, 전기가스수도업 등이 모두 부(−)의 성장을 기록해서 전년 대비 경제성장률이 −3.5% 하락했다고 보고했다. 그러나 북한은 3.7% 성장했다고 밝히면서 북한이 보고한 경제성장률과 차이가 있는 것을 알 수 있다. 김일한. (2018). *김정은 시대의 경제 개발 정책*. 서울: 통일교육원. 1-130쪽, (9-10쪽).

제재가 해제되고 개혁·개방이 이루어질 경우 경제가 급속하게 발전할 가능성이 크다는 것을 보여준다. 북한의 경제 발전을 위해서 남한이 협력하고 지원해 나간다면, 남북한이 통일로 인한 경제적인 부담을 감소시켜 통합에도 보다 긍정적인 영향을 미칠 것으로 여겨진다.

〈표-2〉 북한의 경제적 상호의존과 군사분쟁 관계 분석 결과: 1970-2015

변수	자료 I		자료 II	
	패널GEE	로지스틱 회귀분석	패널GEE	로지스틱 회귀분석
	경제적 상호의존 (모형 1-1)	군사분쟁 (모형 2-1)	경제적 상호의존 (모형 1-2)	군사분쟁 (모형 2-2)
군사분쟁$_{t-1}$	-0.003*		-0.005*	
	(0.001)		(0.003)	
경제적 상호의존 $_{t-1}$		-37.430***		-26.331***
		(9.970)		(6.481)
통제변수				
Ln거리$_{t-1}$	-0.011**	-1.497***	-0.012***	-1.225***
	(0.004)	(0.111)	(0.001)	(0.122)
독재국가$_{t-1}$	0.003	-1.427***	0.002**	-1.081**
	(0.002)	(0.547)	(0.001)	(0.516)
경제개방$_{t-1}$	-9.00e-07	-0.044	-0.000002	-2.782
	(1.51e-06)	(0.916)	(0.000017)	(0.805)
외교관계$_{t-1}$	0.001	-4.337***	0.00096	-2.845***
	(0.002)	(0.988)	(0.00093)	(0.678)
강대국$_{t-1}$	0.013	3.193***	–	–
	(0.010)	(0.413)	–	–
Ln무역$_{t-1}$	–	–	0.0003***	0.107
	–	–	(0.0001)	(0.070)
Ln북한GDP$_{t-1}$	–	–	-0.0001***	0.025
	–	–	(0.00002)	(0.015)
상수	0.113***	6.815***	20) 0.120***	21) 4.278**
	(0.039)	(0.741)	22) (0.007)	23) (1.885)
wald chi2	35.71***	273.44***	328.09***	158.65***
국가 수	77	77	77	77
개체 수	3,464	3,464	2,958	2,958

주: *p<0.10, **p<0.05, ***p<0.01 유의수준, ( )는 표준오차.

출처: 오종문. (2019). 북한의 경제적 상호의존과 군사분쟁의 상호인과성 분석. *북한연구학회보* 제23권 제2호. 159-198쪽, (184쪽).

V. 결론 및 한계

한반도에 봄이 찾아 올 수 있을까? 여름처럼 뜨거웠던 남북한 관계는 옛 기억으로 회상되고 있다. 한반도는 교역을 통한 이익을 나누며 번영의 시대로 나아가려 하다가 교역의 중단으로 겨울을 맞이하고 있다. 이렇게 한반도에 겨울이 길게 드리워진 이유는 무엇일까? 남북한이 협력보다는 분쟁을 통해서 자국의 정치적인 이익을 높이려 하는 것이 그 이유 중 하나일 것이다. 북한은 러시아와의 관계를 회복하고 경제협력을 넘어서 군사협력까지 진행하는 반면에, 한국은 일본과의 관계 개선을 통해서 북한에 대한 특정한 군사 정보를 공유하고 있다. 남과 북은 자국의 이해에 따라서 전략적으로 군사 협력 관계를 맺으면서 한반도는 단절의 시대로 흐르고 있다.

북한이 남한을 적대적인 관계로 추구하고 중국과 러시아와 같은 권위주의 국가들과 관계를 형성하는 것이 자국의 이익이 되는 것일까? 물론 대북제재하에서 자국에 호의적인 국가들과의 관계를 발전시켜 나가는 것이 경제적으로도 도움이 될 것으로 보인다. 하지만 본 연구의 결과를 살펴보면, 북한이 세계의 다양한 국가들과 대외경제관계를 형성하고 발전시켜 나갈 때 경제적 상호의존이 증대하는 것을 확인할 수 있었다. 경제적 상호의존의 증대는 북한의 경제 발전에도 긍정적인 영향을 미칠 수 있다. 비록 대북제재하에서 북한의 경제적 상호의존 증대는 한계가 있지만, 북한과의 대화를 통해서 다시 협력 관계를 회복하는 것이 중요해 보인다.

북한과 세계와의 경제적 상호의존이 증대하고 발전하는 것은 경제적인 측면뿐만 아니라 군사적인 측면에서도 함의점이 크다. 북한의 경제협력 관계가 높아질수록 군사분쟁을 일으킬 가능성이 감소할 수 있기 때문이다. 오히려 북한에 대한 제재를 통해서 군사분쟁을 억제하려 했지만, 북한의 위협은 더욱 높아져 갔다.

본 연구를 통해서 알게 된 사실은, 북한이 군사분쟁을 발생시키면 오히려 자국의 경제적 상호의존을 저해시키는 요소로 작용한다는 것이다. 그 이유는 군사분쟁의 발생에 따라 국제사회로부터 제재가 더욱 강화되었기 때문이다. 물론 북한이 미사일을 발사할 때마다 제재의 수준이 높아진 것은 아니다. 북한의 핵실험이 제재의 시작이자 원인이다.

북한이 세계의 국가들과 경제적 상호의존을 증대시켜 나가기 위해서는 핵을 포기한다는 선언과 실질적인 행동이 뒤따라야 가능할 것으로 보인다. 국제정치는 무정부 상태로서 어느 국가가 북한에 대한 실질적인 경제와 군사적인 도움 등을 줄 수 있을지 장담할 수는 없다. 중국과 러시아가 최근 북한과 외교적으로 가까워지고 있지만, 두 국가 모두 미국을 견제하고 안보를 유지하는 수단으로 활용하고 있다. 언제나 자국의 이익을 위해서는 북한과의 관계를 단절할 수도 있다. 이에 북한이 국제사회와 미국의 핵을 포기하라는 말을 믿고 그대로 따르기에는 한계가 있어 보인다.

그렇다면 다른 방안은 무엇이 있을까? 자유주의와 현실주의 이론이 대안이 될 수 있을까? 연구 결과에서는 북한이 경제적 상호의존과 군사분쟁의 상호인과성을 분석하는 것은 경제적인 요인이 정치·군사적 요인보다는 크다는 것을 보여주며, 평화에 긍정적인 영향을 미친다는 시사점을 제시한다.

북한의 경제적 상호의존과 군사분쟁 관계 회귀분석 결과에서는 군사분쟁이 발생하면 경제적 상호의존은 감소하며, 경제적 상호의존이 증가하면 군사분쟁이 발생할 확률은 감소했다. 경제적 상호의존과 군사분쟁 관계의 '가설 1. 북한의 군사분쟁이 발생하면 경제적 상호의존은 감소할 것이다.'와 '가설 2. 북한의 경제적 상호의존이 증가하면 군사분쟁 발생은 줄어들 것이다.'가 경험적 분석을 통해서 검증됐다. 즉, 북한의 경제적 상호의존과 군사분쟁은 상호인과성을 가지고 있다. 이에 군사분쟁이 발생하면 경제적 상호의존을 감소시키고, 경제적 상호의존이 증가하면 지역통합과 평화를 촉진시킨다는 자유주의의 주장이 증명됐다. 이러한 결과는 북한도 국제정치체제하에서 움직이고 설명이 가능하다는 것을 보여준다. 북한과 전 세계 국가와의 교역을 통한 경제적 상호의존의 증대는 국가 간에 이익을 서로 높이게 된다. 교역국과의 네트워크가 더욱 친밀해지고 관계가 깊어지면, 군사적인 갈등으로 인한 경제적 상호의존 관계를 저해시키지 않으려 할 것이다.

경제적 상호의존과 평화와의 연관성은 평화경제가 선순환하는 모습을 보여준다. 평화경제가 형성되기 위해서는 군사분쟁으로 발생하는 비용을 경제협력의 이익으로 바꾸고, 경제협력을 통해서 평화를 증진시켜 나가야 한다. 남북한의 경제적인 번영은 평화를 증진시키고, 평화는 경제 발전에 기반이 되면서 한반도를 경제 통합에 이르게 한다. 비록 지금은 남과 북이 적대적인 관계로 나뉘어져 있지만, 유라시아로 이어지는 지역적 위치의 특성과 북한 자원과 남한 기술력의 결합 등을 고려할 때 한반도의 경제 성장 가능성은 그 어느 지역보다 높다. 이러한 이유로 북한의 경제적 상호의존 증대와 평화가 가지는 의미는 지금처럼 남북한이 군사적으로 대립하고 있는 현실에 주는 의미가 깊다.

남한과 북한은 경제협력보다는 경제단절로 가고 있다. 대화가 아닌 갈등이 표출되면서 북한은 중국과 러시아와의 관계를 발전시켜 나가고 있다. 대북제재와 외교적 고립을 통해 북한을 붕괴시키고 대화에 나오게 할 수 있을 것으로 기대했던 정책은 갈등을 양산하고 있다. 오히려 북한은 미국의 정책에 반대하는 국가들과의 연대를 통해서 이념적인 대립관계를 형성하고 있다. 반미 대 반러 구도는 세계를 더욱 불안정하게 만들고 있다.

남한은 경제적으로 더 큰 장기적인 이익과 평화로운 한반도를 위해 북한과 협력하며 발전해 나가는 길을 모색해야 한다. 북한의 경제적 상호의존을 증대시켜 경제협력에 대한 이익이 군사적인 도발을 통한 비용보다 크다는 것을 보여줘야 한다. 이를 위해서는 북한과의 대화 채널을 복구하고 협력의 기반을 마련해야 한다. 민간과 지방자치단체 수준에서 북한 개발협력과 경제적인 지원을 할 수 있게 지원해야 한다. 북한에 대한 경제적인 요인이 정치·군사적 요인보다는 평화와 번영에 보다 긍정적으로 작용할 수 있다. 북한과의 경제협력을 통해서 군사분쟁을 감소시키는 것이 한반도를 평화와 번영의 공동체로 발전시켜 나갈 수 있다는 점에서 그 의미는 깊다.

사계절은 순환한다. 남북관계는 사계절같이 변화해 왔다. 한반도는 냉혹한 겨울을 보내고 있지만, 다시 봄은 찾아온다. 한반도 평화를 위한 봄 길을 지금부터 예비해서 번영의 가을 길을 만들어 나가야 한다.

참고 문헌

단행본

김일한. (2018). *김정은 시대의 경제 개발 정책*. 서울: 통일교육원. 1-130쪽.

양문수. (2007). *2000년대 북한경제의 구조적 변화*. KDI 북한경제리뷰. Vol. 9 no. 5. 3-23쪽.

양문수·이석기·이영훈·임강택·조봉현. (2012). 2000년대 *북한경제종합평가*. 서울: 산업연구원. 1-565쪽.

이석·이재호·김석진·최수영. (2010). 1990~2008년 *북한무역통계의 분석과 재구성*. 서울: 한국개발연구원. 1-261쪽.

정규섭. (1999). *북한외교의 어제와 오늘*. 서울: 일신사. 1-427쪽.

정민규. (2019). *북한투자의 시대*. 서울: 라온북. 1-433쪽.

조선중앙통신사. (1981). *조선중앙년감 1981*. 평양: 조선중앙통신사. 1-704쪽.

존 베일리스, 스티브 스미스. (2006). 하영선 옮김. *세계정치론*. 서울: 을유문화사. 1-828쪽.

파스칼 보니파스. (2016). 정상필 역. 지정학에 관한 모든 것. 서울: 레디셋고. 1-396쪽.

논문

고경민. (2008). 동북아 평화번영과 한국 지방외교. 통일정책연구. 제17권 1호. 113-141쪽.

오종문. (2019). 북한의 경제적 상호의존과 군사분쟁의 상호인과성 분석. 북한연구학회보. 제23권 제2호. 159-198쪽.

이재철. (2006). 경제적 상호의존과 국제 분쟁의 상관관계: 경제적 상호의존의 측정 문제. 국제정치논총. 제46집 3호. 97-120쪽.

이진명. (2013). 동북아시아에서 경제적 상호의존과 분쟁. 국제정치논총. 제53집 3호. 69-102쪽.

Barry Buzan. (1984). 'Economic Structure and International Security: The Limits of the Liberal Case'. In: *International Organization*. Vol, 38, no. 4. pp. 597-624.

Christopher F. Gelpi and Joseph M. Grieco. (2008). Democracy, Interdependence, and the Sources of the Liberal Peace. In: *Journal of Peace Research*. Vol. 45, no. 10. pp. 17-36.

Christopher S P Magee and Tansa George Massoud. (2011). Openness and internal conflict. In: *Journal of Peace Research*. Vol. 48, no. 1. pp. 59-72.

C.W.J. Granger. (1969). Investing Causal Relations by Econometrics Models and Cross-spectral Methods. In: Econometrica. Vol. 37, no. 3. pp. 424-438.

Daniel W. Drezner. (2011). *Theories of international politics and zombies*. Princeton: Princeton University Press. pp. 1-192.

Erik Gartzke and Quan Li. (2003). 'Measure for Measure: Concept Operationalization and the Trade Interdependence-Conflict Debate'. In: *Journal of Peace Research*. Vol. 40, no. 5. pp. 553-571.

Gerald Schneider and Katherine Barbieri and Nils Petter Gleditsch. (2003). Does Globalization Contribute to Peace A Critical Survey of the Literature. in Gerald Schneider, Katherine Barbieri, Nils Petter Gleditsch, ed., *Globalization and Armed Conflict*. Maryland: Rowman & Littlefield. pp. 1-384.

John R. Oneal and Bruce Russett. (1997). The Classical Liberals Were Right: Democracy, Interdependence, and Conflict, 1950-1985. In: *International Studies Quarterly*. Vol. 41, no. 2. pp. 267-293.

John R. Oneal and Bruce Russett and Michael L. Berbaum. (2003). Causes of Peace: Democracy, Interdependence, and International Organizations, 1885-1992. In: *International Studies Quarterly*. Vol. 47, no. 3. pp. 371-393.

John Robst and Solomon Polachek and Yuan-ching Chang. (2007). Geographic Proximity, Trade, and International Conflict/Cooperation. In: *Conflict Management and Peace Science*. Vol. 24. pp. 1-24.

Katherine Barbieri. (1996). Economic Interdependence: A Path to Peace or a Source of Interstate Conflict. In: *Journal of Peace Research*. Vol. 33, no. 1. pp. 29-49.

Katherine Barbieri and Jack S. Levy. (1999). Sleeping with the Enemy: The Impact of War on Trade," In: *Journal of Peace Research*. Vol. 36, no. 4. pp. 463-479

Katherine Barbieri and Richard Alan Peters II. (2003). "Measure for mis-measure: A Response to Gartzke & Li. In: *Journal of Peace Research*. Vol. 40, no. 6. pp. 713-719.

Mark J. Gasiorowski. (1986). Economic Interdependence and International Conflict: Some Cross-National Evidence. In: *International Studies Quarterly*. Vol. 30, iss. 1. pp. 23-38.

Omar M. G. Keshk and Brian M. Pollins and Rafael Reuveny. (2004). Trade still follows the flag: The Primary of Politics in a Simultaneous Model of Interdependence and Armed Conflict. In: The Journal Of Politics. Vol. 66, no. 44. pp. 1155-1179.

Solomon William Polachek. (1980). Conflict and Trade. In: *Journal of Conflict Resolution*. Vol. 24, no. 1. pp. 55-78.

Valentin L. Krustev. (2006). Interdependence and the Duration of Militarized Conflict. In: *Journal of Peace Research*. Vol. 43, no. 3. pp. 243-260.

인터넷

correlatesofwar(http://www.correlatesofwar.org/, 검색: 2017.03.05.).

correlatesofwar(http://www.correlatesofwar.org/data-sets/MIDs, 검색: 2018.04.21.).

IMF(https://www.imf.org/en/Research, 검색: 2017.03.08.])

KOSIS(https://kosis.kr/index/index.do, 검색: 2017.03.09.])

ksgleditsch(http://ksgleditsch.com/mindist.html, 검색: 2017.10.15.).

mofa(http://www.mofa.go.kr, 검색: 2017.03.15.).

Systemic Peace(http://www.SystemicPeace.org/inscrdata.html, 검색: 2017.03.10.).

UNCOMTRADE(https://comtradeplus.un.org/, 검색: 2017.03.08.).

unctad(http://unctadstat.unctad.org, 검색: 2017.03.04.).

worldbank(https://data.worldbank.org/region/world?view=chart, 검색: 2018.04.21.).

독일 통일과 동서방 국가들과의 통합 정책: 서독 정치 지도자들을 위주로

정무형·김해순

I. 들어가기

제2차 세계대전의 전범국인 독일이 패배하자 승전국인 연합국(미국·소련·영국·프랑스)은 1945년에 독일을 점령했다. 연합국은 패권을 두고 경쟁하면서, 결국 냉전에 돌입했다. 그 결과 세계는 양분화되었고, 독일은 분단되어 1949년에 독일연방공화국(서독)과 독일민주공화국(동독)이 건설되었다. 독일은 1990년에 평화통일을 이루었다. 여기에는 복합적인 요소가 작용했다. 동독 주민의 다수가 통일을 원했고, 서독 지도자들은 이에 부합하는 정책을 펼치기 위해 통일에 회의적인 서독 주민을 설득하면서 합리적이고 이성적인 사리판단에 기반하여 대내외 현장 정책을 잘 펼쳤다. 독일 통일은 유럽통합을 통해서 이루어졌고, 이는 서독 정치 지도자들의 오랫동안 다진 통일 및 통합 정책과 리더십이 결정적이었다고 해도 과언이 아닐 듯싶다. 그들은 동서독의 평화 관계를 유지하면서 서방 국가 및 소련을 위시한 동독과 동유럽과의 관계를 계속 개선하면서 평화 프로세스인 헬싱키 협정에 가입하여 국제 평화 관계를 구축하는 데 앞장섰다.

서독에는 이차대전 이후 독일 통일까지 여섯 명의 총리가 있었다. 이들 중 독일 통일과 동서방 국가들과의 통합 정책에 결정적인 역할을 했던 네 명의 주역으로 아데 나워(Konrad Adenauer, 1876-1967), 브란트(Willy Brandt, 1913-1992), 슈미 트(Helmut Schmidt, 1918-2015), 그리고 콜(Helmut Kohl, 1930-2017) 총리를 꼽을 수 있다. 이들은 연맹국이나 강대국에 자신의 운명을 맡기지 않고 국제 정치 무대에서 자율성을 키우면서 국가의 운명을 개척한 지도자들이다. 그들의 국내외의 정치적 활동에서 자주성, 주체성, 공존과 평화의 가치관, 정책의 연속성 등이 구현 된다. 이러한 점들을 그들의 독일 통일과 동서방 국가들과의 통합 정책에서 도출하 여 시사점으로 정리하며 글을 마무리한다.

II. 독일 통일과 동서방 국가들과의 통합 정책: 서독 정치 지도자들

1. 서독 초대 총리 아데나워의 서방과의 통합 정책

아데나워는 서독의 초대 총리(1949-1963) 겸 처음에는 외무부 장관으로, 그 리고 보수당인 기독교민주연합(기민당·CDU)의 창립자 중 한 명으로 당 의장 직(1946-1966)을 역임했다. 그는 가톨릭 신자로서 근면, 질서, 기독교 도덕 및 가치를 지향했고 극단적인 무질서, 비효율, 비합리성, 정치적 부도덕을 근 절하는 데 앞장섰다.[1]

1) 민주주의 초석을 놓고 외교 방향을 설정
아데나워 정부의 기본 정책 목표는 서독을 서구 전통적인 민주주의, 자유, 법치주

---

1) Schwarz, Hans-Peter. (1995). Konrad Adenauer: A German Politician and Statesman in a Period of War, ReVolution and Reconstruction. Vol. 1: *From the German Empire to the Federal Republic, 1876–1952.* Oxford: Berghahn Books. p. 94.

의를 기반으로 발전시키는 데 있었다. 이러한 정책 기조하에 그는 서독의 민주주의 토대를 닦았다. 서독은 점차 서구 민주주의 일원으로의 부상했다. 나아가 서독을 서유럽에 통합하고 외교 정책에서 자율성을 확립하고자 했다. 서방 통합의 첫걸음으로 나치의 전체주의적 독재 잔재를 극복하고 전쟁 문제를 해소하고자 했다. 이를 위해 그리고 독일에 대한 증오와 거부 현상을 잠재우기 위해 이웃 국가들 및 동서방 국가들과의 화해는 급선무였다. 그는 국제외교 정책 원칙을 준수하며, 새로 건설된 서독의 국경을 존중할 것을 표명했고, 국제법상의 의무와 신뢰를 지킬 것을 명백히 천명했다. 이러한 원칙을 기반으로 서방 국가와의 평화 통합의 골격을 다져나갔다. 그의 대내외적 근본 정책 방향은 통일 전까지 서독 내부 구조와 외교 정치 방향을 결정했다고 해도 과언이 아닐 것이다. 이 외에도 서독의 재건, 사회적 시장 경제 정책 및 광범위한 사회 정책 등은 모두 아데나워 총리의 임기 중에 이루어졌다.

2) 서방 국가와의 통합 정책, 반공주의를 넘어 소련과의 대화 추진

20세기 초부터 미국의 세력 강화, 독일의 세력 상실, 영국과 프랑스의 세력 쇠퇴로 서방 국가들 사이에 상당한 권력 이동이 있었다. 이차대전 이후 소련이 동독을 포함한 동유럽을 장악하자 패전국인 서독은 동유럽 국가들과의 외교와 교역이 차단되었다. 이는 서독 경제 발전에도 큰 영향을 미쳤다. 이러한 상황에서 아데나워는 포츠담 회담(1945.07.26) 이후 승전국인 연합군 사이에 부상한 갈등에서 소련의 대륙 전체를 아우르는 팽창 시선을 관찰하면서 공포를 느꼈다. 소련이 동독을 비롯하여 폴란드, 발칸 반도, 헝가리와 오스트리아 일부를 손에 쥐었고 점점 강대국과의 협력을 철회하는 것도 목격했다. 소련의 통제하에 있는 국가들은 점차 서유럽 국가들과는 완전히 다른 경제적·정치적 원칙을 따랐고, 동유럽 지역과 러시아가 서유럽과 분리되어 가고 있음을 확인했다. 아데나워는 막대한 군사력을 지닌 광대한 소련이 궁극적으로 냉전을 이용해 서방 민주주의를 청산하고, 군사적·경제적 우위를 확보하고, 유럽과 전 세계에 대한 패권 강화를 원한다고 확신했다. 따라서 그는 소련의 동유럽 정책에 방어적인 입장으로 기울면서 거대한 소련을 견제하고 서독이 고립되는 것을 방지하려면 서방과의 견고한 동맹이 필요하다고 여겼다. 그는 서구 열강이 점령한 서독 지역을 서유럽의 한 부분으로 보았고, 그래서 정치적으로 서방과 긴밀하게 협력하고, 다자간의 국가 외교 정책의 긴밀한 조정을 통해서만 자국을 지키고 발전시킬 수 있다는 점을 깨달았다. 이러한 막대한 소련에 대응하기 위해 할슈타인 독트린(Hallstein Doktrin)[2] 을 발동했다.

할슈타인 독트린은 당시 서독 외무부 국무장관이었던 할슈타인의 이름을 따서 명명되었지만, 주로 독일 외무부의 정치부 책임자인 그레베(Wilhelm Grewe)가 고안하고 실행했다.[3] 이 독트린은 1955년부터 1969년까지 서독의 외교 정책의 핵심 원칙이었다. 이는 동독을 인정하는 국가와 외교 관계를 수립하거나 유지하지 않는다는 원칙이었다. 사실상 그는 소련을 견제해야 하지만, 소련과의 대화도 점차 중요하다는 점을 깨달았다. 소련은 승전국으로 연합국과 독일을 관리하고 있었다. 그래서 소련과 대립보다는 공생을 선택한 그는 1955년에 모스크바를 방문하여 소련과 수교하기로 합의했다.[4] 이는 분명히 할슈타인 독트린의 배타적인 정책에 부합하지 않았다. 아데나워는 1956년 헝가리 봉기에 대한 소련의 탄압과 베를린을 '자유 도시'의 지위를 부여받겠다는 소련 흐루쇼프의 1958년 제안에 대해 노골적으로 비판했다. 당시 서독은 동독 대사를 받아들인 유고슬라비아의 외교 승인을 철

---

2) Gray, William Glenn. (2005). Die Hallstein Doktrin: ein souveraener Fehlgriff? In: *Aus Politik und Zeitgeschichte*. No. 17. S. 17–23.

3) Jaenicke, Joachim. (1995). Erinnerungen an Walter Hallstein. In: Loth, Wolfgang, William Wallace, Wolfgang Wessels (eds.). *Walter Hallstein: Der vergessene Europäer?* Europäische Schriften 73. Bonn: Europa Union Verlag. S. 49–55.

4) Grewe, Wilhelm G. (1995). Hallsteins deutschlandpolitische Konzeption. In: Loth, Wolfgang, William Wallace, Wolfgang Wessels (eds.). *Walter Hallstein: Der vergessene Europäer?* Europäische Schriften Vol. 73. Bonn: Europa Union Verlag. S. 57–79.

회했다. 그러나 키징거 정부(1966-1969)는 이 독트린이 영원히 효과가 없을 것으로 짐작했고, 동유럽과 외교 관계를 체결했다.[5] 할슈타인 독트린은 브란트의 동방 정책에 의해 종식되었다(II. 2. 참조). 사실상 소련이 1990년 2월에 모스크바에서 콜 총리가 소련 고르바초프 대통령을 만날 때까지 독일이 민족 자결권을 행사하는 것을 엄격히 거부했음에도 본과 모스크바 사이의 직접적인 대화는 멈추지 않았다. 아데나워는 소련과 느슨한 외교 관계를 유지하면서 소련의 독일에 대한 영향력을 견제하고자 했다. 이를 위해 서방 국가와의 통합은 필수적이었다. 그는 서방 국가와의 동맹뿐만 아니라 유럽공동체에 가입하여 독일-프랑스 관계 및 유럽-대서양 관계를 개선하고자 했다. 아데나워 대외 정책은 다중외교 정책이었고 정치적 이념을 초월하여 자국의 이해관계에 부합한 공생을 길을 걷고자 했다. 이를 위해 나치의 희생자와 희생 국가와의 문제를 풀어야만 했다.

3) 서방 통합을 위한 대화와 화해: 이스라엘에 배상, 프랑스와의 엘리제 조약 체결

이차대전 이후 서독의 배상 정책의 목표는 나치 정권의 불의에 박해받았던 사람에 대한 적극적인 지원에서 국내 및 국제적으로 피해 단체 및 국가에 보상하는 데 있었다. 첫 번째 조치는 점령군과 도움이 필요한 사람들을 위한 지역사회가 제공하는 복지 서비스였다.[6]

생존한 유대인과 정치적·종교적 이유로 박해받았던 사람들을 위한 지원 조치가 곧 시작되었지만 처음 몇 년 동안 이러한 서비스는 지역적으로 제한되고 조율되지 않았다. 이 집단은 가재도구 조달, 주거, 노동, 배급 식량에서 우선권을 받았다.[7] 독

5) 키징거 정권은 루마니아와의 외교 관계(1967)를 그리고 유고슬라비아도 외교 관계(1968)를 맺었다.
6) Goschler, Constantin. (1992). a.a.O., S. 63-90.
7) Deutsche Wiedergutmachungspolitik(https://de.wikipedia.org/wiki/Deutsche_Wiedergut machungspolitik, 검색: 2023.11.01.).

일에 대한 유대인 물질적 주장에 관한 회의는 서방 국가의 52개 유대인 조직을 대표하는 단체로 1951년에 설립되었고 1959년과 1964년 사이에 서독은 전쟁 희생자와 인종, 신앙 또는 이념을 이유로 나치의 박해를 받은 사람들에게 배상과 돌봄을 제공하기 위해 12개 서유럽 정부와 추가 협정을 체결했다.[8] 유대인 난민 1인당 3000독일 마르크(DM)가 지원되었고, 이는 주로 독일 생산품의 배송으로 구성되었다. 1970년에는 총 약 600억 마르크가 지급되었다.[9]

아데나워는 유대인들과의 화해를 위해 적극적으로 노력했다. 그는 1952년 9월 10일에 새로 설립된 이스라엘 국가와 룩셈부르크 협정에 서명했고, 이스라엘에 30억 마르크 상당의 물품을 전달하고 4억 5천만 마르크 배상금을 지불했다.[10] 이는 최초의 사과 표시였다. 이를 자신의 정치 진영 내에서 예컨대 재무장관 셰퍼(Fritz Scheffer, CSU·기사당)[11] 등의 큰 저항과 외교 분야의 큰 압력에도 불구하고 지급했다. 이스라엘에서 강력한 논란과 대중의 항의를 촉발한 이 지급액을 이스라엘 벤 구리온(David Ben Gurion) 총리는 생존에 필수적임을 강조했다. 이 외에도 1957년부터 1962년까지 독일 기업들(I.G. Farben, Krupp, AEG, Siemens, Rheinmetall 등)은 미국 여론의 압력에 의해 유대인의 강제 노동에 대한 보상을 시작했다. 유대인 청구 회의(The Jewish Claims Conference)는 전적으로 종교적인 유대인의 이익을 대표한다. 이 기관을 위한 기부금은 룩셈부르크 협정에 앞서 마련되었다. 룩셈부르크 협정은 유대인 종교 공동체에 속하지 않는 유대인 기금(NGJ-Fonds)으로 뉘른베르크 법에 의해 체

---

8) Entstehung und Fortentwicklung der Wiedergutmachungs- und Kriegsfolgenregelungen in Deutschland(Memento vom 2. November 2014. Im *Internet Archive*), pdf, Bundesfinanzministerium. am 22. November 2016. S. 36

9) Prittie, Terence. (1971). *Konrad-Adenauer. Vier Epochen deutscher Geschichte*. Stuttgart: Goverts-Krüger-Stahlberg. S. 290ff.

10) Deutsche Wiedergutmachungspolitik, a.a.O.(검색: 2023.11.01.).

11) Bohr, Felix. (2013). Was Adenauer verschwieg. In: *Der Spiegel.* 12/2013(18. März 2013).

결되었다.(이스라엘과의 외교 관계는 아데나워 정권 이후에 이루어졌다.)[12]

아데나워는 협력과 대화에 기반한 상호작용을 통해 프랑스-독일의 적대감 등 역사적 갈등을 극복하고자 했다. 1949년에 정부 선언에서 독일-프랑스 적대감을 제거할 것을 밝혔다. 그 후 두 나라의 오래된 적대 관계를 청산하고 협력의 새 시대를 연다는 내용을 담은 '엘리제 조약'이 성사되었다. 이는 1963년에 아데나워 총리와 프랑스 대통령 드골(Charles de Gaulle)이, 즉 서독과 프랑스가 전통적·역사적으로 특히 나폴레옹 3세 당시의 보불전쟁(1870-1871)과 제1, 2차 세계대전으로 더욱더 깊어진 앙숙 관계를 극복하기 위해 1963년에 체결한 우호조약이다. 그 후 양 국가는 외교 정책이나 공통적인 관심사를 혼자서 결정하기 전에 양 국가의 정상과 외무장관 정례회담 등을 통해 긴밀히 사전에 협의하면서 갈등을 줄여나가기로 합의했고 정치·경제·교육·문화 등 다양한 분야에서 교류와 협력을 해오고 있다. 이 협력은 유럽연합(EU), 유럽 단일화폐인 유로 통합에 산파 역할을 했다. 이는 유럽의 모든 통합 운동에 필요한 전제 조건이었다. 본과 파리 간의 화해가 없었다면 유럽연합은 건설될 수 없었다.

4) 서방 통합을 통해 유럽 경제 통합 촉진: 회원 국가들의 공동 번영 증대 도모

아데나워는 유럽통합을 통해서 구축한 산업, 자본, 무역 간의 국제적 경제적 상호연결은 독일의 신속한 재건과 통합 과정에 참여하는 모든 국가의 장기적 번영 증대를 위한 결정적인 전제 조건으로 인식했다. 그는 모든 국민이 생산 증가와 높은 수준의 사회 보장을 통해서 경제적 발전을 느껴야 한다고 설파했다. 이를 통해 통합 정책은 높은 경제 발전과 사회 보장이 수반되어야 함을 알 수 있다. 사실상 그는 이미 1920년대에 독일과 라인 경제에서 벨기에·네덜란드·프랑스의 산업 및 상

---

12) 1965년에 에르하르트 정권(1963-1966) 아래 서독과 이스라엘이 수교를 맺자 아랍 국가들은 이에 맞서 서독과의 관계를 단절하고 동독과 수교했다.

업 중심지와의 유기적 연동의 중요성을 강조했다.[13] 그러나 그의 견해는 당시 관심을 받지 못했고, 비로소 이차대전 이후에 실현되기 시작했다. 1950년에 룩셈부르크에서 탄생한 프랑스 외무부 장관 로베르 쉬망(Robert Schuman)이 아데나워에게 석탄 및 철강에 대한 초국가적 최고 권위에 대한 계획을 제시했을 때, 아데나워는 이를 프랑스-독일 경제 통합에 대한 그의 옛 희망의 실현으로 보았다. 그래서 그는 쉬망 계획을 즉각 지지했다. 여기에는 다음과 같은 주된 이유가 있었다. 독일 석탄과 철강에 대한 공동 통제제도는 서방 연합군의 독일 루르(Ruhr) 지역의 산업 통제를 대체할 수 있다고 보았다. 루르 기구는 1949년 4월 28일에 미국, 영국, 프랑스, 베네룩스 3국의 합의에 의해 창설되었다.[14] 서독은 핵심 산업을 파트너십 제도로 전환하여 철강 부문의 일방적인 연합군의 승자 통제와 생산 제한을 없애고자 했다. 이 대체는 독일의 재건과 주권을 향한 중요한 단계였고, 유럽통합에서는 안정적인 유럽 경제 발전을 위한 유일한 출발점이었다. 독일을 포함한 프랑스, 영국, 베네룩스 3국에 의해 유럽석탄철강공동체가 1952년 7월에 설립되었고, 연합군의 루르 기구는 해체되었다.[15]

5) 서방 통합을 통한 안보 확보와 평화 유지

이차대전 이후 연합군에 의해 독일 군대는 완전히 해체되었고, 군축과 비무장화는 연합군 통제법에 적용을 받게 되었다. 1950년 10월에 프랑스 총리 플레벤(Rene Pleven)은 유럽 국방장관의 지휘하에 독일 군대도 포함하는 유럽군을 제

---

13) Westintegration(https://www.konrad-adenauer.de/politikfelder/seite/westintegration/, 검색: 2023.11.12.).
14) 김황식. (2022). 독일의 힘. 독일의 총리들 I. 경기: (사)북이십일 21세기북스. 52쪽.
15) 김황식. (2022). 앞의 책, 53쪽.

안했다.[16] 아데나워는 독일군을 서구 집단안보체제에서 다시 건설하고자 했다. 프랑스는 서독이 군사 동맹에 가입하는 것은 서독의 재무장으로 보고 반대했다. 서독의 재무장에 대해 연합군 내부에서뿐만 아니라 서독 내에서도 반대의 목소리가 높았다. 아데나워는 국민을 설득하기 시작했다. 서독군의 서방 군사 동맹에의 통합이 회원국에 안보를 제공하며 국가가 적절한 군대를 보유해야만 국가로 인정받을 수 있다고 피력했다. 그는 독일군 건설을 고립된 작업으로 보지 않았고, 이를 서방 군사 동맹 내에서만 가능하다고 보았다. 프랑스의 안보도 독일군의 서방 군사 통합을 통해서 더 안정적일 것으로 보았다. 초국가적인 유럽군을 위한 구체적인 계획이 플레벤 계획(Pleven Plan)과 유럽방위공동체(European Defense Community·EDC)와 함께 추진될 때 서독은 이 서유럽 국가들의 군사 동맹(Europaarmee)[17] 및 서방동맹체(1949년에 창설된 나토)에 가입하여 동방 국가들의, 특히 소련의 위협에 맞서 생존을 확보하고자 했다. 이러한 서독의 서방 군사적 동맹에의 가입에 대한 논의는 1950년 6월에 한국전쟁이 발발하면서 분단된 유럽에서도 비슷한 문제가 일어날 수 있다는 우려가 커지면서 탄력을 받았다. 서독은 파리조약(1955.05.05 발효)에 따라 주권 회복을 부분적으로 가졌고[18] 1955년 5월에 북대서양조약기구(나토)에 가입했다. 서독 연방군(Bundeswehr)은 1955년 11월에 창설되었고 집단 안보 체제인 초국가적 조직에 가입하면서 나토에 통솔권을 이양했다. 독일의 서방 군사 통합은 서독과 그 동맹국의 안보를 위해 이루어졌다고 해도 과언이 아닐 것이다. 이는 독일을 위한 탁월한 보험 정책이었고, 지금도

---

16) Michel, Judith. (2024). Konrad Adenauer unterzeichnet die Beitrittsurkunde zur NATO(https://www.kas.de/de/web/geschichte-der-cdu/kalender/kalender-detail/-/content/beitritt-der-bundesrepublik-deutschland-zur-nato, 검색: 2024.01.10.).

17) 유럽군(또는 유럽연합군)을 유럽연합 수준의 군대로 창설하여 유럽연합 국방부에 소속시키고자 했다(https://de.wikipedia.org/wiki/Europaarmee, 검색: 2023.11.30.).

18) 김해순. (2021). 평화의 거울: 유럽연합. 경기: 킹덤북스. 366쪽.

그렇다. 역으로 독일의 군사 동맹체 가입은 다른 나라에 대한 독일의 군사적 위협이 제거된 셈이기도 하다. 아데나워는 냉철한 실용주의자였고, 서방 통합만이 유럽 평화와 번영을 가능하게 할 것으로 믿었다.

6) 서방 통합을 통한 정치적 갈등 해소와 민족주의 극복 노력

아데나워는 유럽 국가들 사이에 어느 정도 상호연결이 이루어지면 많은 국가의 서방 정치적 참여가 가능하게 되며, 이는 정치적 갈등을 평화적으로 해결하고 평화를 확립하는 데 도움이 된다고 보았다. 이러한 서방 통합은 참여국의 이해 상충을 해결하도록 하는 플랫폼이었다. 약자인 파트너에게 일방적인 불이익을 주어서는 안 된다는 기본적 공감대를 바탕으로 위기 예방과 소통을 위한 포럼이었다. 아데나워는 서방 통합 정책에 기반하여 1951년에 유럽평의회(Europarat)와 유럽석탄철강공동체에 가입했다. 1955년에 서유럽연합과 나토, 1957년에는 유럽경제공동체와 유라톰(URATOM)의 회원국이 되었다. 이러한 서방 통합 정책을 1950년대 초에 비판하는 사람들이 있었다. 예컨대 사회민주당(사민당·SPD) 의장 슈마허(Kurt Schumacher)였다.[19] 그는 이러한 정책이 독일의 분열을 더욱 심화시킬 것이라고 보았다. 서방 국가와의 결합은 새로운 정치질서와 지도 원칙의 재편성이 수반되었고, 서독 사회가 민주주의를 수용하면서 이에 기반한 국가, 사회, 경제, 교육 등의 얼개를 구축해 갔다.

냉전 시기에 서방과의 유대 정책은 과도한 민족주의 부활에 맞서기 위한 적절한 수단이기도 했다. 아데나워에게 서방 통합은 독일 문제를 극복하고 민족주의 이데올로기에 맞서 싸우기 위해 중요했다. 그러나 서독에서 많은 국민이 서독의 서방 통합으로 인해 독일 통일이 어렵게 될 것을 우려하며, 서방 통합을 반대했다. 그러

---

19) Doering-Manteuffel, Anselm. (1999). Wie westlich sind die Deutschen? Amerikanisierung und *Westernisierung im 20. Jahrhundert*. Göttingen: Vandenhoeck & Ruprecht.

나 아데나워는 독일 문제는 궁극적으로 유럽의 우산 아래서만 해결될 수 있다고 국민을 설득하며 유럽통합은 독일 통일에 이르는 길임을 인식시켰다. 그의 꾸준한 노력은 1989-1990년에 이뤄진 독일 통일로 이어졌다.

7) 연합국과 협력하며 서독의 독립성과 자율성 유지

아데나워는 국내외 정치 문제를 서방 연합군과 논의하여 문제를 해결하는 태도를 보였다. 이는 파트너에게 신뢰성을 담보하며 상대에게 서독이 혼자가 아니라는 점을 알리는 것이다. 이 점을 베를린 위기에서 볼 수 있다. 제1차 베를린 위기(1948-1949)에 소련은 서방 세력(미국·영국·프랑스)이 서베를린의 관할권을 포기하도록 하기 위해 베를린을 봉쇄했다.[20] 제2차 위기(1958-1962)에는 동독에 영향력을 행사하고 있던 소련은 비공산주의 체제를 갖춘 서베를린이 동독의 한가운데에 위치함에 따라 서방 세력에게 서베를린에서 철수할 것을 최후통첩으로 촉구했다.[21] 아데나워는 서부 지역은 자유롭고 비무장화된 도시가 되어야 함을 강조했다. 서독 및 서방 세력이 반대하자 소련은 결국 1961년에 베를린 담을 구축하여 서베를린을 서독에서 분리하고자 했다. 이러한 위기에서 아데나워는 서방 연합국과 협력했고, 특히 그의 프랑스와의 협력은 밀접했다. 프랑스와의 협력은 서독을 제외하고 러시아-프랑스 협상을 막는 데도 중요했다. 아데나워는 이차대전 이후 서독 국가 운명과 서독의 이웃 국가와 국제적 문제에 관해 서구 열강과 소련 사이의 합의가 독일을 제외하고 자주 이루어졌음을 목격했다. 아데나워는 연합군이 계속 독일의 이익에 반할 수 있는 정책을 펼 수 있다고 보았다. 그래서 그는 독일의 운명을 결정하는 연합군의 서독 정책에의 개입을 차단하고자 했다. 그러면서 서독

---

20) Wann war die erste Berlin Krise?(https://de.wikipedia.org/wiki/Berlin-Blockade, 검색: 2023.11.01.).

21) Die zweite Berlin-Krise 1958 bis 1962(https://www.alliiertenmuseum.de/thema/die-zweite-berlin-krise-1958-bis-1962/, 검색: 2023.11.01.).

의 독립성과 자율성을 유지하고자 했다. 이 정신은 동방정책을 거쳐서 오늘날까지 이어지고 있다.

2. 동독 및 동구권을 품은 브란트 동방정책

브란트는 평탄하지 않은 정치적 여정[22]을 보내고, 이차대전 이후 독일 사민당의 지도자(1964-1987)이자 서독의 최초의 사민당 총리(1969-1974)가 되었다. 그는 유럽연합경제공동체(EEC)를 통해 서유럽과 협력을 강화하며, 평화를 이루고 동독, 폴란드 및 소련과의 관계 개선에 대한 공로로 1971년에 노벨 평화상을 수상했다.[23] 그는 폴란드와 평화 조약을 협상하고 두 국가 간의 국경에 대해 합의하여 이차대전의 공식적이고 오랫동안 지연된 종전을 이루었다. 나아가 체코슬로바키아와 병행 조약 및 협정을 협상했다. 심지어 그는 1948년부터 1952년까지 미국 방첩단의 유급 정보원으로 근무한 것으로 알려졌고 소련군과 동독 당국과 산업계의 상황을 포함하여 동독의 상황에 대한 보고서를 제공했다고 전한다.[24] 동서 관계의 긴장이 고조되던 시기인 1961년에 베를린 장벽이 건설되면서 그는 서베를린의 시장(1957-1966)으로서 국경을 넘는 상업 활동을 위해 두 독일 국가 간의 긴장을 완

---

22) 그는 나치 독재정권에 저항해 지하 조직에서 활동하는 동안 나치 요원들에게 발각되지 않기 위해 빌리 브란트(Willy Brandt)라는 가명을 사용하였다. 그의 본명은 프라함(Herbert Frahm)이었다. 그는 나치 탄압을 피해서 노르웨이와 스웨덴으로 도피해 좌파 언론인으로 활동하였다. 독일군이 1940년에 노르웨이를 점령하면서 그를 체포했으나, 그가 노르웨이 군복을 입고 있어 정체는 밝혀지지 않았다. 석방되자 중립국인 스웨덴으로 탈출했다. 1940년에 노르웨이 공사관으로부터 여권을 받아 노르웨이 시민이 되었고, 그곳에서 전쟁이 끝날 때까지 살다가 1946년 말에 베를린으로 돌아왔다. 1948년에 사민당에 합류하였고, 다시 독일 시민이 되었다. 빌리 브란트라는 가명을 공식적인 법적 이름으로 채택했다.

23) The Novel price(https://www.nobelprize.org/prizes/peace/1971/brandt/facts/, 검색: 2023.09.20.).

24) Haftendorn, Helga. (2001). *Deutsche Außenpolitik zwischen Selbstbeschränkung und Selbstbehauptung 1945-2000.* Stuttgart/München: Deutsche Verlags-Anstalt. S. 181.

화할 수 있는 정책을 모색했다. 그의 시장으로서의 명성은 높았다. 그는 외무부 장관과 키징거 내각(1966-1969)의 부총리를 역임했고, 그 후 서독 총리가 되었다.

1) 브란트의 동방정책

브란트는 총리가 되자 동독과 동유럽과의 관계 개선을 목표로 하는 '신동방정책(Neue Ostpolitik)'을 시작했다. 그는 동방정책인 할슈타인 독트린이 공산주의 정부를 약화시키거나 동독의 상황을 완화하는 데 도움이 되지 않는다고 보았다. 오히려 공산주의 국가들과의 협력과 독일-독일(동서독)의 만남을 통해 무역을 촉진하면 장기적으로 공산주의 정부를 약화시킬 것으로 믿었다. 그래서 동독과 동유럽을 배제하는 할슈타인 정책을 단절하였다. 브란트의 '신동방정책(이하 동방정책)'의 목적은 서독과 동유럽, 특히 동독과의 관계를 정상화하는 데 있었다. 이 정책은 사실상 1963년에 독일 투칭 복음주의 아카데미(Evangelische Akademie Tutzing) 연설에서 '접근을 통한 변화(Wandel durch Annaeherung)'를 제안한 바르(Egon Bahr)의 영향을 크게 받았다.[25] 브란트는 동방정책을 1969년부터 1974년까지 총리로 재직하면서 단계적으로 발전시켰다. 그는 총리로서 연방의회의 첫 연설에서 자신의 정치 개혁 방향을 제시하고 '더 많은 민주주의를 시도합시다.(Wir wollen mehr Demokratie wagen.)'[26] 라고 했다. 그의 정책은 개방적이고 포용적인 국가를 꿈꾸는 대부분 학생과 서독의 젊은 세대들 사이에서 인기가 높았다. 브란트는 변화의 상징이었으며 사회적·법적·정치적 개혁을 지휘했다.

---

25) Schättle, Horst (December 1988). "*Willy Brandt explains Egon Bahr's formula 'Wandel durch Annäherung' of 1963*". *Zeugen des Jahrhunderts. Den norsk-tyske Willy Brandt-stiftelsen* (https://www.willy-brandt-biography.com/historical-sources/ videos/wandel-durch-annaeherung-1963/, 검색: 2023.12.02.).

26) Regerungserklaerung von Bundeskanzler Willy Brandt, 28.10.1969(https://www.willy-brandt-biografie.de/quellen/videos/regierungserklaerung-1969-lang, 검색: 2023.10.10.).

1969년에는 자유민주당(자민당)과 연합을 형성하여 소수의 지지를 얻었다. 브란트는 동독과의 화해를 촉진하는 데 적극적이었고, 소련, 폴란드, 체코슬로바키아 및 기타 동구권(공산주의) 국가와의 관계를 개선하는 데도 주도적이었다. 이 정책으로 독일 양 국가가 자신들이 독일 국가 전체를 대표한다는 주장은 서서히 사라졌다. 브란트는 1945년 이래 해결되지 않은 국경 문제를 논의하기 위해 소련 및 폴란드와 만나고 싶다는 열망을 표명했다. 그러나 1968년 8월에 바르샤바 조약 기구에 의한 소련의 체코슬로바키아 침공은 큰 실망을 안겨주었다. 그는 침공을 비난하고 자민당과 연합을 협상하는 동안 동방정책을 보류했다. 1960년대 말 동독 공산주의 정부는 공통의 독일 민족은 존재하지 않는다고 주장했다. 그러나 브란트는 1969년 후반에 전제 조건 없이 평등한 차원에서 동독 지도부와 만날 준비가 되어 있음을 밝혔다. 그는 1970년에 동독 총리 스토프(Willi Stoph)를 만났다.[27] 이는 동서독 지도자 간의 첫 만남이었다. 1970년에는 무력 사용을 포기하고 현재의 유럽 국경을 인정하는 모스크바 조약과 그해 말 폴란드 인민공화국을 공식적으로 인정하는 과정에서 바르샤바 조약에 서명했다.

브란트는 동방정책을 시작할 때부터 서독과 서유럽 및 미국과의 긴밀한 관계뿐만 아니라 서방의 군사 동맹체 회원국과도 밀접하게 연동되어서 추진하고자 했다. 1969년에 그가 총리가 되었을 때, 프랑스는 서독이 더욱 강력해질 것으로 예상하면서 독일을 두려워했다. 브란트는 유럽 공동 농업 정책에 대한 독일의 재정적 기여를 제시하면서 프랑스 정부가 자신의 정책을 지지하도록 압력을 가했다.[28] 이는 동맹국이지만 자신의 정책에 반대할 때는 적절한 압력으로 자신의 정치적 노선을 유지하는 노련한 외교 능력을 보여주는 대목이다.

---

27) Erstes Treffen zwischen Willy Brandt und Willi Stroph(https://www.deutschlandfunk.de/vor-50-jahren-erstes-treffen-von-willy-brandt-und-willi-100.html, 검색: 2023.10.10.).

28) Haftendorn, Helga. (2001), a.a.O., S. 181.

2) 동서독의 기본조약

1970년에 가장 논란이 많았던 합의는 1972년에 체결되었던 내독(동서독) 기본 조약이었고 이는 10개 조항으로 구성되었다.[29] 보수적인 야당 기민당은 정부가 일부 연방 지위를 너무 쉽게 포기한다는 생각으로 기본조약을 거부했다. 사민당과 자민당의 연합인 브란트 정부 내에서도 기본조약에 대한 항의가 높았고, 많은 의원이 탈당했다. 브란트는 비록 독일에 두 개의 국가가 존재하더라도 서로를 외국으로 간주할 수 없다는 1969년에 했던 발언을 반복해서 강조했다. 이 발언은 서독 주민들의 통일을 못 이룰 것이라는 우려를 잠재우는 데 중요했다. 그러나 1970년 10월에 동방정책에 반대하여 연합당인 자민당 의원 멘데(Erich Mende) 등이 자민당을 탈퇴하고 기민당에 합류했다.[30] 1972년 2월에는 실향민연맹(Bund der Vertriebenen)의 지도자이기도 한 사민당의 의원인 후프카(Herbert Hupka)마저 브란트의 동방과의 화해를 추구하는 정책에 동의하지 않고 기민당에 합류했다.[31] 그 이외에도 선거에서 반대표를 던지겠다는 의원들의 선언이 있자, 1972년 4월 24일에 건설적인 불신임투표가 제안되었고, 3일 후에 투표가 이루어졌다. 이 동의안이 통과된다면 기민당의 리더인 바르첼(Rainer Barzel)이 총리직을 맡게 되

---

29) 기본조약은 서독과 동독 간의 관계에 기초한 조약의 약칭이다. 이는 1972년 12월 21일에 체결되었고, 1973년 5월 11일(서독)과 6월 13일(동독)에 비준되었으며, 1973년 6월 21일에 발효되었다. 제1조는 평등한 선린관계의 발전에 합의; 제2조에서 양국은 유엔의 원칙을 준수할 것을 약속; 제3조에서는 분쟁 해결에 무력 사용을 자제하고 서로의 경계를 존중할 것을 약속, 그러나 '국경의 불가침성'은 상호 합의에 의한 국경 변경을 배제하지 않으며; 제4조는 어느 국가도 국제적으로 상대방을 대표할 수 없다고 규정; 제5조에는 양국이 유럽의 안보와 협력 과정에 참여하고 군축 노력을 지지하겠다고 약속했고, 제6조에 따르면 양국은 주권이 자국 영토에 국한되며, 내·외에서 서로의 자주성과 독립성을 존중한다는 점에 합의, 제7조에서는 다양한 분야(경제, 과학, 우편 및 통신, 문화, 스포츠 포함)에서의 협력 협정을 구상하고 있고, 제8조는 상임 대표의 교환을 규정하고 있고; 제9조는 계약이 이전 계약에 영향을 미치지 않는다고 규정하며; 제10조는 비준 및 발효를 규정한다.

30) Vor 40 Jahren: Abstimmung ueber Brandts Ostpolitik(https://www.bundestag.de/webarchiv/textarchiv/2012/41503709_kw46_kalender_brandt-209934. [검색: 2023.11.02.).

31) Herbert Hupka(https://en.wikipedia.org/wiki/Herbert_Hupka, 검색: 2023.11.02.).

는 것이었다. 1972년 캠페인 기간에 많은 서독의 유명한 예술가, 지식인, 작가, 배우, 교수들이 브란트와 사민당을 지지했다. 그중에는 작가 그라스(Günter Grass), 옌스(Walter Jens)도 있었다.[32] 브란트의 동방정책과 그의 통합 정책은 국내 일부 젊은 세대에게 인기가 있었다. 기본조약에 대한 찬성과 반대로 교착상태에 놓인 연방의회는 해산되었고 야당 지도자 바르첼은 브란트에 대항하여 1972년 4월에 의회에서 건설적인 불신임투표를 이끌었다.[33] 바르첼은 스스로 새 총리가 되기에 충분한 지지를 얻을 것으로 보았다. 하지만 그는 두 표 부족으로 실패했다. 나중에 동독이 바르첼에 반대표를 던지기 위해 기민당 대표 두 명에게 돈을 지불했다는 사실이 드러났다.[34] 1972년 11월에 새로운 총선에서 브란트 정부는 승리를 거두었고, 1973년 5월 11일 연방의회는 기본조약을 승인했다. 이를 토대로 분단 이후 처음으로 두 독일 국가 간의 공식적인 관계를 수립했다.

기본조약에 따라 서독과 동독은 '상임 대표(Staendige Vertreter)'라고 불리는 사실상의 대사를 받아들였다. 기본조약으로 동서독의 상태는 합법화되었고, 평등을 바탕으로 관계가 공식화되었으며, 상호 인정을 통해 두 국가 모두 유엔(UN)에 가입했다. 동서독은 1973년에 유엔에 가입했다.[35] 브란트는 유엔 총회에서 연설한 최초의 독일 총리이었다. 그는 상호 영토를 존중하고 분쟁을 평화롭게 해결하고, 이웃으로서 서로 협력하며, 베를린 4개 연합국의 권리는 동서 베를린 두 주민 모두에 의해 존중될 것이며, 베를린 주변의 상황을 개선할 것이라고 발표했다.

서독은 현재의 오데르-나이세(Oder-Neisse) 선을 인정하였고 브란트는 1970년에 폴란드를 방문하면서 독일군에 의해 진압된 바르샤바 게토 봉기 기념관을 방

---

32) Vor 40 Jahren: Abstimmung ueber Brandts Ostpolitik, a.a.O.(검색: 2023.11.02).

33) Vor 40 Jahren: Abstimmung ueber Brandts Ostpolitik, a.a.O.(검색: 2023.11.02).

34) Haftendorn, Helga. (2002). a.a.O. S. 193.

35) Thackeray, Frank W. and John E. Findling, (eds). (1993). *Statesmen Who Changed the World: A Bio-Bibliographical Dictionary of Diplomacy*. Santa Barbara, Cali.: Greenwood. pp. 60-63.

문하던 중 뜻밖에도 무릎을 꿇고(Kniefall von Warschau) 희생자들을 기렸다. 이는 폴란드의 유대인들에 대한 사죄의 상징이었다. 이는 전 세계적으로 매우 긍정적인 반응을 얻었지만, 서독에서는 큰 논란이 되었다. 미국 타임지는 브란트를 1970년 올해의 인물로 선정하며 "빌리 브란트는 사실상 동서양의 새로운 관계를 이끌어 2차 세계대전을 종식시키려는 인물이다. 25년 동안 평화가 지속된 유럽이지만, 그는 소련과 동구권에 대한 대담한 접근으로 새로운 현실을 가져오려고 한다."[36]라고 했다. 미국의 닉슨 대통령도 데탕트 정책을 추진하고 있어서 브란트의 동방정책을 지지했다고 볼 수 있다.[37] 이는 브란트가 서독에 대한 국제적 승인을 더욱 높이는 데 한몫했다는 방증이다.

그러나 독일-독일(동서독) 기본조약 체결 이후 브란트의 역할은 쇠퇴하기 시작했다. 그의 개혁 중 사민당/기민당/기사당(CDU/CSU)의 다수로 운영되는 그의 정책은 주 정부의 저항에 부딪혔다. 1973년 석유 위기와 1974년 대규모 공공 서비스 파업으로 인해 재정적 위기에 놓였다. 여기에 1973년경 서독 보안 기관은 브란트의 가장 가까운 보좌관 중 한 명인 기욤(Günter Guillaume)이 동독 정보국의 스파이라는 정보를 받았다. 브란트는 1974년 기욤이 슈타지(Stasi)의 요원으로 밝혀진 후 총리직에서 1974년 5월 6일에 사임했다. 이 스파이 사건은 근본적인 원인은 아니라 하더라도 브란트 사임을 촉발한 계기가 되었던 것으로 널리 알려져 있다. 나중에 브란트 자신이 말했듯이 "나는 당시에 벌어지고 있던 사건(기욤 간첩 스캔들)과는 아무런 관련이 없는 이유로 지쳤습니다."[38] 라고 했다. 1973년 석유 위기

---

36) Man Of The Year: On the Road to a New Reality(https://content.time.com/time/ subscriber/ article/0,33009,942376,00.html, . 검색: 2023.10.09.).

37) Willy Brandt(https://en.wikipedia.org/wiki/Willy_Brandt#cite_ref-19, 검색: 2023.09.10.).

38) 기욤은 동독 국가안보부의 정찰 본부 책임자인 볼프(Markus Wolf)의 감독을 받는 동독의 간첩 요원이었다. 볼프는 통일 후 브란트의 사임을 의도한 적이 없으며 기욤을 심고 처리한 것은 동독 비밀 기관의 가장 큰 실수 중 하나였다고 말했다.

로 서독에 경제적 타격이 가해졌는데, 이는 브란트를 총리직에서 몰아내기에 충분한 스트레스를 준 것으로 보인다. 브란트는 총리직에서 물러났고 같은 사민당인 슈미트가 서독 총리직을 계승했다.

3) 브란트의 총리직에서의 사퇴 후 정치 활동

브란트는 수장직에서 물러난 후 세계 경제에서 북부와 가난한 남부 간의 일반적인 격차를 염려하면서 국제개발 문제에 전념했다. 그는 1977년에 국제개발문제 독립위원회의 의장으로 임명되었고 1980년에 제3세계 개발에 대한 세계적 급격한 변화를 요구하는 보고서를 작성했다. 이는 브란트 보고서(Brandt Report)로 알려져 있다. 그는 동독 체제에 반대하여 투옥된 바로(Rudolf Bahro)의 석방을 요청했고, 바로의 동독 집권당인 통일당(SED)과 그 종속 동맹국과 좌익을 반대하는 이론적 토대로 볼 수 있는 '내부로부터의 변화'를 사민당 내에 소개했다. 사민당은 바로의 이론을 환영했다.

1989년 말에 독일 통일의 방법에 대해 여러 견해가 논의되던 중 브란트는 일종의 두 국가 연합이나 다른 유형의 임시 협정 대신 독일의 빠른 통일을 공개적으로 지지한 성명서를 냈다. 그는 독일의 빠른 통일에 대한 최초의 좌파 지도자 중 한 명이었다. 그는 "이제 함께 속한 것은 함께 성장한다."[39] 라는 공개 발언을 했다. 이 발언은 당시 널리 인용되었다.

3. 슈미트의 동서독 대화를 통한 안보 확보와 미소의 미사일 감축 모색

슈미트는 처음으로 서독 연방의회 의원(1953-1962)이자 유럽의회 의원(1958-

---

39) Auswaertiges Amt, "Damit zusammenwächst, was zusammengehört"(https://www. auswaertiges-amt.de/de/newsroom/maas-deutsche-einheit/2400210, 검색: 2023.09.29.).

1961)이었고, 그는 다시 서독 연방의회에 의원(1965-1987)으로 선출되었다. 사민당과 자민당과의 대연정이 1967년에 결성된 후 연방 국방부 장관(1969-1972) 및 연방 재무부 장관(1972-1974)을 역임했다. 그는 재무부 장관으로서 인플레이션 상승에 직면했고 영국과 미국을 뒤흔들었던 1973년 오일쇼크 직전에 유럽 통화가 미국 달러에 대해 변동되어야 한다는 데 동의했다. 이러한 세계적인 경제 불황은 그의 행정부가 직면한 주요 문제였으며 그는 공공 지출을 줄이는 데 있어서 강인하고 규율 있는 노선을 택했다.[40] 그는 재정 정책에 대한 공로를 인정받았고, 사민당과 자민당과의 연립정부 수장으로서 연방공화국의 제5대 총리(1974-1982)를 역임했다. 총리직을 맡은 후 그는 당을 초월한 인기와 원로 정치가로서 높은 명성을 누렸다. 그리고 1980년 11월에 총리로 재선되었다.[41] 하지만 그가 이끌었던 사민당과 자민당의 연합은 경제 및 사회 정책(연방 예산, 공공 부채, 고용 프로그램) 면에서 큰 차이가 있었다. 이는 1982년 9월 17일에 자민당의 역대 연방 장관들, 예컨대 겐셔(Genscher), 바움(Baum) 등의 사임으로 이어졌다. 이로써 연합 정부는 1982년 무너졌다.[42] 따라서 슈미트는 연방의회에서 과반수 의석을 얻지 못한 채 정부 업무를 계속 운영했다. 그는 국방과 경제 문제에서 자신을 반대하는 사민당 좌파와 충돌한 후 1986년 의회에서 물러났다. 정계에서 은퇴 후 그는 많은 저서를 발간했고 1983년부터 사망할 때까지 주간 신문 'Die Zeit'의 공동 편집자였다.

---

40) Helmut Schmidt geb. 1918. Lebendiges Museum Online(in German). Stiftung Haus der Geschichte der Bundesrepublik Deutschland. Retrieved 10 November 2015(https://en.wikipedia.org/wiki/Helmut_Schmidt, 검색: 2023.12.30.).
41) Helmut Schmidt ja, SPD na ja. In: *Der Spiegel*. (1980). No.41, 6 October 1980.
42) Helmut Schmidt ja, SPD na ja. In: Der Spiegel. (1980), a.a.O.

1) 내독(동서독) 관계 심화 추구

슈미트는 독일 기본조약의 골자를 지키면서 브란트의 동방정책을 이어받아 내독 관계를 진전시켰다. 1980년대 초 그가 특별하게 전념했던 정책은 두 독일 국가 간의 관계 개선에 있었다. 냉전으로 큰 패권 국가와 두 독일 간의 군사 대결은 동서독 주민의 평화와 이익에 반하는 위험을 안겨줄 것으로 보고 데탕트를 위한 보다 명확하고 진지한 노력을 하며 동독 지도부와의 만남을 희망했다. 그는 동독 총리 호네커(Erich Honecker)의 초청으로 1981년 12월 제3차 내부 독일 회의에 참석했다.[43] 동독의 지도부와의 만남과 대화를 통해서 동서독의 군사 대결을 예방하고자 했다. 이는 한반도 정책에 시사하는 바 크다.

2) 프랑스와의 관계 진전과 유럽 평화 통합 추구

슈미트는 프랑스와의 관계 개선에도 적극적이었고 총리로 재직 중 가장 중요한 정책은 국내외의 경제 정책 조치였다. 그는 프랑스 대통령 지스카르 데스탱(Valéry Giscard d'Estaing)과 협력하여 1975년에 세계 경제 정상회담을 창설했다. 그는 이 경제 정상회의의 건축자 중 한 사람이었다.[44] 1978년에 창설된 유럽통화체제(EMS)에도 주도적인 역할을 했다. 이뿐 아니라. 가장 중요한 서방 민주주의 국가의 국가 원수로 1979년 1월 1일에 유럽통화단위(ECU)를 도입했다. 이는 나중에 유럽경제통화연합과 유로를 탄생시켰다. G7(Group of 7)의 창립은 슈미트와 지스카르 데스탱의 아이디어를 바탕으로 이루어졌다. 슈미트는 지스카르 데스탱과 함께 유럽통합에 대한 결정적인 조치를 함께 논의하여 결정했다. 그가 취임한 직후 유럽평의회가 설립되자, 이 유럽평의회에 가입했다. 슈미트는 1981년 7

---

43) Hemut Schmidt besucht die DDR(https://www.mdr.de/geschichte/ddr/kalter-krieg/helmut-schmidt-erich-honecker-treffen-100.html, 검색: 2023.12.10.).

44) Spohr, Kristina Spohr. (2016). *The Global Chancellor: Helmut Schmidt and the Reshaping of the International Order*. Oxford: Oxford University Press.

월에 본을 방문한 새로 선출된 프랑스 대통령 미테랑(François Meterand)과 만났다. 두 사람은 외교 정책 문제와 미국 및 소련과의 관계에 대해 '완전한 합의'를 보았다.[45] 이는 미국과 소련 두 강대국과의 협력에서 서유럽의 자율성을 확보하기 위한 합의로 볼 수 있다.

3) 동서방 국가와의 안보와 데탕트를 위한 헬싱키 조약

슈미트는 유럽의 안보 분야와 긴장 완화를 위해 주도적인 활동을 했다. 그는 이미 1958년에 사민당의 전국위원회에 가입하여 핵무기와 독일 연방군의 핵무기 장비 보유에 반대하는 캠페인을 벌였다. 그는 연방 총리로서 1975년 7월 30일에 발표된 성명에서 유럽 안보 및 협력에 관한 회의의 결과를 강조하고 동서양의 데탕트 정책을 지속하기 위해 조속한 이행을 촉구했다.[46] 1975년에는 오늘날 유럽안보협력기구(OSCE)의 전신인 유럽 안보 및 협력 회의(CSCE)를 창설하기 위한 헬싱키 협정에 서명했다.[47] 이 데탕트 정책의 일환인 헬싱키 협정은 1975년 7월부터 8월 사이에 핀란드 헬싱키에서 개최된 유럽안보협력회의에서 채택되었다. 이는 다자간 협정이었다. 여기서 최종합의 문서인 헬싱키 조약은 구속력 있는 법적 지위는 아니었지만, 그 합의는 평화와 안보를 위해 고무적이었다. 유럽안보협력회의는 동서 분쟁 당시 유럽 국가들 사이의 일련의 블록 간 회의였다. 첫 회의는

---

45) Prial, Frank J. (13 July 1981). Paris-Bonn Talks Focus on Security: Mitterrand of France and Chancellor Helmut Schmidt of West Germany. In: *The New York Times*(https://www. nytimes.com/1981/07/13/world/paris-bonn-talks-focus-security- mitterrand-france-chancellor-helmut-schmidt-west.html, 검색: 2023.09.19.).

46) Bulletin des Presse- und Informationsamtes der Bundesregierung. (Hrsg). (Helsinki, 30.Juli 1975). *Erklärung von Helmut Schmidt*. Presse- und Informationsamt der Bundesregierung. 01.08.1975, Nr. 98. Bonn: Deutscher Bundesverlag. S. 921-923.

47) Zannier, Lamberto. (2015). *Reviving the Helsinki Spirit: 40 years of the Helsinki Final Act. Security Community Issue*. 1/2015, July 7, 2015(https://www.osce.org/ magazine/170891, 검색: 2023.11.12.).

주로 바르샤바 조약 참가국의 주도로 1973년 7월 3일 헬싱키에서 열렸다. 참가자는 미국, 캐나다, 소련 및 나중에 유럽안보협력회의는 가입한 알바니아와 안도라를 제외한 모든 유럽 국가 등 35개 국가였다. 이 중에 동서독, 미국과 소련 그리고 동서유럽 국가들이 참여했다. 1995년에 유럽안보협력회의는 유럽안보협력기구(OSCE)를 계승하여 제도화되었다. 이 안보협력 참가국의 정치적 고위대표는 세계 여러 국가의 관계를 개선 및 강화하고 유럽의 평화, 안보, 정의 및 협력을 추구하는 데 정치적 의지와 동기를 밝히면서 다음과 같은 내용[48]을 채택했다. 이는 많은 분야에서 동방정책과 그 궤를 같이하며 유럽 및 세계 안보를 확보할 수 있

---

48) 1. 참가국은 특히 법적 평등, 영토 보전, 자유 및 정치적 독립에 대한 각 국가의 권리를 포함하여 서로의 주권 평등과 개성, 그리고 주권에 내재되어 있고 이에 포함되는 모든 권리를 존중한다. 또한, 정치적, 사회적, 경제적, 문화적 체계를 자유롭게 선택하고 발전시킬 수 있고, 상호 권리와 법률 및 규정을 결정할 권리를 존중한다. 2. 참가국은 상호 관계 및 일반적인 국제 관계에서 모든 국가의 영토 보전이나 정치적 독립에 반하는 위협이나 무력 사용을 삼가거나 미국의 목표에 부합하지 않는 기타 방식을 삼간다. 3. 참가국은 서로의 모든 국경은 물론 유럽 내 모든 국가의 국경을 불가침으로 간주하므로 현재와 앞으로도 이러한 국경을 공격하는 것을 자제할 것이다. 4. 참가국은 각 참가국의 영토 보전을 존중한다. 또한, 참가국은 상호 영토를 군사점령의 대상으로 삼거나 국제법을 위반하는 직간접적인 강압적 조치를 삼간다. 5. 참가국은 국제평화와 안보, 정의를 위태롭게 하지 않는 방식으로 상호 분쟁을 평화적으로 해결한다. 또한, 국제법에 기초하여 신속하고 공정한 해결책을 찾기 위해 신의와 신뢰 그리고 협력 정신으로 노력할 것이다. 나아가 협상, 조사, 조정, 화해, 중재, 사법적 수단과 분쟁을 막기 위해 평화적 수단을 사용해야 한다. 6. 참가국은 상호 관계에 상관없이 다른 참가국의 내국 관할권에 속하는 내부 또는 외부 문제에 직접적 또는 간접적으로, 개별적으로 또는 집단적으로 개입하지 않는다. 따라서 그들은 다른 참가국에 대한 어떠한 형태의 무력 개입이나 그러한 개입 위협을 삼가야 한다. 7. 참가국은 인종, 성별, 언어 또는 종교에 따른 차별 없이 모든 사람의 사상, 양심, 종교 또는 신념의 자유를 포함한 인권과 기본적 자유를 존중한다. 이는 시민적, 정치적, 경제적, 사회적, 문화적, 기타 권리와 자유의 효과적인 행사를 장려하고 촉진할 것이다. 이 모든 권리는 인간의 존엄성에서 나오며 인간의 자유롭고 완전한 발전에 필수적이다. 8. 참가국은 국민의 평등과 자결권을 존중하며, 유엔 헌장의 목적과 원칙, 그리고 영토 보전을 포함한 관련 국제법 규범에 따라 항상 행동해야 한다. 9. 참가국은 유엔 헌장의 목적과 원칙에 따라 모든 분야에서 자국 간 및 모든 국가와의 협력을 발전시킬 것이다. 그들은 평등한 조건에서 협력을 발전시켜 상호 이해와 신뢰, 우호적이고 선린적 관계, 국제 평화, 안보 및 정의를 증진하기 위해 노력할 것이다(DAS HELSINKI-ABKOMMEN ÜBER SICHERHEIT UND ZUSAMMENARBEIT (1975)(https://de.alphahistory.com/ kalter-Krieg/ Helsinki-vereinbart-Sicherheitskooperation-1975/, 검색: 2023.10.10.).

는 중요한 수단이었다. 그러함에도 동유럽에 소련의 'SS-20 중거리 미사일(SS-20 Mittelstreckenraketen)' 배치에 점점 위협을 느낀 슈미트는 서유럽에서 미국의 미사일 배치를 서둘렀다.

4) 중거리 미사일 배치와 이에 대한 반대의 목소리

1977년에 슈미트는 소련이 새로운 중거리 미사일을 중부 유럽에 배치하는 것은 무기 균형에 큰 위험을 미친다고 지적한 최초의 서방 정치가였다. 그는 소련의 서유럽에 핵 공격을 수행할 수 있는 능력을 두려워했다. 1979년 소련의 아프가니스탄 침공과 미사일에 대한 소련의 우월성을 우려한 슈미트는 서유럽에 중거리 핵미사일 배치를 희망하면서, 이와 관련하여 나토 이중 트랙을 제안했다(이 점 아래 참조).

아프가니스탄 전쟁(1979-1989)은 주로 아프가니스탄의 세속화에 대응하여 형성된 수많은 무자헤딘 집단에 맞서 쿠데타를 일으키고 정부를 장악한 아프가니스탄 통치자들을 위한 소련의 군사적 지원이었다.[49] 이슬람주의[50] 반군 집단은 소련을 약화시키기 위해 미국, 일부 나토 국가 및 이슬람 세계 일부의 정치적·물질적 지원을 받았다.[51] 슈미트는 정치적 이웃을 도우면서 힘을 키우고자 하고 유럽 중부에 미사일을 배치하는 소련과 미국의 갈등이 독일에서 전쟁을 일으킬 수 있다고 우려했다. 그래서 슈미트는 두 부분으로 구성된 나토의 이중 트랙을 제안하였다. 나토는 서유럽에 핵탄두를 장착한 신형 중거리 '퍼싱 II(Pershing II)' 미사일과 'BGM-109G' 그리폰 순항 미사일을 배치한다고 발표했다.[52] '퍼싱 II'는 미 육

49) Rötzer, Florian. (2007). Anhaltender Krieg in Afghanistan verursacht schwere Umweltschäden. In: Telepolis, 23.8.2007 (https://www.telepolis.de/features/Anhaltender-Krieg-in-Afghanistan-verursacht-schwere-Umweltschaeden-3414967.html, 검색: 2023.12.29.).

50) Akten belegen westliche Hilfe für Islamisten in Afghanistan. In: Die Zeit, 30. 12.2010.

51) Collins, Joseph J. (2011). *Understanding War in Afghanistan*. Washington. D.C.: National Defense University Press.

52) NATO-Doppelbeschluss(https://de.wikipedia.org/wiki/NATO-Doppelbeschluss, 검색: 2023.11.13.).

군의 '퍼싱 IA' 미사일을 대체하기 위한 것이며, '퍼싱 II'는 미사일을 단거리에서 중거리로 재분류하는 확장된 사거리를 특징으로 한다. '퍼싱 II'는 바르샤바 조약 국가의 목표물만 공격할 수 있었던 이전 '퍼싱 I' 미사일과 달리 러시아 영토의 목표물을 공격할 수 있었다.[53] 나토는 이 조치를 소련 'SS-20' 미사일 배치로 인해 발생한 핵 억지력 격차에 대한 현대화 및 보상으로 정당화했다. 이에 따라 유럽에서 중거리 핵미사일전력(사거리 1,000-5,500㎞의 Intermediate-range Nuclear Forces·INF)을 제한하기 위한 초강대국 간의 양자 협상이 필요하게 되었다. 프랑스와 영국의 일부 핵미사일은 제외되었다. 미사일 배치와 무기 통제라는 두 부분은 서로를 보완하고 동시에 수행되어야 했다.

　나토 이중 트랙 결정은 독일 대중에게 인기가 없었다. 1981년 10월에 파병 반대 대규모 시위에는 독일에서 40만 명이 동원됐다.[54] 이 결정은 사민당 내에서도 매우 큰 논란을 일으켰다. 슈미트의 임기 말(1980년)에 나토 이중 결정에 반대하는 항의 운동과 환경 및 평화 운동이 결합하여 정치적으로 새로운 현상이 부상했다. 바로 여기서 새롭게 녹색당이 탄생했다. 이에 대한 제네바 협상이 1982년 11월에 실패한 후 여러 나토 국가 인구의 대다수가 계획된 배치를 거부했다. 그러나 독일 연방의회 의원 대다수는 1983년 11월 22일에 이를 승인했다. 1983년 12월부터 새로운 핵미사일이 서독에 배치되었다. 그 후 1985년에 미하일 고르바초프

---

53) 나토는 1979년에 108대의 퍼싱 II 시스템을 유럽에 배치하는 것을 승인했다. 퍼싱 II는 최대 1,700 ㎞(1056마일) 범위에서 W-85 가변 출력 핵탄두(5㎅~80㎅)를 전달하도록 설계되었다. 퍼싱 II의 초기 배치는 1983년 서독에 이루어졌고, 미 육군은 퍼싱 II 미사일 프로그램이 1985년 12월에 완전히 작동할 수 있음을 인증했다. 새로운 터미널 레이더 유도 시스템을 통해 퍼싱 II가 목표물로부터 30m 이내로 타격할 수 있어 더 높은 수율 페이로드에 대한 필요성이 줄어든다. 이러한 이유로 퍼싱 II는 강화된 시설과 군사 기지를 표적으로 삼도록 설정되었다. 퍼싱 II의 유럽 배치는 소련의 상당한 비판을 받았다.

54) Historische Debatten (9): NATO-Doppelbeschluss. In: *Deutscher Bundestag*. Retrieved 10 November 2015(https://www.bundestag.de/dokumente/textarchiv/2023/kw46-kalenderblatt -nato-doppelbeschluss-978072, 검색: 2023.12.12.).

휘하의 소련은 광범위한 핵 군축을 제안했다. 1987년에 미국과 소련은 '중거리 핵 전력(INF)' 조약을 통해 사거리 500-5,500㎞의 모든 핵 탑재 가능한 지상 기반 미사일과 운반 시스템의 생산을 철회, 파괴 및 금지하기로 합의했다. 서독도 1991년 5월까지 이 계약을 이행했다. 연이은 콜 정부는 슈미트의 안보 정책을 유지했다.

4. 독일통일과 유럽통합을 달성한 콜

콜은 1973년에 기민당의 전국 의장으로 선출되었다. 콜은 서독 총리(1982-1998)직을 장기간 역임했고 그의 16년간 재임 기간은 서독 총리 중 가장 길며, 그는 냉전 종식, 독일 통일, 유럽연합 창설을 이끌었다. 1982년 슈미트가 자민당(FDP)의 지지를 잃은 후, 콜은 건설적인 불신임투표를 통해 총리로 선출되어 자민당과 연립정부를 구성했다. 1990년 선거(바이마르 공화국 시대 이후 최초의 자유롭고 공정하며 민주적인 통일된 독일 선거)에서 콜은 야당 후보이자 자를란트 주 총리 라퐁텐(Oskar Lafontaine)을 압도적인 차이로 누르고 승리했다. 그 후 그는 네 번째 내각을 구성했다.[55] 1990년대 후반에 실업률이 증가하면서 콜의 인기는 떨어졌다. 그는 1998년 연방 선거에서 니더작센 주지사인 슈뢰더(Gerhard Schröder)에게 큰 차이로 패배했다.[56] 콜은 1998년 기민당 명예회장을 맡았으나 2000년 기민당 기부 스캔들로 국내 평판이 훼손되자 그 자리에서 물러났다.

1) 안보 정책 계승

콜 내각은 평화 운동의 큰 반대에 맞서 나토 중거리 미사일 배치를 포함한 논란

---

55) McAdams, A. James. (1994). *Germany Divided: From the Wall to Reunification*. New Jersey: Princeton University Press. p. 221.

56) Thompson, Wayne C. (2008). The World Today Series: Nordic, Central and Southeastern Europe. Harpers Ferry, West Virginia: Stryker-Post Publications.

의 여지가 있는 여러 계획을 추진했다.[57] 이는 콜이 기민당/기사당과 자민당과의 연합에서 사민당의 슈미트 정부의 안보 정책을 유지함을 의미한다. 1987년 12월 8일에 핵미사일전력(INF) 조약이 체결되었다.[58] 이 조약의 체결로 콜 정부는 1977년 슈미트가 공식화한 1979년 나토 이중 결의안(소련과 미국의 중거리 핵미사일의 상호 파괴)의 장기 목표를 달성했다.[59] 그는 또한 미국의 확고한 동맹자였으며 소련을 약화시키려는 미국 레이건(Ronald Reagan) 정부의 공격적인 정책을 지지했다.

2) 독일과 프랑스 관계: 유럽통합의 기둥

콜은 총리로 직위하자 프랑스·독일의 평화적 관계를 유지하는 데 전념했다. 1984년 9월 22일에 그는 제1차 세계대전 당시 프랑스와 독일 사이의 베르됭 전투가 벌어졌던 베르됭에서 프랑스 대통령 미테랑을 만났다. 그들은 함께 제1, 2차 세계대전의 종전을 기념했다. 몇 분 동안의 악수를 담은 사진은 프랑스·독일 화해의 중요한 상징이 되었다. 그들은 긴밀한 정치적 관계를 발전시켜 유럽통합을 위한 중요한 원동력을 형성했다. 그들은 함께 유럽 방위군(Eurocorps) 및 Arte(유럽 TV 채널)와 같은 유럽 프로젝트의 토대를 마련했다. 1985년에 그들은 다른 16개국의 유럽 지도자들과 함께 공동 국제 프로젝트에 자금을 지원하는 국가 자금 조달 부처 및 기관(유럽연합과는 별개)의 연구 개발 네트워크인 '유레카(Eureka)'를 설립했다. 콜과 미테랑은 유로 화폐를 설립한 마스트리흐트 조약의 설계자였다.[60]

---

57) Engel, Jeffrey A. (2011). *The Fall of the Berlin Wall: The ReVolutionary Legacy of 1989.* Oxford: Oxford University Press. S. 47.

58) Briefwechsel Helmut Schmidt mit den Abgeordneten des Seeheimer Kreises vom 8. Dezember 1987. seeheimer-kreis.de(Mementovom 22. November 2011 im *Internet Archive*)(https://de.wikipedia.org/wiki/Seeheimer_Kreis, 검색: 2023.12.20.).

59) Schmidt, Helmut. (2008). Außer Dienst. München: Siedler Verlag. S. 165.

60) Mortimer, Chambers (2010). *The Western Experience.* New York: McGraw-Hill Higher Education.

이들의 밀접한 공동 작업과 협력으로 유럽연합이 냉전 후 1992년에 설립되었다.

콜은 유럽연합의 동구권 확장의 중심인물이었으며, 그의 정부는 크로아티아, 슬로베니아, 보스니아 헤르체고비나가 독립을 선언했을 때 이 국가들의 국제적 인정을 추진하는 활동을 주도했다. 그는 보스니아 전쟁을 해결하는 데 중요한 역할을 했다. 콜은 1988년에 서유럽을 통합한 샤를마뉴상을 받았으며 1998년 유럽평의회로부터 유럽 명예시민으로 임명되었다. 콜은 유럽통합 정책을 병행하면서 독일 통일에도 헌신적이었다.

3) 동독과의 관계 심화: 동독 총리 초대와 독일 통일 달성

콜은 전 지도자들의 동독에 대한 서독의 정책을 계속 이어갔다. 기민당/기사당 내에서 콜의 주요 반대자였던 바이에른 주지사 슈트라우스(Franz Josef Strauss)는 독일 기본조약을 놓고 격렬하게 논쟁했다. 슈트라우스는 한편으로는 공산주의를 공격하면서도 동독과의 관계를 개선하는 데는 일조했다. 예컨대 총리인 콜도 모르는 사이에 슈트라우스가 동독과 놀라운 거래를 했다는 소식이 1983년에 여름에 퍼졌다. 서독이 동독을 위해 10억 달러를 대출했다는 폭탄과 같은 소식이었다.[61] 이 대출은 당시 경제난에 시달리고 있던 동독의 존재를 연장한 것으로 받아들여지는 것이 일반적이었다. 슈트라우스는 1983년 7월 24일에 베를린 북쪽 베르벨린 호수에 있는 사냥 별장에 있는 동독 총리 호네커(Erich Honecker)를 방문했다. 이 사건은 슈트라우스가 서독 은행 컨소시엄에서 동독에 10억 마르크의 대출을 주선한 후에 있었다. 콜은 1987년에 호네커를 서독에 초대했다. 동독 국가 원수가 서독을 방문한 최초의 사례였다. 이는 일반적으로 콜이 동방정책을 추구한다는 신호였다. 사실상 콜 자신이 소속한 기민당이 이 정책을 강력하게 반대했다. 이

---

61) Franz Josef Strauss(https://www.fjs.de/reisen/ddr/, 검색: 2023.10.30.).

는 콜이 1970년대에 사민당이 주도한 연정에 의해 시작된 동서양 간의 데탕트 정책인 동방정책의 지속을 확인시키는 대목이다.[62]

1989년 11월에 베를린 장벽이 무너지고 동독 공산주의 정권이 붕괴되었다. 동시에 콜 정부의 동독 문제 처리는 내독 정책의 전환점이 되었다. 대부분의 서독 사람처럼 콜도 1989년 말 동독 주권당인 사회주의통일당(SED)이 무너졌을 때 처음에는 그 사실을 모르고 있었다. 그러나 동독에서 시민들의 반체제 운동과 탈출이 급상승하자, 콜은 이 상황의 심각성을 인지했다. 그는 1989년 동독의 통일 운동을 수용하여, 확고한 신념으로 독일 통일을 지휘하기에 이른다. 헌법상의 의무를 잘 알고 있던 그는 즉시 통일을 현실로 만들기 위해 움직였다. 콜은 동독에서 일어난 역사적인 정치적 변화를 이용하여 자신의 연합 파트너인 자민당 및 서방 연합국과 미리 상의하지 않고 독일과 유럽의 분단 극복을 위한 '10가지 계획(Zehn-Punkte-Programm)'[63] 을 제시했다. 이 10개 항 강령은 콜 총리가 내독 관계를 재편하고 독일 문제를 해결하기 위한 강령이다. 이는 1989년 11월 28일에 독일 연방의회 연설에서 공식화되었다.

이 강령이 발표되자 독일 통일에 대해 특히 프랑스와 영국이 크게 반대했다. 1989년 4월부터 1990년 11월까지의 500페이지에 달하는 파일에는 미테랑 대통령이 기밀 대화 중에 독일 통일에 대한 영국 총리 마거릿 대처(Margaret Thatcher)의 의심을 강화하는 면도 보인다. 그는 대처와 같은 사람이 공개적으로 독일 통일을 반대하면 독일로부터 통일에 대한 양보를 받아내는 것이 더 쉬워질 것으로 보았다. 1990년 1월 20일에 엘리제궁에서 열린 점심 식사에서 그는 대처에게 통일이 이루어지면 독일이 히틀러보다 유럽에서 더 많은 영향력을 갖게 될 것이라고

---

62) Bonoli, Giuliano and Martin Powell. (2004). *Social Democratic Party Policies in Contemporary Europe*. London: Routledge. p. 173.

63) Zehn-Punkte-Programm(https://de.wikipedia.org/wiki/Zehn-Punkte-Programm, 검색: 2023.10.19.).

경고했다. 미테랑은 독일 통일을 막을 수 없고 "사악한 독일인"의 귀환이 암울하게 한다고 했다.[64] 영국은 결국 미국 대통령의 주선으로 독일 통일에 대한 반대를 거두어들였다. 콜은 소련으로부터 독일 통일에 대한 보증을 얻기 위해 고르바초프를 1990년 2월에 방문했다. 그는 결국 고르바초프가 희망한 여러 조건을, 예컨대 재정적 지원 등을 충족시키기로 하고 독일 통일의 허락을 받아냈다.[65]

독일 통일은 당시 두 가지 가능성이 있었다. '서독 기본법' 제23조에 의해 동독이 서독 지역으로 편입하는 방법과 제146조에 따라 전체 독일 국민이 참가하여 새로운 헌법을 제정하여 통일을 실현하는 것이 그것이다. 당시 동독은 완전히 붕괴된 상태였고 정치적 상황이 급하게 돌아갔다. 이러한 와중에 서독 정치 지도자들은 독일 통일을 빠르게 추진해야 했다. 당시 상황에 독일 기본법 제23조가 더 유리했다. 1990년 5월 18일에 콜은 동독과 경제 및 사회 통합 조약을 체결했다. 이 조약은 통일이 이루어지면 기본법 제23조의 규정에 따라야 한다고 규정했다. 그 기사에서는 어떤 새로운 연방 주라도 단순 다수결로 기본법을 준수할 수 있다고 명시했다. 그래서 1990년 8월 31일에 통일 조약이 체결되었고 1990년 9월 20일에 동독은 의회인 인민회의소와 서독 연방의회는 통일 협정을 승인했다. 인민회의 대표는 380표 중 299표(약 79%)를 얻었고, 연방의회는 492표 중 442표(약 90%)를 얻었다.[66] 다음날 연방의회는 만장일치로 합의를 승인했고, 통일 조약은 1990년 9월 23일에 연방 대통령에 의해 비준되었다. 동독의 영토는 연방공화국(서독)에 5개 주로서 합류했다. 이는 브란덴부르크, 메클렌부르크-포어포메른, 작센, 작센안할트, 튀링겐 주이다. 동베를린과 서베를린은 도시국가로 재통합되어 확대된

---

64) Maggie Thatcher und die Wiedervereinigung: Die Deutschen sind wieder da!(https://www.spiegel.de/geschichte/maggie-thatcher-und-die-wiedervereinigung-a-948498.html, 검색: 2023.11.01.).

65) 김해순. (2022). 앞의 책. 335-339쪽.

66) Zustimmung zum Einigungsvertrag(https://www.bundesregierung.de/breg-de/themen/deutsche-einheit/einigungsvertrag-353990, 검색: 2023.12.10.).

독일연방공화국의 수도가 되었다. 1990년 10월 3일에 독일 통일이 이뤄졌다. 기본법 23조의 규정으로 통일은 6개월 안에 완료될 수 있었다.[67] 동·유럽과의 통합은 1992년에 달성했다.

Ⅲ. 결론

아데나워 총리는 서방 통합을 통하여 자유민주주의를 토대로 전범국가로서 고립에서 벗어날 수 있었고, 정치적 주권을 획득하고 세계 경제 시스템과 긴밀하게 연계된 경제 재건의 기회를 마련했다. 브란트 총리는 동방 통합을 통하여 동유럽과 수교를 구축하면서 동독과의 통행, 교류 등의 협정을 맺고 철조망과 베를린 담을 넘어 동서독 주민의 가족 방문과 문화, 청소년, 교류를 실행했다. 나아가 동방정책과 독일 기본조약을 통해 독일의 평화 기반을 다졌다. 슈미트 총리는 안보를 공고히 하면서 동서방 국가들과의 헬싱키 협정을 맺고 국제 평화를 안착하는 데 심혈을 기울였다. 이러한 서독 총리들의 통일과 통합 정책을 기반으로 콜 총리는 독일 통일을 이루고 유럽공동체가 유럽연합으로 확장되는 데 큰 기여를 했다. 이러한 서독 총리들의 통일과 통합 정책을 통해서 다음과 같은 시사점을 도출할 수 있다.

● 서독 정치 지도자들의 국내외 정치적 활동에서 자주성, 주체성, 공존, 평화의 가치관 등이 구현된다. 이 정신과 가치는 아데나워에서 시작하여 동방정책을 거쳐서 오늘날까지 이어지고 있다. 이는 정책의 연속성을 의미한다. 그들은 합리적인 토대에서 개인의 목적보다는 국가의 이해에 주목하여 현실 정치를 실행한 지도자들이었다. 나아가 평화적 공존 등을 기반으로 유럽통합이라는 틀 속에서 현재의 실용주의와 미래 비전을 결합하면서 통일을 평화적으로 다졌다.

---

67) Thompson, Wayne C. (2008). op. cit.

● '접근을 통한 변화'를 목표로 하는 브란트의 동방정책은, 김대중의 햇볕 정책과 유사하며, 긴 호흡과 인내로 동독과 동구권과의 관계를 변화시켰다. 동방정책의 기조는 초당적이고, 차후 지도자가 이어받고 수정과 보완을 거치면서 실행되었다. 이는 통일에 대한 경험과 지식이 축적될 수 있는 기반이다. 이는 우리 대북정책이 정권이 바뀔 때마다 새로운 대북정책을 시도하는 것과는 대조적이다.

● 독일 정치 지도자들은 균형적인 외교 정책을 모색했다. 미국과 서방과의 관계를 공고히 하면서도 동서독과 동구권과의 관계 개선에도 심혈을 기울였던 점은 우리에게 시사한 바 크다. 대립 구조가 고착된 한반도와는 다른 발전을 이루어 낸 것이다. 독일은 현실 정치를 추진하며 동독과 대화와 협력을 통해서 그들의 관계의 끈을 놓지 않았다.

● 서독 지도자들은 국민이 자신의 통일 정책에 반대하면 국민을 이해시키면서 동서독 정책을 이끌어 나갔다. 그뿐 아니다. 그들은 자국 통일을 위해 외교 정책에서도 주도권을 가지고 통일 관련 상대방 국가들을 설득했다. 여기에는 정치 지도자들의 탁월한 정치적 감각, 뛰어난 지도력, 합리적 정책 등이 있었고, 이것들은 통일을 준비하는 데 토대가 되었다고 볼 수 있다. 이러한 맥락에서 국가의 성쇠는 지도자들의 능력도 크게 한몫하고 있음을 알 수 있다.

참고 문헌

김해순. (2021). 평화의 거울: 유럽연합. 경기: 킹덤북스.

김황식. (2022). 독일의 힘. 독일의 총리들 I. 경기: (사)북이십일 21세기북스.

Bonoli, Giuliano and Martin Powell. (2004). *Social Democratic Party Policies in Contemporary Europe*. London: Routledge.

Bulletin des Presse- und Informationsamtes der Bundesregierung. (Hrsg). (Helsinki, 30.Juli 1975). *Erklärung von Helmut Schmidt*. Presse- und Informationsamt der Bundesregierung. 01.08.1975, Nr. 98. Bonn: Deutscher Bundesverlag. S. 921-923.

Collins, Joseph J. (2011). *Understanding War in Afghanistan*. Washington. D.C.: National Defense University Press.

Doering-Manteuffel, Anselm. (1999). *Wie westlich sind die Deutschen? Amerikanisierung und Westernisierung im 20. Jahrhundert*. Göttingen: Vandenhoeck & Ruprecht.

Engel, Jeffrey A. (2011). *The Fall of the Berlin Wall: The ReVolutionary Legacy of 1989*. Oxford: Oxford University Press.

Gray, William Glenn. (2005). Die Hallstein Doktrin: ein souveraener Fehlgriff?. In: *Aus Politik und Zeitgeschichte*. No. 17. S. 17-23.

Grewe, Wilhelm G. (1995). Hallsteins deutschlandpolitische Konzeption. In: Loth, Wolfgang, William Wallace, Wolfgang Wessels (eds.). *Walter Hallstein: Der vergessene Europäer?* Europäische Schriften Vol. 73. Bonn: Europa Union Verlag. S. 57-79.

Goschler, Constantin. (1992). Erste Schritte nach dem Ende der nationalsozialistischen Herrschaft - Fürsorge und Rehabilitierung (1945-1947). In: Quellen und Darstellungen zur Zeitgeschichte: Wiedergutmachung. *Westdeutschland und die Verfolgten des Nationalsozialismus 1945-1954*. Band 34. (https://doi.org/10.1524/9783486595659) S. 63-90.

Haftendorn, Helga. (2001). *Deutsche Außenpolitik zwischen Selbstbeschränkung und Selbstbehauptung 1945-2000*. Stuttgart/München: Deutsche Verlags-Anstalt.

Jaenicke, Joachim. (1995). Erinnerungen an Walter Hallstein. In: Loth, Wolfgang, William Wallace, Wolfgang Wessels (eds.). *Walter Hallstein: Der vergessene Europäer?* Europäische Schriften 73. Bonn: Europa Union Verlag. S. 49-55.

McAdams, A. James. (1994). *Germany Divided: From the Wall to Reunification.* New Jersey: Princeton University Press.

Michel, Judith. (2024). Konrad Adenauer unterzeichnet die Beitrittsurkunde zur NATO(https://www.kas.de/de/web/geschichte-der-cdu/kalender/kalender-detail/ -/content/beitritt-der-bundesrepublik-deutschland-zur-nato, 검색: 2024.1.10.).

Mortimer, Chambers (2010). *The Western Experience.* New York: McGraw-Hill Higher Education.

Prial, Frank J. (13 July 1981). Paris-Bonn Talks Focus on Security: Mitterrand of France and Chancellor Helmut Schmidt of West Germany. In: *The New York Times* (https://www. nytimes.com/1981/07/13/world/paris-bonn-talks- focus-security- mitterrand-france-chancellor-helmut-schmidt-west.html, 검색: 2023.9.19).

Prittie, Terence. (1971). *Konrad-Adenauer. Vier Epochen deutscher Geschichte.* Stuttgart: Goverts-Krüger-Stahlberg.

Schmidt, Helmut. (2008). *Außer Dienst.* München: Siedler Verlag.

Schwarz, Hans-Peter. (1995). *Konrad Adenauer: A German Politician and Statesman in a Period of War, ReVolution and Reconstruction.* Vol. 1: From the German Empire to the Federal Republic, 1876–1952. Oxford: Berghahn Books.

Spohr, Kristina Spohr. (2016). *The Global Chancellor: Helmut Schmidt and the Reshaping of the International Order.* Oxford: Oxford University Press.

Thackeray, Frank W. and John E. Findling, (eds). (1993). *Statesmen Who Changed the World: A Bio-Bibliographical Dictionary of Diplomacy.* Santa Barbara, Cali.: Greenwood. pp. 60-63.

Thompson, Wayne C. (2008). *The World Today Series: Nordic, Central and Southeastern Europe.* Harpers Ferry, West Virginia: Stryker-Post Publications.

Zannier, Lamberto. (2015). *Reviving the Helsinki Spirit: 40 years of the Helsinki*

Final Act. Security Community Issue. 1/2015, July 7, 2015(https://www.osce. org/ magazine/170891, 검색: 2023.11.12).

인터넷

Deutsche Wiedergutmachungspolitik(https://de.wikipedia.org/wiki/Deutsche_ Wiedergut machungspolitik, 검색: 2023.11.1).

EntstehungundFortentwicklungderWiedergutmachungs-undKriegsfolgenregelungen in Deutschland(Memento vom 2. November 2014. Im *Internet Archive*), pdf, Bundesfinanzministerium. am 22. November 2016.

Westintegration(https://www.konrad-adenauer.de/politikfelder/seite/ westintegration/, 검색: 2023.11.12).

Die zweite Berlin-Krise 1958 bis 1962(https://www.alliiertenmuseum.de/thema/ die-zweite- berlin-krise-1958-bis-1962/, 검색: 2023.11.01).

Wann war die erste Berlin Krise?(https://de.wikipedia.org/wiki/Berlin-Blockade, 검색: 2023.11.01).

The Novel price(https://www.nobelprize.org/prizes/peace/1971/brandt/facts/, 검열: 2023.9.20).

Schättle, Horst (December 1988). "Willy Brandt explains Egon Bahr's formula 'Wandel durch Annäherung' of 1963" Zeugen des Jahrhunderts. Den norsk-tyske Willy Brandt-stiftelsen(https://www.willy-brandt-biography.com/historical-sources/ videos/wandel-durch-annaeherung-1963/, 검색: 2023.12.02).

ErstesTreffenzwischenWillyBrandtundWilliStroph(https://www.deutschlandfunk. de/ vor-50-jahren-erstes-treffen-von-willy-brandt-und-willi-100.html, 검색: 2023.10.10).

Regierungserklaerung von Bundeskanzler Willy Brandt, 28.10.1969(https://www.willy-brandt-biografie.de/quellen/videos/regierungserklaerung-1969-lang, 검색: 2023.10.10).

Herbert Hupka(https://en.wikipedia.org/wiki/Herbert_Hupka, 검색: 2023.11.02.).

Vor 40 Jahren: Abstimmung ueber Brandts Ostpolitik(https://www.bundestag. de/ webarchiv/textarchiv/2012/41503709_kw46_kalender_brandt-209934: 검색: 2023.11.02.).

Willy Brandt(https://en.wikipedia.org/wiki/Willy_Brandt#cite_ref-19, 검색: 2023.09.10).

Man Of The Year: On the Road to a New Reality(https://content.time.com/time/ subscriber/article/0,33009,942376,00.html, 검색: 2023.10.09).

Helmut Schmidt geb. 1918. Lebendiges Museum Online(in German). Stiftung Haus der Geschichte der Bundesrepublik Deutschland. Retrieved 10 November 2015(https://en.wikipedia.org/wiki/Helmut_Schmidt, 검색: 2023.12.30).

Auswaertiges Amt. Damit zusammenwächst, was zusammengehört(https://www. auswaertiges-amt.de/de/newsroom/maas-deutsche-einheit/2400210, 검색: 2023.09.29).

Helmut Schmidt besucht die DDR(https://www.mdr.de/geschichte/ddr/kalter-krieg/ helmut-schmidt-erich-honecker-treffen-100.html, 검색: 2023.12.10).

DAS HELSINKI-ABKOMMEN ÜBER SICHERHEIT UND ZUSAMMENARBEIT(1975) (https://de.alphahistory.com/kalter-Krieg/Helsinki-vereinbart-Sicherheitskooperation-1975/, 검색: 2023.10.10).

Rötzer, Florian. (2007). Anhaltender Krieg in Afghanistan verursacht schwere Umweltschäden. In: *Telepolis*, 23.8.2007(https://www.telepolis.de/features/ Anhaltender-Krieg-in-Afghanistan-verursacht-schwere-Umweltschaeden -3414967.html, 검색: 2023.12.29).

NATO-Doppelbeschluss(https://de.wikipedia.org/wiki/NATO-Doppelbeschluss, 검색: 2023.11.13).

Historische Debatten (9): NATO-Doppelbeschluss. In: *Deutscher Bundestag.* Retrieved 10 November 2015(https://www.bundestag.de/dokumente/textarchiv/ 2023/kw46-kalenderblatt -nato-doppelbeschluss-978072, 검색: 2023.12.12).

Briefwechsel Helmut Schmidt mit den Abgeordneten des Seeheimer Kreises vom 8.Dezember 1987. seeheimer-kreis.de(Mementovom 22. November 2011 im *Internet Archive*)(https://de.wikipedia.org/wiki/Seeheimer_Kreis, 검색: 2023.12.20).

Franz Josef Strauss(https://www.fjs.de/reisen/ddr/, 검색: 2023.10.30).

MaggieThatcherunddieWiedervereinigung:DieDeutschensindwiederda!(https://www.spiegel.de/geschichte/maggie-thatcher-und-die-wiedervereinigung-a-948498. html, 검색: 2023.11.01).

Zehn-Punkte-Programm(https://de.wikipedia.org/wiki/Zehn-Punkte-Programm, 검색: 2023.10.19).

Zustimmung zum Einigungsvertrag(https://www.bundesregierung.de/breg-de/themen/ deutsche-einheit/einigungsvertrag-353990, 검색: 2023.12.10.).

신문 및 시사 주간지

Bohr, Felix. (2013). Was Adenauer verschwieg. In: Der Spiegel. 12/2013(18.3.2013).

Helmut Schmidt ja, SPD na ja. In: Der Spiegel. (1980). No.41, 6 October 1980.

Akten belegen westliche Hilfe für Islamisten in Afghanistan. In: Die Zeit, 30. 12.2010.

사회 통합을 위한 문화예술단체 ESG경영의 필요성

사회 통합을 위한 문화예술단체 ESG경영의 필요성[1]

진윤일

I. 서론

문화와 예술은 사회 발전과 사회 통합에 매우 중요하다. 이것들은 사회적 논쟁을 반영하고, 현실에서 화합이 어려운 요인을 서술하며, 갈등을 줄이고 공존을 위한 감성과 마음을 북돋우며, 일상적인 사건 이상을 움직이고 있다. 그래서 문화와 예술은 인간 존재의 표현으로도 볼 수 있다. 이에 대한 논의는 과거와 우리가 계승한 가치 및 그 의미와 미래지향적인 차원을 가지며 미래 사회에 대한 비전을 담고 있다. 오늘날 예술, 문화 및 문화교육은 평화 통합을 촉진하고 이를 위해 문화적 다양성의 긍정적인 요소를 강조하며 지속 가능한 발전을 위해 점점 더 중요해지고 있다. 그러면 빠르게 진전되는 경제 발전과 사회변화에 문화와 예술은 어떻게 대응하며 기존의 단순히 문화예술의 향유를 너머 지속 가능한 발전과 평화적 사회 통합을 선도할 것인가? 여기에 하나의 답은 문화와 예술, 즉 클래식을 비롯한 여러 비영리 예술 분야의 사업, 활동, 프로그램 등이 'ESG(Environmental[환경], Social[사회], Governance[지배구조])'에 기반하여 실행되는 것을 하나의 방법으로 본다.

---

1) 이 논문은 진윤일의 석사학위논문(진윤일. [2023]. 문화예술단체 ESG경영의 필요성 및 구성요소 연구. 석사학위논문. 추계예술대학교.)을 요약 및 수정 보완한 것임을 밝힌다.

본 연구의 목적은 기업 성장의 새로운 패러다임으로 자리 잡은 ESG경영을 어떤 방식으로 문화예술단체에 적용하고 실천해 지속 가능한 발전을 이루며 이에 토대한 상호 공존을 위한 사회 통합을 이루게 할 것인지를 고찰하는 데 있다. 우선 ESG의 개념적 이론적 논의 및 핵심 요소를 분석하여 정리한다. 그 후 문화예술단체 ESG경영의 필요성과 그 요소별 세부 내용을 분석하여 정리한 후 사회 통합을 위한 기능을 검토한다. 이를 위해 ESG경영에 기반한 국내외의 문화예술단체 활동 사례를 소개하며 이를 통해 평화와 사회 통합에의 기여점을 도출한다. 마지막으로 글을 요약한다.

II. ESG경영의 개념적·이론적 논의 및 구성 요소

1. ESG경영의 개념적·이론적 논의

ESG경영은 이제 일시적 유행이 아닌 글로벌 핵심 경영의 전략이 되고 있다. ESG라는 용어는 2003년 유엔환경계획 금융이니셔티브(UNEP FI)에서 처음 사용했다. ESG의 등장 배경은 '지속 가능한 발전(sustainable development)' 개념과 밀접한 관계가 있다. ESG를 포괄하는 '지속가능성'의 개념은 1987년에 유엔환경계획(UNEP)과 세계환경개발위원회(WCED)가 공동으로 채택한 '브룬트란트 보고서(Brundtrand Report·우리의 공동 미래)'에서 처음 등장했다. 이 보고서는 경제적 성장, 사회적 안정이 환경 보전과 조화를 이루며 지속 가능한 발전을 추구해야 할 필요성을 제시하였다.[2] 지속가능성은 공존에 목적을 두고 있다. 이는 성별, 연

---

2) 1987년 10월 세계환경개발위원회(World Commission on Environment and Development·WCED)에서 '우리 공동의 미래(Our Common Future)' 보고서를 통해 환경과 사회적 가치에 초점을 둔 논의를 시작하였다. 당시 그로 할렘 브룬틀란(Gro Harlem Brundtland) 노르웨이 환경부 장관이 주도했다고 해서 브룬틀란 보고서(Brundtland Report)로도 불리는 이 보고서에서 지속가능한 발전은 "미래 세대의 요구를 충족시킬 수 있는 능력을 훼손하지 않으면서 현재의 필요를 충족시키는 발전"으로 정의하였고, 지속가능한 발전을 범지구적인 의제로 공식화하는 데 결정적인 역할을 하였다.

령, 빈부, 세대 간, 다양한 단체의 차이를 초월하여 사회 성원 모두가 사회, 경제, 문화, 교육 등 모든 영역에서 동등한 기회와 사회 발전에의 참여를 포괄하고 있다. 여기에는 상호 존중과 신뢰, 소속감, 책임 등의 가치가 요구된다(이 점 본 저서 제 2장 통일과 통합의 이론적 이해 참조). 이를 토대로 지속 가능한 발전을 위해 참여자들의 결속은 중요하며, 이는 사회 통합에 중요한 기반이다. 문화예술은 사회와 국가 간의 갈등을 완화하며 사람과 사람이 함께 공존하게 한다.

ESG경영의 또 다른 의미는 기업의 친환경 경영, 사회적 책임 및 안보, 투명한 지배구조 등을 내포하고 있다. 이제는 기업이 돈을 벌기 위해서 제품만 잘 만드는 것을 넘어, 사회의 한 구성원으로서 환경에 미치는 영향과 책임 그리고 기업의 지배구조의 투명성에 대해 신경을 써야 한다는 것이다. 다시 말해, ESG경영은 지속 가능한 발전, 이를 토대로 공존에 대한 사회적 책임, 지배구조의 투명성을 평가하는 것을 목적으로 한다.[3]

그러면 기업의 ESG경영이란 무엇인가?[4] 기업의 전통적 경영방식은 재무적 성과에 초점이 맞춰져 있다. 하지만 기업 규모가 커질수록 이해관계자들로부터 요구되는 기대 수준과 기업의 지속가능성이 중요시되며 전략적 사고로서 ESG가 뜨거운 화두로 부상했다. 사회적 책임과 이익 추구를 모두 함께 달성하는 것은 이제는 더 이상 유토피아적인 이념이 아니며, 장기적인 관점에서 지속 가능한 기업을 만드는 데 중요하다. ESG경영은 기업이 고객과 주주들 및 직원에게 얼마나 비재무적 성과에 기여하고, 환경에 대한 책임을 다하며, 지배구조는 투명한가 등을 다각적인 면에서 평가하는 것이다. 이는 단순히 재무적 이익만을 추구하는 것이 아니라 윤리적인 책임을 다하는 기업에 투자할 수 있는 '사회적 책임투자'를 위한 지표가 된

3) 이춘근 교수. ESG 개념과 특징, 지속가능 경영전략이란!. *티스토리*. 2021.10.05.(https://cklee88. tistory.com/m/160, 검색: 2022.02.05.).

4) 김국현 대표. 세계는 지금 ESG 혁신 중, 다양한 사례를 통해 알아본 ESG 경영. SK hynix news. 2021.02.09.(*https://news.skhynix.co.kr/post/esg-management*, 검색: 2022.02.09.).

다. 이는 품질 경쟁력이 앞선 기업보다 고객을 먼저 생각하고, 아낌없는 서비스를 제공하는 착한 기업을 선호하겠다는 뜻이다. ESG경영의 최종 목표는 장기적인 관점에서 지속적인 성장을 추구하고, 사회적 이익을 토대로 사회 구성원이 공존하는 사회를 가능하게 하는 데 있다.

2. ESG의 구성 요소: 기관별 차이점과 공통 요소

ESG경영은 〈표-1〉이 제시하듯 환경(E), 사회(S), 지배구조(G) 3개로 구성되어 있다. 이 ESG경영의 하위 주요 세부항목을 보면 환경, 사회, 지배구조에 대한 이해는 해당 기관별로 차이점과 공통점을 담고 있다. 환경 관련 주요 항목에는 탄소 배출 저감, 친환경, 천연자원의 사용 및 보호, 재생에너지, 오염, 폐기물 관리, 삼림 파괴 등이 포함되며 이는 투자자와 기업들이 꾸준히 관심을 보이는 분야이다. 사회는 '사회적 책임'이라고 할 수 있으며, 일반적으로 사회적 문제를 해결해야 한다는 인식에서부터 시작되는데 주요 항목으로 인권, 노동, 고객, 제품관리, 고용, 근로조건, 노사관계, 지역사회 간 소통 및 통합 등이 제시되고 있다. 지배구조는 한정된 자원으로 모든 이해관계자들이 공동의 목표를 달성하기 위해 조직이 공동 책임을 가지고 투명하게 의사결정을 수행할 수 있게 하는 제반 장치다. ESG경영 기업에서 환경과 사회문제 해결은 기업의 투명한 지배구조와 의사결정을 통해 가능하다. 주요 항목에는 윤리, 조직구조, 의사결정, 재무회계, 투명경영, 이해관계자 등이 포함된다.

〈표-1〉해당 기관별 ESG 주요 구성항목 및 공통 요소

구분	한국표준협회[5]	대한상공회의소[6]	한국거래소(KRX)[7]	공통 요소
환경(E)	• 기후변화-위험 • 자원고갈(천연자원) • 폐기물 • 오염 • 산림파괴	• 기후변화 및 탄소배출 • 환경오염, 환경규제 • 생태계 및 생물다양성 • 자원 및 폐기물관리 • 에너지효율 • 책임 있는 구매, 조달	• 기후변화 및 탄소배출 • 환경오염, 환경규제 • 생태계 및 생물다양성	• 기후변화 및 탄소배출저감 • 환경오염 및 폐기물관리 • 천연자원보호 및 재생에너지, 친환경자원 사용을 통한 환경보호
사회(S)	• 인권(성별, 연령, 나이 등) • 근로조건(보건, 안전) • 고용관계-노조관계 • 노동착취 • 책임생산	• 고객만족 • 데이터보호, 프라이버시 • 인권, 성별평등 및 다양성 • 지역사회관계 • 공급망관리 • 근로자안전 등	• 데이터보호, 프라이버시 • 인권, 성별평등 및 다양성 • 지역사회관계	• 인권, 성별평등 및 다양성존중 • 노동자의 권리 및 안전보장 • 지역사회와 소통 및 사회공헌
지배구조(G)	• 뇌물 및 부패 • 임원 보수 • 이사회 다양성·구조 • 정치적 로비·사회공헌 • 세금전략	• 이사회 및 감사위원회 구성 • 뇌물 및 반부패 • 로비 및 정치기부 • 기업윤리 • 컴플라이언스 • 공정경쟁 등	• 이사회 및 감사위원회 구성 • 뇌물 및 반부패 • 기업윤리	• 기업의 투명한 지배구조와 의사결정 • 이사회 및 감사위원회 구성 • 기업의 윤리경영강화

출처: KSA한국표준협회, (2021). (https://ksaesg.or.kr, 검색: 2022.10.11.).
　　　대한상공회의소.(2021). (https://www.korcham.net, 검색: 2022.10.11.).
　　　KRX한국거래소.(2010). (https://esg.krx.co.kr, 검색: 2022.10.11.).
　　　위의 4), 5), 6)을 기반으로 ESG 주요 구성항목을 연구자가 재구성함.

---

5) KSA한국표준협회(https://ksaesg.or.kr, 검색: 2022.10.11.).
6) 대한상공회의소(https://www.korcham.net, 검색: 2022.10.11.).
7) RX한국거래소(https://esg.krx.co.kr, 검색: 2022.10.11.).

〈표-1〉이 제시한 세 기관의 ESG경영의 주요 구성항목에서 환경, 사회, 지배구조에 대한 이해는 공통점과 차이점을 안고 있다. 사회 분야를 자세히 살펴보면 인권의 중요성은 세 기관 모두가 제시하고 있다. 그러나 공존을 위한 지역사회 소통과 이에 대한 기여에 대해서는 한국표준협회에서는 언급이 없다. 이는 지역사회 통합에 대한 중요성이 아직 높은 비중을 차지하지 않는다는 점을 의미한다.

Ⅲ. 문화예술단체 ESG경영의 필요성 및 주요 요소

1. 문화예술단체의 ESG경영의 필요성

세계적으로 사회적 가치에 대한 관심이 높아지면서 기업은 '이윤 추구'와 더불어 '지속가능성'까지 고려한 경영 전략을 찾아가고 있다. 기업 성장의 패러다임으로 자리 잡고 있는 ESG경영의 목표는 새로운 기업의 추구 목표이고 일반적으로 ESG경영을 성공적으로 실천하기 위해서 많은 노력을 하고 있으며 거기에 발맞춰 문화예술단체의 경영 목표도 계속 변해오고 있다. 예술단체들의 활동을 자세하게 관찰하면 전통적으로 문화예술 향유에 그 초점이 있기도 하지만, 달성할 목적도 다양해지고 있다. 예컨대 문화예술 향유의 차원에서 실행되는 단체 활동뿐만 아니라 사회 문화 등의 갈등 지역에서 평화 콘서트 등을 개최하여 사람들을 한군데 모아서 평화적 존속의 가능성을 촉구하고, 때로는 콘서트로 얻은 재정적 수익을 갈등을 극복하는 데 기부하고 있다. 이는 평화적 사회 통합을 위한 중요한 수단이다. 이러한 목적을 달성하기 위해 ESG경영 요소에 기반한 운영방식을 적용하고 실천하여 사회적 책임과 관객들의 요구에 부합할 수 있는 ESG경영 요소를 단체의 목표와 운영방식에 보다 적극적으로 반영할 필요성이 커지고 있다.

ESG경영 요소를 적용한 단체의 목표와 운영방식에는 수동적 측면과 능동적 측면으로 나누어 생각할 수 있다. 우선 수동적인 측면을 살펴보자. 관객 대중들의 가치관 변화와 기업의 ESG경영 중시를 들 수 있다. 예술을 향유하는 관객들의 환경, 사회적 가치에 대한 인식이 향상됨에 따라서 문화예술단체도 그에 부응해야 함은 기정사실이다. 한국 사회에서도 가치 변화는 이루어지고 있다. 1960년대 산업화 시대에는 핵심 가치로 경제, 1980년대에는 정치적 자유와 개인의 삶이 보장되는 사회 가치, 1990년대에는 세계화와 다양성 경쟁과 효율성에 근거하는 시장가치, 2000년에는 공공의 이익과 사회적 가치 실현, 환경문제 극복과 협력적 소비를 위한 공유가치로 발전하고 있으며 문화예술단체의 재정적 후원자로서 중요한 민간 대기업이나 공공단체들이 ESG경영을 중시하는 변화를 보이고 있다. 이 같은 중요한 관계 주체들이 ESG경영 가치, 예컨대 인권, 성평등, 생물 다양성, 균형적인 지역사회 관계 조성 등을 중시하게 되므로 문화예술단체 역시 이에 부응해야만 그 지속성을 보장받을 수 있다는 것이다.

우리나라 문화예술단체들은 그 재정 측면에서 기업의 기부와 특히 정부의 지원에 대한 의존도가 매우 높다.8 그래서 문화예술단체들은 이처럼 문화예술 공연단체의 재정적 후원자로서 중요한 역할을 하는 정부, 기업과 공공단체의 ESG경영을 강조하고 있는 추세에 맞추어야 한다. 또한, 기업의 경우도 최근 ESG경영을 강조하고 있다. 일례로, 국내 중요 기업의 하나인 SK는 사회적 책임경영 개념을 통하여 단순 이윤 추구가 아니라 사회적 가치 추구를 기업의 핵심적 가치와 생존조건으로 강조하고 있다. 기업이나 공공기관이 ESG경영 가치를 확산하고 실현하고자 할 때 문화예술단체와 파트너십을 형성하면 문화예술이 가진 호소력을 통해서 훨씬 효과적으로 목표를 이룰 수 있다. 다른 한편 능동적 측면에서는 문화예술단체는 대중의 가치관에 영향을 끼칠 수 있는 잠재력이 크다는 점과 기업의 ESG경영

---

8) 예컨대 2020년 문체부의 문화예술 부분 예산 규모는 3조 9백억 원 이었으며 민간기부금 규모는 1755억 원이었고 그중 법인의 기부가 1539억원 이었다(황용구 외. [2021]. 한국 문화예술 재원흐름 동향조사: 분석 프레임 설정을 중심으로. 한국문화예술위원회 예술정책연구. 52. 1-180쪽, [125쪽]).

확대에 파트너가 될 수 있다는 점을 들 수 있다. 문화예술은 사회 일반의 가치관 반성과 변화에 큰 영향을 끼칠 수 있다. 공존, 갈등 극복, 환경보호, 사회공헌, 윤리 경영 등을 추구하는 ESG경영에 기반하는 문화예술단체는 평화와 사회 통합 등에 적극적으로 기여할 수 있다.

2. 문화예술단체 ESG경영의 각 요소별 세부 내용

1) 환경경영(Environmental Responsibility)

환경문제 해결을 위한 방안을 모색하는 기업들의 움직임 속에 예술단체는 무엇을 할 수 있을까? 이에 대한 답은 적어도 다음의 두 가지 측면에서 생각해 볼 수 있다. 첫째, 사회 구성원들에게 환경문제의 중요성을 일깨우는 메시지를 전달하며, 둘째, 단체의 운영 자체에서 환경부하를 줄이는 노력을 들 수 있다. 그럼 첫 번째 측면을 살펴보자. 환경경영은 우리 인류의 생산 활동, 소비 활동에서 발생하는 환경오염을 예방하면서 경제 및 사회의 지속 가능한 개발을 추구하는 수단이다.[9] 현재와 같은 대량 생산, 대량 소비라는 사회·경제 체제가 지속되면 인류는 머지않은 미래에 자원고갈과 환경파괴라는 재앙을 맞이하게 돼 인류의 생존이 위협받을 것이라는 인식이 확산되면서 지속 가능한 개발을 도모하게 되었다.[10] 자연고갈로 인류의 생존이 위협을 받으면 자연과 인간의 균형적 관계는 깨지고 인간 사이에 사회적 공존은 어렵게 될 것이다. 예술은 그 자체로 환경재난을 해결할 수 없다. 그러나 사람의 마음을 움직이는 힘을 가지고 있다. 예술은 환경재난, 기후변화, 생태계 보전 등 다양한 사회적인 이슈, 예컨대 사회적 공존에 대한 대중의 공감을 끌어낼

9) 강철승. (2005). 環境規制時代의 그린企業經營戰略. 경영교육연구. 37. 395-416쪽, (400쪽).

10) 조규연, 이윤철. (2010). 호텔종사원의 친환경지식과 인식이 친환경 실천에 미치는 영향: 서울지역 호텔을 중심으로. 관광레저연구, 22(4), 211-230쪽, (220쪽).

수 있다. 예술 본연의 인지적 가치와 문제해결을 위한 예술 활동과 행동은 인간 공동체의 인식을 고양하고 친환경 실현 노력을 뒷받침해 줄 수 있고, 이는 사회 성원의 공존을 유지하는 데 중요하다. 또한, 환경 보전에 대한 홍보 활동을 예술 활동을 통해서 할 수 있다. 예컨대 환경 보전의 중요성을 알리는 각종 행사를 문화예술단체를 실시하면서 환경보호에 대한 의식을 높여갈 수 있다.

두 번째 측면을 보면 환경경영의 목표는 오염 예방이다. 환경오염을 유발할 수 있는 환경오염물질(폐가스, 폐수·폐기물 등)이 발생한 뒤 환경에 미치는 영향을 줄이기 위한 사후 처리보다는 환경오염물질의 발생을 예방하는 것이 환경보호에 효과적이다. 즉, 원·부자재 사용량 감소, 에너지 사용량 감소, 물 사용량 감소, 유해 화학물질 사용량 감소 등의 활동이 환경보호에 효율적인 방법이며 경제적으로도 유리하다. 생산·공무·환경부서 등 환경과 직접적인 관련이 있다고 알려진 기업뿐만 아니라[11] 이제는 문화예술단체도 환경에 미치는 영향을 줄이기 위한 활동에 참여하고 있다.

환경문제는 단순한 오염보다 훨씬 복잡하고 미묘하다. 이제 환경문제는 더 이상 환경만의 문제가 아니라 이것이 인간의 문제로까지 확산되고 있다는 사실을 우리는 알고 있다. 그 해결책을 위한 정보와 지식의 양도 점점 더 커가고 있다. 문화예술단체도 환경경영의 필요성을 가지고 활동하고 있다. 문화예술 활동은 다른 산업 활동에 비해 자연자원이나 에너지 소모는 높지 않다. 그러나 연습, 공연 과정에서 소모되는 자원과 에너지양을 줄이고 불가피하게 사용하는 자원과 에너지는 가능한 재활용된 것을 사용할 수 있다.[12]

---

11) 강철승. (2005). 위의 논문. (405쪽).

12) 배준호 외. 환경 기획시리즈 환경경영의 중요성. 울산매일. 2007.08.01.(http://www.iusm.co.kr/news/articleView.html?idxno=397877, 검색: 2022.08.11.)

2) 사회책임 경영(Social Responsibility)

앞에서 언급한 바와 같이 일반기업에 적용되는 ESG의 '기업의 사회적 책임 (Corporate Social Responsibility·CSR)'은 기본적으로는 문화예술단체의 사회적 측면에도 적용된다. 문화예술단체에서 사회적 책임경영이 더욱더 중요해지고 있다. 여기에 다음과 같은 특수한 이유가 있다. 첫째, 문화예술단체 중 민간단체들은 대내적으로 구성원들이 정규적인 노동관계가 아닌 경우가 많다. 구성원들이 근로조건, 인권존중 측면에서 취약한 지위에 있게 될 가능성이 일반기업이나 공공단체에 비해 더 높다. 이 문제를 해결하기 위해서는 구성원들의 인권존중은 물론이고 이들의 역량을 충분히 발휘할 수 있도록 예술인 표준계약서 작성, 최저 임금에 준한 연습 및 공연수당의 지급 등 단체는 구성원들과의 신뢰 형성을 위해 최대한의 노력을 아끼지 않아야 한다. 이는 구성원들이 예술가로서의 자존감을 느끼게 하는 것이다. 자존감은 공동체의 소속감을 증진하며, 이는 공존에 필요한 정신이다. 이 맥락에서 문화예술은 사회적 통합에 기여할 수 있다고 본다. 둘째, 문화향유의 기회를 제공하는 활동은 속성상 단순 상품 판매나 편의적 서비스를 제공하는 기업에 비해 지역사회 구성원이나 기업 또는 조직의 구성원들에게 공존에 필요한 사회적 의식을 높이는 데 한몫할 수 있다.

문화예술단체의 사회적 기능에 대한 기대가 높다. 그 이유는 문화예술단체가 갈수록 인간과 자연의 조화, 사람과 사람의 공존, 다양한 사회단체와 지역 간의 갈등을 완화하며 존속 등을 추구하고 있기 때문이다(이점 아래 제시된 사례 참조). 또한, 문화예술단체가 사회적 경영을 실현하려는 일반기업이나 공공기관과 제휴할 경우 이 기관들의 목표를 달성하는 데 큰 도움을 줄 수도 있다. 그 하나의 예가 한국 문화예술위원회와 유사한 역할을 하는 미국 예술지원 기관(American For the Arts·이하 AFTA)이다. AFTA는 2012년과 2021년에 '기업이 예술을 지원해야 하는 10가지 이유'를 발표했다(〈표-2〉 참조). 2012년과 2021년의 사이를 보면, 10

여 년 전 예술은 사회를 발전시키고 산업발전의 원동력이었으며, 지역상권을 활성화하는 등 '양적 성장'에 기여하고 있다. 기업들은 코로나 팬데믹 시기임에도 문화예술 활동을 지원하면서, 이 활동에 지역사회주민을 참여시키고 있다. 코로나 팬데믹을 겪은 후 2021년에 문화예술단체는 기업의 지원과 협업으로 커뮤니티의 지속 가능한 발전과 삶의 '질적 향상'을 추구하고 있다. 여기서 문화예술은 사회변화와 인간의 공존, 즉 함께 살아가는 사회 통합에 중요한 수단임을 알 수 있다.

〈표-2〉 기업이 예술을 지원해야 하는 10가지 이유: AFTA의 2012년과 2021년 비교

2012년	2021년
1. 예술은 사회 발전의 근간이다.	1. 예술은 지역사회를 통합한다.
2. 예술교육은 학업성취도를 높인다.	2. 예술은 개인이 안정적인 삶을 영위토록 한다.
3. 예술은 산업 발전의 원동력이다.	3. 예술은 경제를 강화한다.
4. 예술은 지역 상권에 도움을 준다	4. 예술은 관광산업을 활성화하고 지역 상권에 도움을 준다.
5. 예술은 소중한 관광자원이다.	5. 예술교육은 학업성취도를 높인다.
6. 예술은 수출 전략사업이다	6. 예술은 창의성과 혁신을 증진시킨다.
7. 예술은 창의적 인재를 양성한다.	7. 예술은 사회적 영향을 미친다.
8. 예술은 육체·정신적 건강에 이롭다.	8. 예술은 건강관리 수준을 향상시킨다.
9. 예술은 공동체를 활성화한다.	9. 군인(military)의 건강과 복지를 위한 예술
10. 예술은 창조산업의 근간이다.	10. 예술은 정신 건강을 강화한다.

출처: 한국메세나협회(2022)(https://www.mecenat.or.kr/ko/pds/report/DB230119_ILUFprG9s.pdf 검색: 2022.12.15.)

〈표-2〉를 보면 2021년에 발표된 기업이 문화예술을 지원해야 하는 10가지 중 1번, 7번, 8번, 10번 항목에서 문화예술 활동은 지역사회 통합을 촉진하며 정신 건강을 강화하여 주민들의 건강한 소통을 통해서 상호 공존을 가능하게 함을 보이고 있다. 문화예술의 사회공헌 활동은 사회 통합을 위한 가치관인 다양성과 나눔, 포용성을 촉구하는 활동이어서 기업현장에서 근로자들의 정신적 복지를 향상하고 삶의 질을 증진하는 데 큰 영향을 주고 있음을 알 수 있다.

기업들은 교육, 경제, 사회 및 지역의 주요 문제를 해결하기 위한 수단으로 예술 지원을 활용한다. 예컨대 갈등 지역에서 다민족 또는 대치하는 전쟁 지역에 사회적 갈등을 해소하기 위한 예술 활동을 지원한다(이 점 아래 사례 4 참조). 사회 성원의 다양성을 존중하고 사회 정의를 실천하고, 지역사회를 통합, 발전시키는 데 문화예술만큼이나 접근이 쉽고 효과적인 도구를 찾기는 어려울 것이다. 이처럼 예술지원을 통해 문화적 혜택 그 이상을 얻고, 인간이 살고 싶고 일하고 싶은 건강한 커뮤니티를 구축할 수 있게 한다. AFTA는 '인간의 근본은 예술에서 시작하며 예술은 창의력, 공감, 아름다움을 만들어냄으로써 사람들을 기품 있게 만들고 영감을 준다'고 하며 예술은 지역사회를 경제적으로 강화하며 사회 공존을 이루는 수단으로 강력한 역할을 하고 있다고 강조한다. 예술의 긍정적인 역할을 위해 국가 차원에서 또 기업 차원에서 예술단체에 투자가 왜 필요한가를 AFTA의 대표인 비벤스(Nolen V. Bivens)는 다음과 같이 설명했다. "공유된 가치와 비전을 기반으로 예술과 비즈니스 커뮤니티 간의 진정한 파트너십을 구축하는 것은 예술 및 문화 생태계의 모든 참가자에게 이익이 된다."[13] 라고 강조했다.

이처럼 기업과 함께하는 문화예술단체의 활동 또한 지역사회와 공동의 이익을 추구하는 방향으로 설계되고 상호 발전하는 방향으로 전개되고 있다. 예술단체는 단체의 고유목적과 정체성을 인정해주는 기업과 협업을 할 때 서로가 윈윈(win-win)하는 결과를 가져온다. 또한, 기업이나 공공기관이 ESG경영 가치를 확산하고 실현하고자 할 때 문화예술단체와 파트너십을 형성하면 문화예술이 가진 호소력을 통해서 훨씬 효과적으로 사회공헌의 목표를 이룰 수 있으며 "기업은 지역유산 및 전통문화 보존·계승을 위한 지원뿐만 아니라, 지역 문화예술단체나 예술가와의 협업을 통해, 지역사회와 상생함은 물론, 지역주민들의 삶의 개선하는 데에

---

13) 한국메세나협회(https://www.mecenat.or.kr/ko/pds/report/DB230119_ILUFprG9s.pdf, 검색: 2022.12.15.).

도 기여할 수 있다."14 이를 위하여 예술단체는 사회적인 책임의 목표를 가지고 꾸준히 나아가야 하며 관객과 뜻을 함께하며 지원해 줄 수 있는 기업이나 후원단체를 찾아야 하는 필요성이 있다.

3) 지배구조(Governance)

문화예술단체는 자체 건전한 지배구조를 형성할 때 일차적으로 일반기업의 지배구조를 그대로 적용할 수 있다. 그러한 맥락에서 이사회, 감사 등의 투명한 운용과 구성원의 다양성이 문화예술단체에서도 중요하다. 그 이유는 다음과 같다.

첫째, 문화예술단체의 건전한 지배구조를 갖추는 것은, 단체의 지속가능성을 확보하는 데 중요하다. 여기에는 문화예술을 향유하는 관객 그리고 개인 및 기관 후원자와의 상호 신뢰 관계 구축이 전제된다. 이를 위해서 신뢰의 속성인 '역량, 동기, 공정한 수단, 선한 영향력'을 조직에 적용시켜야 한다. 이제 신뢰는 단체의 생존과 성장을 위해 '반드시 있어야만 하는 것'이 되었다. 예컨대 파타고니아, 애플, 구글, 러쉬 등 요즘 사람들이 열광하는 기업에는 두터운 '신뢰'가 깔린 점이 공통점이다. 특히 최근에는 ESG경영과 기업의 사회적 책임, 이해관계자 자본주의, 공정 키워드 등의 대두로 고객은 물론 취업을 원하는 사람들도 믿을 수 있는 기업을 까다롭게 고르고 있다. 그들은 이런 가치에 기반해 열정적으로 일하며 제품과 서비스를 구매하기도 한다. 여기서 얻어지는 신뢰는 기업의 물건만 팔아주는 게 아니다. 신뢰가 뒷받침된 기업은 실수나 문제가 드러나는 사건이 터졌을 때도 큰 흔들림 없이 다시 일어날 수 있다.15 이것은 비단 기업만의 문제가 아니며 문화예술 단체 내 상호 신뢰는 구성원들 간에 감동을 공유하며 나아가서는 예술의 본질을 관

---

14) 손예령. (2020). 문화를 통한 지속 가능한 기업과 시민의 실천을 위한 연구. *예술경영연구*, 56. 119-144쪽, (133쪽).

15) 신지영. [뉴스워커_특집 '사회공헌'] 2. 기업의 사회적 책임 왜 중요한가. 뉴스워커. 2017.10.31. (http://www.newsworker.co.kr/news/articleView.html?idxno=11906, 검색: 2022.11.15.)

객에게 감동으로 선사할 수 있다. 나아가 관객은 사회 구성원으로 신뢰를 토대로 이웃과도 공존을 이룰 수 있게 한다. 이러한 사회가 발전되면 일반상품 구매와 다른 예술적 경험, 도덕적 기준에 대한 기대가 더 높다. 이는 선순환적 영향을 줄 수 있다. 도덕적 기준에 대한 기대를 높이기 위해서는 신뢰와 감동이 함께 해야 한다는 뜻이다. 이는 평화로운 삶을 위한 하나의 토대이다.

둘째, 문화예술단체의 경우 공연 등 서비스 판매만으로 재정적 지속가능성 확보에 한계가 있다. 지속적인 운영을 가능하게 하기 위해서는 개인과 기관 후원이 중요하며, 관객이나 후원자들이 단체의 정체성, 가치, 운영 투명성, 도덕성을 신뢰할 수 있어야 후원이 지속될 수 있다. 기업의 후원과 문화예술단체의 지속적인 발전을 위해서는 다양성을 기반으로 하는 투명한 지배구조가 필요하다.

이제까지 살펴본 것처럼 문화예술단체의 ESG경영은 일반기업에 적용되는 기본적 세 가지 구성 요소별로 문화예술단체 고유의 상황과 특징을 가진다. 일반기업이 상품 및 서비스를 통해 기업의 이미지나 사회적 책임의 메시지를 전달하는 데 있어서 가지는 한계를 문화예술단체의 주요 활동인 공연을 통해 청중, 즉 기업의 소비자에게 간접적이면서도 효과적으로 전달할 수 있다는 점이다. 다른 한편으로는, 문화예술단체가 일반기업에 비해 정규직 중심의 안정적 고용 관계가 있지 못하므로, 태생적으로 조직의 거버넌스 체계가 중요한 이슈이기도 하다. 그러므로, 구성원들의 근로조건 개선 및 인권존중을 다루는 ESG경영에서의 거버넌스 요소는 단체 경영 차원에서 앞으로 더 신경 써야 할 부분이다. 더불어, 청중에게 감동을 선사하는 문화예술의 특성상 단체는 윤리적·도덕적 경영을 통한 후원자와의 신뢰를 바탕으로 관객에게 도덕적·미학적 감동을 선사하는 사회적 역할을 수행해야 한다.

이러한 점들은 일반기업과 문화예술 단체의 ESG경영의 구성 요소를 보면 알 수 있다(〈표-3〉 참조).

〈표-3〉 일반기업과 문화예술 단체의 ESG경영 구성 요소 비교

구분	일반기업	문화예술단체
환경	• 일반소비자, 정부, 투자자 등이 기업의 탄소배출량, 환경오염 등에 대해 관심을 가짐	• 공연 등을 통해 사회 일반의 관심 환기 가능(연습, 공연 단계에서 환경부담 저하에도 관객 등 관련자가 관심을 가질 수 있음)
사회	• 근로자권리, 산업안전, 소비자권리, 안전 공정거래, 협력업체 사회공헌 부패방지	• 구성원들의 근로조건 개선을 통한 인권존중, 일반기업, 공공과 함께하는 사회공헌
지배구조	• 경영자평가, 주주권리 보호, 이사회, 감사, 리스크 관리	• 이사회 감사 등을 통한 투명한 운용, 후원자와의 신뢰관계 구축, 미학적 감동, 도덕적 감동을 관객에게 선사

출처: 진윤일 연구자 조사 및 작성 (2022년)

IV. 문화예술단체의 ESG경영의 평화와 사회 통합을 위한 사례들과 시사점

문화예술 단체의 활동은 ESG경영에 기반하여 다양한 형태로 일반인뿐만 아니라 갈등 지역에서 상호 반목하는 집단들의 소통을 가능하게 하며, 자연과 인간의 균형을 촉진하며 인간과 인간 사이의 지속 가능한 발전을 꾀하면서 공존을 가능하게 한다. 이러한 목적으로 활동하는 문화예술 단체는 많다. 본 하부장에서는 7가지 사례를 소개하며, 이들의 활동을 통해서 평화와 사회 통합에 대한 기여점을 도출한다.

1. 문화예술단체의 ESG경영의 평화와 사회 통합을 위한 사례들

사례 1: 경기문화재단

문화예술기관인 경기문화재단(대표이사 강헌)은 우리나라에서 최초로 2021년 8월에 ESG경영 선포식을 갖고 사업 전반에 걸쳐 환경보호와 사회공헌, 윤리경영

의 도입을 강조했다.[16]

사례 2: 국립극단

국립예술단체의 사례를 들면 국립극단은 2022년 5월 명동예술극장에서 열린 "기후 비상사태: 리허설"을 공연했다.[17] 이 작품은 기후위기를 이야기하는 연극 작품으로 지구에 시간이 얼마 남지 않았다는 주제로 공연을 했다. 공연이 끝난 후에도 관객과 연극을 만드는 과정에서 탄소 발생을 줄이는 고민을 함께했다. 이는 공연이 일회용으로 끝나는 것이 아니고 향후 지속적인 주제의 공연으로 환경 문제에 대한 의식을 강화하는 데 도움이 된다.

사례 3: 동서식품

ESG경영 요소를 적용한 대표적인 사례로 맥심커피로 알려진 동서식품은 2008년 창립 40주년을 계기로 '동서커피 클래식'과 '맥심 사랑의 향기'를 시작으로 매년 전국 각지를 순회하며 문화·예술 사회공헌 활동을 펼치고 있다. 특히 '맥심 사랑의 향기'는 어린이 오케스트라에 문화자산을 후원하는 활동으로 음악 꿈나무들에게 악기를 기증하고 음악가들의 재능기부 활동을 연계해 주고 있다.[18] 이러한 지역사회 공헌이나 협력사와의 파트너십 증대에 문화예술의 기회 제공은 중요하다.

사례 4: 서동시집 관현악단

사회 통합의 대표적인 해외 사례로 국제적인 분쟁지역의 하나인 유대인과 팔

---

16) 정자연. 경기문화재단 문화기관 최초 ESG경영 선포. 경기일보. 2021.08.30. (https://www.kyeonggi.com/article/202108301174334, 검색: 2022.08.11.).

17) 국립극단(https://www.ntck.or.kr/ko/performance/info/257079, 검색: 2022.05.11.).

18) 한국메세나협회(https://www.mecenat.or.kr/ko/pds/report/DB220616_2tOjmVakxT.pdf, 검색: 2022.08.10.)

레스타인 간의 갈등을 극복하고 있는 서동시집 관현악단(West-Eastern Divan Orchestra)은 스페인의 세비야를 거점으로 하는 청소년 관현악단으로, 레바논과 시리아, 요르단, 이란, 이스라엘, 이집트, 쿠웨이트, 팔레스타인 등 중동 지역과 스페인의 청소년 연주자들이 단원으로 활동하고 있다. 1999년에 아르헨티나 태생의 유대인 피아니스트 겸 지휘자 다니엘 바렌보임과 팔레스타인 태생의 미국 영문학자 에드워드 사이드(Edward Side)가 공동으로 창단했다. 악단 명칭은 괴테가 페르시아 시인 하피즈의 번역 시를 읽고 감명받아 집필했다는 '서동시집(Westöstlicher Divan)'에서 따왔으며, 중동 지역의 젊고 유망한 연주자들을 양성함과 동시에 심각한 문제로 남아있는 아랍-이스라엘 분쟁의 평화적인 해결을 모색한다는 것이 창단 의도로 발표되었다. 이에 따르면 연주회를 이스라엘과 아랍 국가들을 위시해 전 세계를 돌며 진행하고 있으며, 수석 주자나 독주자의 경우에도 아랍인과 유대인 연주자를 골고루 배분해 기용·초빙하고 있다.[19] 이 단체는 오랜 시간 종교적으로 반목해 온 두 민족 간의 반목과 갈등을 해소하는 일을 돕고 있다.

사례 5: '아카데미 오브 세인트 마틴 인 더 필즈(Academy of St. Martin in the Fields)'

해외 사례로 영국의 대표적인 챔버 오케스트라인 '아카데미 오브 세인트 마틴 인 더 필즈'는 기업과 자선단체와의 협업을 통해 20년 동안 클래식 음악을 통해 보호시설에서 노숙자이거나 노숙자였던 사람들에게 힘을 실어주기 위해 노력해 왔다.[20] 이 단체는 2019년 4월 12일부터 13일까지 개빈 브라이어스(Gavin Bryars)의 상징적인 작품인 "예수의 피는 아직 실패하지 않았다(Jesus' Blood Never Failed Me Yet)"를 런던 테이트 모던에서 공연했다. 이 공연은 전문 음악가들과

---

19) 위키피디아. 서동시집오케스트라(https://ko.wikipedia.org/wiki/%EC%84%9C%EB%8F%99%EC%8B%9C% EC %A7%91_%EA%B4%80%ED%98%84%EC%95%85%EB%8B%A8, 검색: 2024.01.04.).

20) The Academy of St Martin in the Fields(https://www.asmf.org/social- purpose-posts/ projects-with-homeless-people/검색: 2022.10.15.).

노숙자들이 함께 공연하는 무대로 1,000명 이상의 청중이 참석했으며 노숙자들에게 자립의 의지와 희망을 선사했다. 이는 음악을 통한 계층 간 공존을 꾀하고 화합하는 사회 통합의 대표적인 사례로 알려져 있다.

사례 6: 아카데미 열정과 나눔

아카데미 열정과 나눔의 공연은 국내 사례이다. 이 연주회는 ESG경영 구성 요소의 하나인 환경(E)에 관한 주요항목 중 환경오염에 대한 경고와 지구의 지속적인 보존을 위한 메시지를 전한다. 자연과 인간의 공존을 추구하는 아카데미 열정과 나눔(APSsymphonia·이하 APS)[21] 은 2022년부터 'ECO Project'를 실행하고 있다. 이 단체는 음악의 열정을 가진 전문 연주자들이 모인 단체(Academy)로 음악의 열정(Passion)을 청중과 함께 나눈다(Sharing)는 공통된 철학을 바탕으로 바이올리니스트(Violinist) 겸 지휘자인 진윤일에 의해 2012년 창단됐다. 이 아카데미 열정과 나눔은 '발견과 재해석'을 단체의 정체성으로 두고 새로운 음악을 찾아내며, 클래식 음악을 바탕으로 여러 장르의 음악과 결합하고 이것을 다양한 콘텐츠로 개발하고 발전시키기 위해 많은 노력을 기울이고 있다. APS는 다른 클래식 연주단체들이 쉽게 진행하지 못한 레퍼토리를 보유하며 '상실과 회복'이라는 주제로 3년간연 2회 프로젝트 연주회를 가지며, 이는 사회문제나 인간을 중심에 둔 프로그램으로 공연을 진행했다. APS는 2022년에 14회 정기연주회부터는 인간과 환경에 관련된 주제를 다루고 있다. 공연을 통해서 관객에게 환경 가치에 대한 숙고, 반성, 대화의 기회를 제공하고 있다. 이러한 공연은 예술이 재미나 오락을 쫓는 엔터테인먼트와 차별화되고, 철학과 주제를 담아 환경 가치에 대한 지속가능성을 탐구하고, 연구해서 대중에게 전달하고자 한다. 이것이 바로 예술의 본질이라고 본다. 이

---

21) 아카데미 열정과나눔(http://apssym.co.kr, 검색: 2022.10.11.).

러한 메시지를 담은 예술은 청중을 교육하고 감동시키고 있다.

사례 7: 베를린과 이스라엘 필하모니

1990년 4월 18일에 이스라엘 필하모니의 수석 지휘자로 있는 주빈 메타(Zubin Metha)의 지휘로 이스라엘 수도 텔아비브(Tel Aviv)에 위치한 프레데릭 만 오디토리움(Frederic Mann Auditorium)에서 160명으로 구성된 이스라엘 필하모니와 베를린 필하모니의 합동 연주회가 열렸다. 이날 연주회는 이 지구상 어느 곳에서도 다시 재연될 수 없을 정도로 희귀한 사건이었다. 이날은 20세기 음악사에서 매우 특별한 날로 기록된다. 제2차 세계대전이 남긴 비극 유대인 대학살 후 서로 역사적 앙금이 남아 있는 독일과 이스라엘 양국의 대표적 교향악단인 베를린 필하모니와 이스라엘 필하모니가 진정으로 음악을 통한 용서와 화해를 위한 무대였다. 이 무대가 마련된 것은 역사적으로 이날이 처음이었다. 이날 연주회에서는 이스라엘 필하모니 단원들은 흰색 디너 재킷을, 베를린 필하모니 단원들은 검은색 이브닝 재킷과 드레스를 착용했다. 이 연주회를 바라보는 이스라엘 사람들의 느낌은 착잡했겠지만, 독일인들에게도 남다른 감회를 불러일으키는 사건이었다. 분명히 또 하나의 베를린장벽이 허물어지는 사건이었기 때문이었다. 그것은 마치 기적 같은 사건으로 독일인들에게 받아들여졌다. 마지막 연주가 끝났을 때 지휘자인 주빈 메타는 객석을 향해 텔아비브와 베를린의 시장(市長)을 무대로 불러냈다. 이 음악회를 통해 음악이 두 민족의 화해를 일구어냈고, 평화를 위한 또 하나의 기적이 탄생하는 순간이었다.

위에 서술한 ESG경영에 기반한 문화예술단체의 활동을 통해 환경보호의 인식 전환 및 평화와 통합에의 기여점을 도출할 수 있다.

2. ESG경영에 기반한 문화예술단체의 활동: 평화와 통합을 위한 기여점 도출

문화예술이 사회 통합을 위해 중요한 수단임이 오늘날 밝혀진 사실은 아니다. 삼국사기에 따르면 여러 나라의 방언이 각각 다른 성음을 가지고 있어서 이를 일정하게 하기 위해 대가야[22] 의 가실왕이 악사 우륵에게 작곡을 부탁했다. 임금의 뜻을 받아 우륵은 가야금으로 연주할 수 있는 12개의 곡을 작곡했다.[23] 음악을 통해 언어의 일원화를 도모하여 사회 통합에 기저를 이루는 소통을 가능하게 했다는 것이다. 공통 언어는 거주하는 모든 사람이 사회생활에 참여하는 열쇠이다. 언어는 단순한 의사소통 수단만이 아니라 시와 문학을 통해 표현되고 문화와 사회에 접근할 수 있게 해주는 문화적 자산이기도 하다.

오늘날 우리나라에서도 환경보전, 경제적 성과, 정의로운 사회를 위해 의식적인 문화정책과 활동을 하는 문화예술 기관이 많다. 경기문화재단(사례 1)과 국립예술단체(사례 2)가 그 예가 되겠다. 사업 전반에 걸쳐 환경보호와 사회공헌, 윤리경영의 도입을 강조하고 공연이 끝난 후에도 기후 비상사태에 대해 관객과 생각을 나누고 탄소 발생을 줄이는 고민을 함께한다는 점은 공연이 일회용으로 끝나는 것이 아니고 이 문제에 대한 의식을 강화하는 데 사회적 공헌을 하고 있다. 사례 6 역시 환경오염에 대한 경고와 지구의 지속적인 보존을 위한 메시지를 전한다. 환경 가치에 대한 숙고, 반성, 대화의 기회를 제공하는 공연은 철학과 주제를 담아 환경 가치에 대한 지속가능성을 탐구하고, 연구해서 공연을 통해 대중에게 전달하고자 한다. 이것이 바로 예술의 본질이라고 본다. 이러한 메시지를 담은 예술은 청중을 교

---

22) 삼국사기 지리지에 따르면 시조 이진아시왕에서 도설지왕까지 16대 520년 존속했고 562년에 멸망했다고 전하나, 이는 확실하지 않다.

23) 위키피디아. 우륵의 12곡(https://ko.wikipedia.org/wiki/ %EC%9A%B0%EB%A5%B5%EC%9D%98_12%EA% B3%A1, 검색: 2024.02.03.)

육하고 감동시키고 있다. 이는 사회적 결속을 위해 중요하다.

문화예술이 사람과 사람 사이에 다리를 놓고 감정적인 상호 접근을 가능하게 한다는 점을 사례 4에서 엿볼 수 있다. 이는 대표적인 해외 사례로 국제적인 분쟁지역의 하나인 유대인과 팔레스타인 간의, 오랜 시간 종교적으로 반목해 온 갈등을 해소하는 데 문화예술이 한몫하고 있다. 이 단체는 갈등 해결을 자체 내에서도 하고 있다. 예컨대 수석 주자나 독주자의 경우에도 아랍인과 유대인 연주자를 골고루 배분해 기용·초빙하고 있다.

사례 4는 기억의 문화에도 큰 의미를 제공한다. 문화예술 활동을 통해서 과거에 무슨 일이 일어났는지에 대한 정보를 제공하면서 우리 인간에게 과거에 적극적으로 참여하는 계기를 만들어 준다. 그뿐 아니다. 갈등 지역 역사에 대한 더 깊은 연구의 문을 열어주며 기억을 유지하게 한다. 이는 과거의 똑같은 과오를 반복하지 않게 하는 데 중요하다. 기억의 문화에서 특히 중요한 것은 차별적이거나 인종차별적인 태도를 항상 반영하는 참여 중심의 대화 형식이다. 문화예술은 사람들이 소속감을 느끼도록 도와준다.

문화예술은 지역사회의 지속 가능한 발전을 위해 공헌한다. 사례 3은 미래 자산인 어린이 오케스트라에 문화자산을 후원하는 활동을 보여주고 있다. 이는 아이들 개인의 발전뿐만 아니라 미래 세대를 위해 책임감 있는 활동으로 볼 수 있다. 사례 5는 노숙자에게 자신에 대한 책임을 지며 자존감을 살리고 사회적 소속감을 느끼도록 희망을 불어넣는 계기를 마련한 셈이다. 이는 노숙자에게 사회에 대한 접근의 기회를 창출한 것이나 다름없다. 이러한 지역사회 발전과 미래 세대의 발전에 공헌을 하면서 문화예술은 더 나은 미래로 나아갈 수 있는 기회를 제공한다. 이는 사회와 개인을 하나로 묶어주는 것이며 이 작업은 사회 통합에 중요하다.

화해와 관용이 음악을 통해서 구현된다. 사례 7은 제2차 세계대전이 남긴 비극 유대인 대학살 후 서로 역사적 앙금이 남아 있는 독일과 이스라엘 양국의 대표적

교향악단인 베를린 필하모니와 이스라엘 필하모니가 함께 연주했다. 이는 음악을 통한 용서와 화해 및 평화를 위한 연주였다. 이 연주회는 이스라엘 사람들과 독일인들에게 음악을 통해서 그들의 마음의 장벽을 허물게 했다. 음악은 사람의 마음을 긍정적으로 움직여서 서로에게 다가가게 하는 좋은 수단이다.

V. 결론

ESG경영을 토대로 하는 문화예술은 그 자체로 환경재난을 해결할 수는 없지만, 사람의 마음을 움직이는 힘을 가지고서 환경재난, 기후변화, 생태계 보전 등의 사회적인 문제에 대한 대중의 공감을 이끌어내며 지속 가능한 발전, 경제적 성장, 사회적 안정을 추구하며, 이에 토대하여 상호 공존을 이루는 데 기여하고 있다. 일반기업과는 다르게 ESG경영을 토대로 하는 문화예술 단체와 이를 지원하는 기관 등은 미래지향적인 차원을 가지며 평화적 공존을 미래 사회에 대한 비전으로 담고 있다.

갈수록 기업에서 활용되고 있는 ESG경영 요소인 공존을 위한 가치, 예컨대 차별을 극복하고, 배려와 나눔, 민주적 운영 등의 특성을 감안한 ESG경영은 필요하다. 이는 일상생활에 구조를 부여하고 의사소통을 가능하게 하여 사회적 결속을 촉진한다. 우리가 활동하는 사회에서 개인은 성별, 국적, 민족이나 사회적 출신, 종교나 사상, 장애, 나이, 성적 취향 등 정체성과 관계없이 존중되어야 한다. 이러한 가치를 공연을 통해서 전파하고 교육하는 문화예술 활동은 공공기관뿐만 아니라 민간기관에서도 적극적으로 도와야 한다.

참고 문헌

강철승. (2005). 環境規制時代의 그린企業經營戰略. 경영교육연구, 37. 395-416쪽.

조규연, 이윤철. (2010). 호텔종사원의 친환경지식과 인식이 친환경 실천에 미치는 영향: 서울지역 호텔을 중심으로. 관광레저연구, 22(4). 211-230쪽.

손예령. (2020). 문화를 통한 지속가능한 기업시민 실천을 위한 연구. 예술경영연구, 56. 119-144쪽.

진윤일. (2023). 문화예술단체 ESG경영의 필요성 및 구성요소 연구. 석사학위논문. 추계예술대학교.

황용구 외. (2021). 한국 문화예술 재원흐름 동향조사. 한국문화예술위원회 예술정책연구 52. 1-180쪽.

Meadows, D. H., Meadows, D. L., Randers, J., & Behrens, W. W.(1972). The Limits to Growth, Newyork: University Books(https://www.clubofrome.org/publication/the-limits-to-growth/, 검색: 2024.01.10.).

UN General Assembly. (1987). *Report of the World Commission on Environment and Development. Resolution*, 42(187), 11(https://digitallibrary. un.org/record/%20153026?ln=en, 검색: 2024.03.12.).

정책보고서 및 정기 간행물

대한상공회의소. (2021.07.22.). ESG의 구성요소와 개념(2). (검색: 2022.11.11.).

산업통상자원부.(2021.12.02.).K-ESG가이드라인(https://www.motie.go.kr/kor/search?kwd=k-esg%EA%B0%80%EC%9D%B4%EB%93%9C%EB%9D%BC%EC%9D%B8&site=main 검색: 2022.11.11.).

신지영. (2017.10.31). '사회공헌' 2. 기업의 사회적 책임 왜 중요한가. 뉴스워커 (http://www.newsworker.co.kr/news/articleView.html?idxno=11906, 검색: 2022. 11.15).

SK hynix newsroom. (2021.02.09). 세계는 지금 ESG 혁신 중, 다양한 사례를 통해 알아본 ESG경영(https://news.skhynix.co.kr/post/esg-management, 검색: 2022.10.11.).

KRX한국거래소. 2010.03.02). SG소개(https://esg.krx.co.kr/contents/01/01030200/ ESG01030200.jsp, 검색: 2022.10.11.).

한국메세나협회. (2022a,7). ESG경영과 메세나(https://www.mecenat.or.kr/ko/ pds/ report/DB220616_2tOjmVakxT.pdf 검색: 2022.08.10.).

한국메세나협회. (.2022b.12). 53개의 케이스로 만나는 해외의 메세나(https://www. mecenat.or.kr/ko/pds/report/DB230119_ILUFprG9s.pdf, 검색: 2022.12.15.).

KSA한국표준협회. (2021.07,08). ESG경영·평가대응을 위한 ISO·IEC 국제표준 100선 가이드(https://www.ksa.or.kr/skin/doc.html?fn=temp_1625718837527100. tmp&rs=/preview/html/20240222/ 검색: 2022.10.11.).

신문

정지연. (2021.08.30). 경기문화재단 문화기관 최초 ESG경영 선포. 경기일보(https:// www.kyeonggi.com/article/202108301174334, 검색: 2022.08.11).

배준호·박진우·이창균. (2007.08.01). 환경 기획시리즈 환경경영의 중요성. 울산매일(http:// www.iusm.co.kr/news/articleView.html?idxno=397877, 검색: 2022.08.11.).

온라인 웹페이지

국립극단. (2022,05.11). 기후비상사태: 리허설(https://www.ntck.or.kr/ko/ performance/ info/257079, 검색: 2022.05.11.).

아카데미 열정과나눔(http://apssym.co.kr, 검색: 2022.10.11.).

티스토리. (2021.10.05.). ESG 개념과 특징, 지속가능 경영전략이란!(https:// cklee88. tistory.com/m/160. 검색: 2022.02.05.).

The Academy of St Martin in the Fields(https://www.asmf.org/social- purpose- posts/projects-with-homeless-people 검색: 2022.06.11.).